英語通訳ガイド試験
問題と解説
八訂版

山口 百々男 監修

藤田 玲子・加賀谷 まり子
デリック・ブリス 編

KENKYUSHA

改訂にあたって

　通訳案内士(ガイド)試験は、「通訳ガイドの資質、語学力、一般常識及び日本の文化・観光・歴史に関する特殊知識の水準を高め、外客接遇の向上に資する」ため、昭和24年(1949年)以来、国土交通省大臣官房観光部が毎年1回「通訳案内士(ガイド)試験」として実施してきました。そして昭和60年度(1986年)より国際観光振興機構[JNTO](通称：日本政府観光局)が、この通訳案内士(ガイド)試験の実施にあたってきました。今では海外でも受験でき、10ヶ国の外国語の通訳案内士(ガイド)試験ともなり、まさにグローバルな試験制度となりました。平成25年度(2013年)からは英語の「筆記(第1次)試験」と「口述(第2次)試験」の「形式」と「内容」の傾向にも大きな変化が見られました。今回はこの点を考慮しながら全面改訂の運びとなりました。

　通訳案内士(ガイド)試験は、語学試験としては唯一の国家試験であり、受験者が将来合格し通訳ガイドになり、日本に来訪する外国人観光客に対し、「外国語」を駆使し、「日本の文化」をはじめ「日本の観光・歴史」等あらゆる分野を正しく紹介しうる知識と教養を有するか否かをテストするものです。　特に最近の試験の出題傾向を分析してみると単なる「語学力」だけでなく、「筆記(第1次)試験」と「口述(第2次)試験」を通じて日本人として当然知っておくべき「日本の文化事情」また「日本の観光事情」、さらには「日本の地理・歴史・一般常識」に関する広い知識と深い教養が問われています。

　本書の目的は、通訳ガイド試験の合格を目指す単なる受験書ではありません。この試験の準備と学習を通じて「**言葉**」とその背後にある「**文化**」を研鑽すること、特に「**英語**」で「**日本、その姿と心**」を再発見することです。

　本書の作成にあたり構成や編集で研究社の改田宏氏には多大のご指導を賜り、深謝します。英文校正では Mr. Deryk Bliss また Mr. Steven Bates に負うところが多い。本書を十分に活用することによって、受験者自身が通訳ガイド試験への自信を深め、1人でも多くの人が合格することができれば望外の喜びとするところです。さらには通訳ガイド試験に合格し、民間外交官として世界の人々に「日本、その姿と心」を正しく紹介することによって国際理解に役立ち、小さいながらも世界平和に貢献されることを願ってやみません。

　　平成27年初夏

山口　百々男

目　　次

改訂にあたって iii
通訳案内士試験の新ガイドライン vii

第1部　筆記(第1次)試験 1

[A]　筆記(第1次)試験[英語]の最新傾向 2
1. 出題の形式 2
2. 出題の内容 3

第1章　単語英訳問題 5
1. 既出問題 8
2. 応用問題 14

第2章　英文紹介問題 34
1. 既出問題 39
2. 応用問題 52

第3章　和文英訳問題 69
1. 既出問題 72
2. 応用問題 84

第4章　英文読解問題 93
1. 既出問題 95
2. 応用問題 101

第5章　英文和訳問題 110
類似問題 111

[B]　筆記（第 1 次）試験［日本地理・日本歴史・一般常識］の
　　　　最新傾向 115

第 1 章　筆記（第 1 次）試験［日本地理・日本歴史・一般常識］の
　　　　概略と最新傾向 115
　1.　筆記（第 1 次）試験［日本地理等］の概略 115
　2.　筆記（第 1 次）試験［日本地理等］の形式と内容における
　　　最新傾向 116
　【A】　日本地理
　【B】　日本歴史
　【C】　一般常識（産業、経済、政治及び文化）

第 2 章　筆記（第 1 次）試験［日本地理等］の出題例・
　　　　その正解とミニ解説 118
　【1】　日本地理
　【2】　日本歴史
　【3】　一般常識

第 2 部　口述（第 2 次）試験の最新傾向 159

第 1 章　口述（第 2 次）試験［英語］の特徴と最新傾向 160
　1.　口述試験の特徴 160
　2.　口述試験の最新傾向：［形式と内容］ 161

第 2 章　口述（第 2 次）試験［英語］の参考例と類似例 163
　【1】　通訳
　　●通訳とは
　　●通訳の出題例
　　●通訳の類似例
　【2】　ガイド《（＝2 分間プレゼンテーション）と「英問英答」》
　　●ガイドとは
　　●ガイド（＝2 分間プレゼン）の出題例
　　●ガイド（＝2 分間プレゼン）と類似例

第 3 章　Tell Me About Japan!（日本の文化・観光・地理・日本人論に関する英問英答）.................................. 195
《「筆記（第 1 次）試験」と「口述（第 2 次）試験」の対策に向けて》... 195
　【1】　日本の文化・観光・地理： Q&A（20 選）
　　　《1》　現代文化
　　　《2》　伝統文化
　　　《3》　観光事情
　　　《4》　地理事情
　【2】　日本事情・日本人論： Q&A（20 選）
　　　《5》　家庭生活
　　　《6》　学校生活
　　　《7》　企業生活
　　　《8》　社会事情
　　　《9》　日本人論

朗読音声のダウンロード方法

　本書の朗読音声は、研究社のホームページ（www.kenkyusha.co.jp）から、以下の手順で無料ダウンロードできます（MP3 データ）。

(1) 研究社ホームページのトップページで「音声ダウンロード」をクリックして「音声ダウンロード書籍一覧」のページに移動してください。

(2) 移動したページの『英語通訳ガイド試験　問題と解説　八訂版』の紹介欄に「ダウンロードボタン」がありますので、それをクリックしてください。

(3) クリック後、ユーザー名とパスワードの入力が求められますので、以下のユーザー名とパスワードを入力してください。
　　ユーザー名： guest
　　パスワード： 8GuideOnsei

(4) ユーザー名とパスワードが正しく入力されると、ファイルのダウンロードが始まります。ダウンロード完了後、解凍してご利用ください。

◀◀通訳案内士試験の新ガイドライン▶▶

　国際観光振興機構（JNTO: Japan National Tourist Organization; 通称「日本政府観光局」）の主な事業活動のひとつに「通訳案内士試験の実施に関する事務代行」がある。通訳案内士試験の概要について次のように述べている。通訳案内士試験の受験者を念頭において試験の概要を抜粋しながら整理してみた。

　通訳案内士（通訳ガイド）は、単に語学力が優秀というだけでなく、日本地理、日本歴史、さらに産業、経済、政治及び文化といった分野に至る幅広い知識が求められており、外国人旅行者に日本をより良く理解してもらうための、いわば「民間外交官」として重要な役割を担っている。

　報酬を受けて外国人に付き添い、外国語を用いて旅行に関する案内をする通訳案内士になるには、国土交通大臣が実施する「通訳案内士（ガイド）試験」に合格して都道府県に氏名、住所等を登録する必要がある。この手続きを踏まずに上記の業務を行うことは違法であり、通訳案内士法により罰せられることとなっている。（50万円以下の罰金）

【注】　以下の「通訳案内士試験ガイドライン」（改正平成26年4月1日）における本文では、英語以外の言語（10言語）を含めて「外国語」また「外国文」と言及している。しかし本書では「英語」または「英文」と限定して表記してある。

【1】　試験全体について

《1》　試験の目的
　　通訳案内士試験は、「通訳案内士として必要な知識及び能力を有するかどうかを判定すること」（通訳案内士法第五条）であり、出題方針も、通訳案内の実務に沿った内容レベルの問題を出題することとする。

《2》　試験の方法
- **受験資格**は、不問とする。
- **試験科目**は「**筆記（第1次）試験**」については英語、日本地理、日本歴史及び産業・経済・政治・文化に関する一般常識（以下単に「一般常識」という）とし、「**口述（第2次）試験**」については通訳案内の実務とする。

［1］「筆記（第 1 次）試験」
　　［A］**英語の筆記試験**は、通訳案内士の業務を適切に行うために必要な読解力、日本文化等についての説明力、語彙力等の総合的な外国語の能力を問うものとする。
　　［B］**日本地理、日本歴史及び一般常識の筆記試験**（以下「日本地理等筆記試験」という）は、日本の地理、歴史並びに産業、経済、政治及び文化についての主要な事柄（日本と世界との関わりを含む）のうち、外国人観光旅客の関心の強いものについての知識を問うものとする。
［2］「口述（第 2 次）試験」
- **口述試験**は、総合的な外国語の能力並びに日本地理、日本歴史及び一般常識の知識を活用して行われる、通訳案内の現場で必要とされるコミュニケーションを図るための実践的な能力について判定するものとする。
- **口述試験**は、日本の地理、歴史並びに産業、経済、政治及び文化についての主要な事柄のうち外国人観光旅客の関心の強いものを題材として、受験者に通訳案内の業務を擬似的に行わせることにより実施するものとする。

《3》　試験委員
- 通訳案内士試験委員（以下単に「試験委員」という）は、原則として、英語筆記試験については 2 人以上、日本地理等筆記試験については科目ごとに 2 人以上、口述試験については 2 人以上選任されるものとする。
- 試験委員は、筆記試験においては、試験問題作成、答案の採点及び合否の判定に関する事務を行い口述試験においては試験問題の作成及び合否の判定に関する事務を行う。
- 試験問題の制作に当たっては、問題案を作成する試験委員と内容をチェックする試験委員を分けるなど、十分なチェック体制を確立し、一部の受験者だけに有利になる問題や内容に偏りがある問題等の出題を回避する。

《4》　合否の判定
［1］「**筆記試験**」の合否判定については、科目ごとに合格基準点を設定し、すべての科目について合格基準点に達しているか否かを判定することにより行う。受験者には筆記試験の合否のほか、科目ごとに合格基準点に達したか否かを通知する。
- 筆記試験の各科目については、本ガイドラインに従い、科目ごとに目標とする平均点を設定して問題作成を行い、あらかじめ合格基準点を設定して

おき、当該合格基準点に達しているか否かを判定することにより行う。
- ●実際の平均点が、目標とする平均点から著しく乖離した科目については、当該科の試験委員と試験実施事務局から構成される検討会を開催する。その結果、必要があると判断される場合には、合格基準の事後的な調整を行う。この調整は、平均点の乖離度及び得点分布を考慮して行う。

[2] 「口述試験」の合否判定については、あらかじめ評価項目及び各評価項目ごとに具体的な評価基準点を設定した上で、合格基準点（原則として 6 割）に達しているか否かを判定することにより行う。

《5》 試験免除　☆「英語」に関する内容のみ記載する。
[1] 「英検 1 級」の合格者は、英語の筆記試験を免除する。
[2] 「TOEIC840 点以上、TOEIC スピーキングテスト 150 点以上、TOEIC ライティングテスト 160 点以上」の合格者は英語の筆記試験を免除する。

【2】 筆記（第 1 次）試験について
【A】 英語による筆記試験
（1） 試験の方法
1. 試験は、通訳案内士の業務を適切に行うために必要な読解力、日本文化等についての説明力、語彙力等の**総合的な英語の能力**を問うものとする。
2. 試験の方法は**記述式**とする。
3. 試験の時間は **120 分**とする。
4. 試験の出題レベルをできる限り同じにするため、満点を **100 点**とする。
5. 試験の出題の基準は、概ね下記の通りである。（改正平成 25 年度）

《1》 英文読解問題　☆2 問の出題
《2》 英文和訳問題
《3》 和文英訳問題
《4》 英文紹介問題 ☆日本文化等について英語での説明問題
《5》 単語英訳問題

6. 上記の《1》・《5》は「**多肢選択式**」（マークシート方式）による出題を組み合わせることとする。《2》・《3》・《4》は「**記述式**」に出題するものとする。

（2） 合否の判定

合否の判定は、原則として**70点**を合格基準点として行う。

【B】 日本地理等による筆記試験

《1》「日本地理」の筆記試験
（1） 試験の方法
1. 試験は、日本の観光地等に関連する日本の地理についての主要な事柄（日本と世界との関わりを含む）のうち**外国人観光客の関心の強いもの**についての知識を問うものとする。
2. 試験の方法は、**多肢選択式**（マークシート方式）とする。
3. 試験時間は**40分**とする。
4. 試験の満点は**100点**とする。
5. 出題の数は**40問**程度とする。
6. 出題の内容は、地図や写真を使った問題を中心とする。

（2） 合否の判定

合否判定は、原則として**70点**として行う。

《2》「日本歴史」の筆記試験
（1） 試験の方法
1. 試験は、日本の歴史についての主要な事柄（日本と世界との関わりを含む）のうち**外国人観光旅客の関心の強いもの**についての知識を問うものとする。
2. 試験の方法は、**多肢選択式**（マークシート方式）とする。
3. 試験の時間は、**40分**である。
4. 試験の満点は**100点**とする。
5. 出題数は、**40問**程度とする。
6. 内容は地図や写真を中心とする。

（2） 合否判定

合格判定は原則として**70点**として行う。

《3》「一般常識」の筆記試験
（1） 試験の方法
1. 試験は、現代の日本の産業、経済、政治及び文化についての主要な事柄（日本と世界との関わりを含む）のうち、**外国人観光旅客の関心の強いも**

のについての知識を問うものとする。
2. 試験の方法は、**多肢選択式**(マークシート方式)とする。
3. 試験の時間は、**40分**とする。
4. 試験の満点は**100点**とする。
5. 出題の数は、**40問程度**である。
6. 出題の内容は、最新の『**観光白書**』や新聞(一般紙)に掲載されているような最近の時事問題に記載されている観光をめぐるおもな動向を加味する。

(2) 合否の判定
合否判定は原則として**60点**として行う。

【3】 口述(第2次)試験について

(1) 試験の方法
1. 試験は．総合的な英語の能力並びに日本地理、日本歴史及び一般常識の知識を活用して行われ、通訳案内の現場で必要とされる**コミュニケーションを図るための実践的な能力**について判定するものとする。
2. 試験は、日本の観光地等に関連する日本の地理、歴史並びに産業、経済、政治及び文化についての主要な事柄のうち**外国人観光旅客の関心の高いもの**を題材として、受験者に通訳案内の業務を擬似的に行うことにより実施するものとする。
3. 試験時間は**8分～10分程度**である。
4. 終了者からの問題の漏洩を避けるため、当該時間帯の間、終了者は未受験者と別の部屋に待機し、通信機器を預ける等の措置を取るとともに、時間帯によって大きな差が出ないように質問内容のレベルを合わせるなど、受験者間で不公平が生じないような方法とする。

(2) 合否の判定
合否判定に当たっては、試験官ごとに基準が大きく異なることがないよう、あらかじめ以下の評価項目ごとに、具体的な合格基準点を設定しておくものとする。合否判定は、原則として**6割**を合格基準点とし、当該合格基準点に達しているか否かを判定することにより行う。

《評価項目》

《1》　プレゼンテーション
《2》　コミュニケーション（臨機応変な対応力、会話継続への意欲等）
《3》　文法及び語彙
《4》　発音及び発声

★『口述試験』の新傾向に関しては、第2部「口述（第2次）試験の最新傾向」を参照すること。

【注意】
通訳案内士試験の実施法は年度によって変更・改訂される場合があります。したがって受験前にはJNTOの「通訳案内士試験ガイドライン」を検索することが望ましい。本書の目的は単なる受験書ではなく訪日外国人・来日観光客に対して「日本の姿・日本の文化を正しく紹介できる」ための学習書です。

第 1 部　筆記（第 1 次）試験

[A] 筆記(第1次)試験[英語]の最新傾向

　通訳ガイド試験の新ガイドラインでの「出題数」は6題である。出題の「形式」と「内容」における出題の「傾向」は一定し、その「対策」も講じやすくなっている。6題の問題を分析する場合、下記のような順序で出題されている。

問題用紙
- ■問題1. 英文読解
- ■問題2. 英文読解
- ■問題3. 単語英訳
- ■問題4. 英文和訳
- ■問題5. 和文英訳
- ■問題6. 英文紹介

解答用紙
問題1から問題3までは「**客観式**」(多肢選択式)であるため**番号を記入する**。
問題4から問題6は「**主観式**」(記述式)であるため**解答すべき内容を記載する**。

【1】 出題の形式
《最新の傾向》
　最新の出題傾向には、下記のような特徴がある。

1. 出題数の固定化
　　従来は10題ほど出されていたが、最近では**6題**に固定化されている。これは第2章「英文紹介」、第3章「和文英訳」、第5章「英文和訳」における「記述式・主観テスト」が出題され、その解答に要する時間が増えたのが主たる要因であろう。

2. 客観性より主観性
（1） 主観性： 記述形式・解説形式
　　出題中に何のヒントもなく解答者自身の実力で記述する形式である。借り

ものではなく受験者自身のもつ真の語学力と文化教養が問われている。特に「日本文化紹介」に関する知識内容について完全に主観的な記述形式・解説形式で出題されている。「語学力」面だけではなく、「文化背景」の知識に関して解説する形式である。

(2) 客観性：選択形式・補充形式

指定された単語や語句を選択する形式も見られる。これは「単語英訳」と「英文読解」の出題中に見られるもので、語群にある単語や語句を選択させる出題もあれば、文章中における単語や語句を文脈から判断して選択させる出題もある。特定の文章の中に連語を「補充する」形式も見られる。いずれの形式であろうとも正確な知識と運用のもとで単語や語句・熟語を補充させる出題である。

《形式の特徴》
1. 「**多肢選択式**」（マークシート方法）による**客観式出題**
   《1》「**英文読解**」問題
   《2》「**英文読解**」問題
   《3》「**単語英訳**」問題
2. 「**記述式**」による**主観式出題**
   《4》「**英文和訳**」問題
   《5》「**和文英訳**」問題
   《6》「**英文紹介**」問題

【2】 出題の内容

第1次試験における最近の「出題内容」は下記のような特徴がある。

1. 通訳ガイド用語、特に「**日本の文化・観光**」の単語
   《1》「**単語英訳**」⇨ 第1章
   主として日本の文化・観光・時事問題に関する「単語」が中心である。しかし通訳する時に問われる翻訳しにくい単語やカタカナ英語といった「通訳英語」、またガイドとして求められる「観光英語」、さらには通訳ガイド本来の要件のひとつである「日本文化英語」などが出題されている。

2. 学力と教養力、特に「**日本事情**」と「**日本文化**」の知識
   《2》「**英文紹介**」⇨ 第2章
   通訳ガイドの試験であるため、必然的に「日本事情」と「日本文化」などが出題されている。身近なテーマは「日本人が何でもないことに関して外

国人が興味を示す事情」の課題が多数出題されている。

《3》「和文英訳」⇨ 第3章

出題内容は「日本事情」と「観光事情」に大別される。国際問題というよりは「国内事情」、また海外の文化というよりは「日本の文化」のテーマが中心に出題されている。

3. 理解力と表現力。特に英文読解力

《4》「英文読解」⇨ 第4章

記事内容は多種多様である。「日本の文化事情」や「観光事情」、最近では「異文化事情」なども出題されている。

《5》「英文和訳」⇨ 第5章

「日本事情」の内容が多い。特に文脈(context)を解釈する中での「語句・熟語」の意味を問う問題では「文法・語法」の知識は不可欠である。

本書の第1部では、これらの問題は「どのようなもの(**what**＝傾向)」であるのか、またその問題に対しては「どのように(**how**＝対策)」対応すればよいか、を考えてみたいと思う。

第1章　単語英訳問題

【出題傾向】
　「単語」（通訳ガイド用語）は、通訳ガイド試験が実施されて以降、毎年出題されている。従来の試験問題は、選択肢の**ない**「形式」の出題であった。解答する際に何らヒントも見られず、すべて「**主観式**」であった。「次の語句を英語に訳しなさい」と出題され、提示された「日本語」に対する「英訳」が問われていた。英語で表現するため、年度によっては「大文字、小文字、または単数、複数は問わない」または「筆記体を使わずブロック体で表記し、略語を用いないこと」という条件などがあった。ただし書きとして「筆記体を使わずブロック体で表記し、略語を用いないこと」などが記載されていた。出題されている「内容」は、日本文化英語、日本観光英語、時事英語が多く、従来と変わらず今も継続されていた。
　<u>新傾向の試験問題</u>は、選択肢が**ある**「形式」の出題である。

【1】　出題の形式
　「新ガイドライン」における出題の形式はすべて「**客観式**」である。後述する既出問題の「出題例」（8頁）に見られるように、提示された「日本語」（15題）に対応する「英訳」（20題）を選択することが問われている。本試験では解答用紙があり、<u>解答となる番号を</u>マークシートの中に記入することになっている。

【2】　出題の内容
　最近の既出問題に関する内容を便宜上整理すると、主として、「日本文化英語」・「日本観光英語」・「日本時事英語」の3種に大別される。年度によっては過去に「再度出題される単語」などが多々出題されている。そのような<u>単語には</u>(*)印で記してある。新ガイドラインでは出題された「日本語」に対する「英訳」を選択肢から選ぶことになっている。したがって正確な知識が問われる。

1 ［日本文化英語］

《1》 芸能・芸術： 人間国宝(*) / 書道(*) / 漆器(*) / 七宝(*) など
《2》 食物・食材： 牛丼(*) / 豆乳(*) / 味噌(*) / 豆腐(*) / 数の子(*) など
《3》 衣服・住居： かや葺き屋根(*) / 家紋(*) / 床の間(*) など
《4》 風俗・習慣： 敬語(*) / 仲人 / 露天風呂(*) / 結納金(*) など
《5》 武芸・格技： 相撲の番付(*) / (プロ野球の)オープン戦 / 綱引き / 相撲部屋など
《6》 祝祭日・年中行事： 成人の日 / 建国記念日 / 忘年会(*) / かまくらなど
《7》 歴史・制度： 天守閣(*) / 三回忌 / 幕府 / 土偶 / やぐらなど
《8》 宗教・神仏： お守り(**) / 五重塔(***) / (神社の)境内(*) / おみくじなど
《9》 動物・植物： 鰊(にしん) / 鯖(さば)(*) / 盲導犬 / (鵜飼いの)鵜(*) / 柿(*) / 菊(*) など
《10》 熟語・成句： ダフ屋 / ほめ殺し / 迎え酒 / イッキ飲み / オタクなど

2 ［日本観光英語］

《1》 空港・機内： 出入国手続き / 搭乗券(*) / 遺失物取扱所(**) / 税関(*) / 検疫所など
《2》 旅館・食堂： 自動販売機(*) / 食べ放題のレストラン / 日替わりメニューなど
《3》 買物・店舗： コンビニ / レジ係 / 免税店(*) / 代金引替など
《4》 観光・旅行： 日帰り旅行(*) / 往復旅行 / 首都圏 / 旅程表(*)など
《5》 駅舎・乗物： 自動改札機 / 周遊観光船 / (駅の)ホームなど / 優先席など
《6》 通信・郵便： 宅配便(*) / 速達料(*) / (宅配便の)着払い / 携帯電話メールなど
《7》 気象・気候： 光化学スモッグ(*) / 不快指数(*) / 間欠泉(*) / 成層火山(*)など
《8》 その他： 硫化水素 / 太陽暦 / 太陽電池 / かがり火など

3 ［日本時事英語］

《1》 政治・行政： 宮内庁 / 国土交通省 / 観光庁 / 大使館(*) / 領事館(*)など
《2》 経済・金融： 円高(*) / 源泉徴収 / 公定歩合 / 消費税 / 通信販売など
《3》 社会制度： 国民年金 / 週休二日制(*) / 有給休暇(*) / 育児休暇 / 夫婦別姓など
《4》 社会事情： 汚染物質(*) / 万引き(行為) / 裁判員 / 防犯カメラ / 電子レンジなど

《5》 施設・所在地：首都圏 / 過密都市 / 原子力発電所 / 立体駐車場など
《6》 教育・学校：児童虐待 / 知的所有権 / 就職活動 / 義務教育 / いじめなど
《7》 医療・福祉：脳死 / 臓器移植 / 糖尿病 / 熱中症(*) / 食中毒 / 心筋梗塞(*)など

上記の過去に出題されている「日本語」に対する「英訳」の内容は、後述する**「既出用語の整理」**（17頁）の項目で一覧にし、その解答例のみを記載してある。通訳ガイド用語は、「**筆記(第1次)試験**」の「英文和訳」と「和文英訳」、特に「**英文紹介(英語による日本文化の説明)**」の基礎になることは言うに及ばない。特に「**口述(第2次)試験**」にあるように「**通訳する**」場合には長い説明ができないため、英語では「**簡潔に**」表現することが求められる。たとえば、「**牛丼**」（既出単語）is a bowl of steamed rice topped with thin slices of stewed beef and vegetables であろう。「**ガイド**」する場合では少々長くとも許容範囲の英語表現である。しかし「**通訳**」する場合では長くなるため短く beef-topped rice in a bowl と言う。さらに短く beef bowl と英語で表現すべであろう。ちなみに、この beef bowl は米国にある「吉野家牛丼」の看板名でもある。

【学習対策】
問題解決の着眼点として、次のような事項に留意しよう。
(1) **連語**に注意すること。できるだけ連語単位でまとめるとよい。特に専門用語は特定の単語と組み合わせた用語になっている。［例］「携帯電話メール」e-mail on the cell [cellular] phone /「携帯手荷物取扱所」carry-on baggage claim area
(2) **文法に関連する語句**に注意すること。［例］「冷暖房装置」air-conditioning unit [equipment] /「冷暖房付き部屋」air-conditioned room /「エアコン」air conditioner
(3) **複数形か単数形**かを識別すること。［例］「人権」human rights; civil rights /「一体感」a sense of unity [togetherness]
(4) **ハイフンで結ぶ単語**に留意すること。［例］「成人の日」Coming-of-Age Day /「食べ放題のレストラン」all-you-can-eat restaurant
(5) **単語（日本語と英語）の語順**に注意すること。［例］「衣食住」food, clothing and shelter. ◇動詞は feed, clothe and shelter /「飲食物」food and drink
(6) **カタカナ語・和製語**には注意すること。［例］「ギブス」plaster cast（完

全に異なる)／「ギネスブック(正式名称：ギネス世界記録)」The Guinness World Records
(7) **単語の意味内容で異なる表現**に留意すること。［例］「ひったくり」bag-snatcher（人物）; bag-snatching（行動）
(8) **単語の意味内容で同じ表現になる単語**に留意すること。［例］「核家族」nuclear family; two-generation family
(9) **動物・植物の呼称・名称**を正確に整理すること。毎年出題されている。［例］「鵜」cormorant. ▶鵜飼 cormorant fishing（事）; cormorant fisherman（人）／「菊」chrysanthemum. ▶菊の御紋章 the imperial crest of the chrysanthemum
(10) その他：受験者・学習者自身が着眼する単語を整理しておこう。インターネットで「英字新聞」を読み、未知の単語をリストアップしながら単語帳を作成する。

【推薦図書】
(1) 『和英日本の文化・観光・歴史辞典』(三修社刊。日本図書館協会選定図書)☆解説や例題が多数記載されている。「カシオ電子辞書(Ex-word)」にも収録されている。
(2) 『和英日本文化表現辞典』(研究社刊)
(3) 『観光のための中級英単語と用例』(三修社刊)
(4) 『英語通訳ガイド試験必須単語集』(三修社刊)

1. 既 出 問 題

★協力：国際観光振興機構(通称：日本政府観光局)［JNTO］

【出題例】

次の語句(1)〜(15)の英訳として、最もふさわしいものを①〜⑳の中から一つずつ選びなさい。

(1) 網だな　　　(2) 絵文字　　　(3) 旅程表

第 1 章　単語英訳問題

(4)　地図帳　　　　　(5)　太陽電池　　　　(6)　堀
(7)　(鵜飼いの)鵜　　(8)　かがり火　　　　(9)　幕府
(10)　(鳥の)サギ　　　(11)　柿　　　　　　　(12)　特需
(13)　気象予報士　　　(14)　地上波　　　　　(15)　香(こう)

① photovoltaic cell　　② dry cell　　　　　③ special procurement
④ terrestrial signal　 ⑤ persimmon　　　　⑥ overhead rack
⑦ atlas　　　　　　　⑧ bonfire　　　　　　⑨ pictogram
⑩ certified meteorologist　⑪ heron　　　　⑫ itinerary
⑬ cormorant　　　　　⑭ incense　　　　　　⑮ moat
⑯ lacquerware　　　　⑰ Galapagos　　　　　⑱ prophet
⑲ fare adjustment　　⑳ shogunate

◇◇◇

【傾向】
【1】　出題の形式
従来は、何のヒントもなく日本語に対する英訳を問う「**主観テスト**」であった。新ガイドラインの形式では「日本語」とそれに対する「英訳」が列挙され、日本語に関連する最も適切な英訳を選択する「**客観テスト**」である。「英訳」(20題)はすべての「日本語」(15題)に対応するものではない。したがって英語に関する正確な知識が問われている。

【2】　出題の内容
過去の既出用語から最近の既出用語までを整理すると、下記の3種に大別される。
(1)　日本文化英語：絵文字 / 堀 / 鵜 / かがり火 / 幕府 / サギ / 柿 / 香
(2)　観光英語：網だな / 旅程表 / 地図帳
(3)　時事英語：特需 / 気象予報士 / 地上波 / 太陽電池
【正解】
(1)＝⑥　(2)＝⑨　(3)＝⑫　(4)＝⑦　(5)＝①　(6)＝⑮　(7)＝⑬
(8)＝⑧　(9)＝⑳　(10)＝⑪　(11)＝⑤　(12)＝③　(13)＝⑩　(14)＝④
(15)＝⑭

【解説】
(1) 「網だな」**overhead rack:** 乗物の頭上にある網だな。単に rack とも言う。車やバスの車内にある荷物を置くための網(net)製の棚(rack)であるので、net rack; basket rack; baggage [luggage] rack などとも言う▶かばんを電車の網だなに置き忘れる leave the bag on the *overhead rack* in the train.

　cf. overhead（アクセントは前置［over］）形 頭上の（＝over one's head）．▶（飛行機の機内にある）頭上の荷棚 an *overhead* baggage compartment [bin] / 頭上の荷物棚 an *overhead* locker. ― 副 頭上に（アクセントは後置［head］）（＝over one's head）．▶ヘリコプターが1機頭上を飛んでいた A helicopter was flying *overhead*.

(2) 「絵文字」**pictogram:** pictorial symbol; pictographic script; hieroglyph(象形文字); hieroglyphic script; emoticon(顔文字＝face mark; smiley) などとも言う。言語ではなく物や事柄を「絵」文字のように用いる象徴的な記号のことである。現代では「絵文字」(picture writing)または「絵単語」(picture language)のことを「ピクトグラム」(pictogram; pictograph)と言っている。最近はスマートフォンの登場により海外にも普及しており、携帯電話などの「絵文字」は **"emoj"** として国際的に使用されている。

　☆世界遺産の英語としてよく用いられる **petroglyph** は「ペトログリフ、岩面陰刻(いわめんいんこく)」の意味で、象徴となる岩石や洞窟内部の壁面に、意匠(いしょう)や文字などが刻まれた彫刻のこと。特に有史時代に描かれた岩石線画また刻石のことである。ギリシャ語で **petro** は「石」、**glyph** は「彫刻」の意味。石への彫刻(carving)または線画(line drawing)の意味である。

(3) 「旅程表」**itinerary.** ☆ itinerary は「旅程」(tour schedule)、「訪問地プラン」(tour plan)、「旅行日程表」(travel itinerary) などの意味である▶到着［出発］日程 *itinerary* for arrival [departure] / 最終旅程 final *itinerary* / 仮の旅程 provisional *itinerary* / 暫定的な旅程 tentative *itinerary* / 改訂［修正］(後の)旅程 revised [amended] *itinerary* / 旅程を作成［変更］する make [change] an *itinerary* / 観光予定で次はどこですか What's next on our *itinerary*?（Where is 〜？とは言わない）/ 旅程では何と書いてありますか。What does the *itinerary* say?（write ではない）。

(4) 「地図帳」**atlas.** ☆ atlas は「地図本、地図帳」の意味で、1枚ずつの地図(**map**)を本にしたものである▶歴史地図帳 historical *atlas* / 国勢地図

帳 national *atlas* / 道路地図帳 road *atlas* / 世界地図 world *atlas* / 地図帳で場所の名前を探す look up the place-name in the *atlas*.

(5) 「太陽電池」**photovoltaic cell.** solar cell [SC]; a solar battery などと言う。光起電力効果(photovoltaic effect〈物質に光を照射することで起電力が発生する現象〉)を利用し、光エネルギー(light energy)を直接電力(electric power)に変換する電力機器(electric appliance)のことである。「光電池」とも呼ばれている ▶太陽電池屋根 a *photovoltaic* (cell) roof / 太陽電池を動力として用いる車 the car powered by *photovoltaic* [solar] cells / 太陽電池は日光を集めてエネルギーに変える A *photovoltaic* [solar] cell collects and converts sunlight into energy.

(6) 「堀・濠」**moat** ▶外堀 an outer *moat* / 内堀 an inner *moat* / 堀に囲まれた皇居 the Imperial Palace surrounded by a *moat* / 堀を巡らした城 a castle surrounded by a *moat* / 城の周りの堀 the *moat* around a castle. ☆「掘割」ditch; waterway; canal; creek (地面を掘ってつくった浅い水路) ▶掘割で泳ぐ錦鯉 colorful carp swimming in the small waterway (例えば島根県・殿町など江戸時代の武家屋敷通りに見られる)。

(7) 「(鵜飼の)鵜」**cormorant** ▶鵜飼船 a boat for *cormorant* fishing; a boat for fishing with *cormorants* / 鵜匠 (古風な衣装と被り物を装っている) a *cormorant* fisherman; a *cormorant*-fishing master (wearing ancient costume and ceremonial headgear).

【鵜飼】〈漁法〉*cormorant* fishing; fishing with *cormorants*; using *cormorants* for fishing. *Ukai* is the ancient method of catching *ayu* (sweet fish, river smelt) by using well-trained cormorants. *Ukai* takes place on the river at night under the light of blazing touches. The cormorants capture *ayu* with their beaks, but have a cord tied at the base of their necks to prevent them from swallowing the catch. よく訓練された鵜をあやつりながら鮎を捕る古風な漁法。かがり火 (decoy fire burning in a basket) のもとで夜の川で行う。鵜は嘴で鮎を捕るが捕獲したものを飲みこまぬように首元にひもを結んでいる。

(8) 「かがり火[篝火]」**bonfire.** ☆祝典などにおいて野外で灯される大きな炎のこと。また夜間の照明・漁猟・警護なでのために焚く火のこと ▶かがり火を燃やす make a *bonfire* (祝いなどの); light a fishing fire (鵜飼いなどの); build a beacon [watch] fire (警護の) / (京都の大かがり火である) 大文字五山送り火 the Great *Bonfire* Event on Five Kyoto Mountains

/ 薪能 a Noh play performed by the fire of *bonfires* [by torchlight] on an outdoor stage (in the shrine or temple precincts).

(9) 「幕府」**sho**gunate: the military *shogunate* government [regime] (as opposed to the imperial government); the feudal political system of the military government. The *shogunate* controls the feudal lords nationwide by assigning them fiefs and requiring loyalty to the shogun in return. 武家による政治を行うための権力機構[中央政治機関](朝廷による政治に対して)。幕府は領地を割り与えて大名を統治し、見返りに幕府に忠誠を求めた。

☆鎌倉・室町・徳川の三代に及ぶ。

1. 「鎌倉幕府」the Kamakura *shogunate* (established at Kamakura by the shogun Minamoto Yoritomo in 1192). 1192年に源頼朝(1147–99: 鎌倉幕府初代将軍)が開いた幕府。☆直属の家臣を全国に配置して支配し、その勢力を伸ばす。初めて武家が実権を握る。1333年に滅亡する。

2. 「室町幕府」the Muromachi *shognuate* (established in Kyoto by the shogun Ashikaga Takauji in 1336). 1336年足利尊氏(1305–1356: 室町幕府初代将軍)が開いた幕府。☆朝廷・公家の政権が弱体化し、完全に武士の政権に統治される。1573年に滅亡する。

3. 「徳川幕府」the Tokugawa *shogunate* (established in Edo by the shogun Tokugawa Ieyasu in 1603). 1603年徳川家康(1542–1619: 徳川幕府初代将軍)が開いた幕府。☆関ヶ原の合戦を経て、大阪冬・夏の陣で豊臣氏を滅ぼし、強固な幕藩体制(centralized feudal system)を敷き、安定した時代を築く。1867年最後の将軍・徳川慶喜による大政奉還(the Restoration of the Imperial Rule)によって幕府の終焉となる。

(10) 「(鳥の)サギ〈鷺〉」heron, egret;〈白鷺〉a whiter heron; a snowy egret. ▶鷺舞 Heron dance (performed at Yasaka Shrine in Shimane Prefecture) / 通称白鷺城の姫路城 Himeji Castle nicknamed Hakuro-jo, White Heron [Egret] Castle. ☆「はくろじょう」は音読(正式呼称)。

(11) 「柿」persimmon,〈植物〉a kaki;〈実〉a *persimmon*;〈木〉a *persimmon* tree;〈種子〉a *persimmon* stone;〈へた〉a *persimmon* calyx. カキノキ科の落葉高木である▶渋柿 an astringent *persimmon*; a bitter *persimmon* 甘柿 a sweet *persimmon* / 干し柿 a dried *persimmon* / 柿渋 the astringent

[bitter] juice of the *persimmon*; *persimmon* tannin [tannic acid].
☆「柿の種」(brown spicy) rice crackers shaped like *persimmon* stones; small rice cakes in the shape of *persimmon* stones seasoned with hot pepper. 柿の種の形をした米菓。☆「柿ピー」は a snack-food mixture of spicy rice crackers and peanuts.

(12) 「特需」(特殊な需要の略) **special procurement** (in wartime); special (procurement) demands [orders]; emergency demands. 一過性の出来事によって通常の数倍以上に需要が盛り上がること。一般に在日米軍の発注による需要。朝鮮戦争・ベトナム戦争の際、米軍が軍事物資の買い付けなどを行ったことを言う ▶特需景気 business boom from [economic boom due to] *special procurement* (in wartime) / 1950 年朝鮮戦争が勃発しはじめ、日本に特需景気をもたらした。The Korean War began in 1950, and brought a *special procurement* boom to Japan.

(13) 「気象予報士」**certified meteorologist;** certified weather forecaster. 日本の国家資格のひとつである「気象予報士試験」(an examination for a certified weather forecaster's license) に合格し、気象庁長官 (the Director-General of the Japan Meteorological Agency) による登録を受けた者を言う。☆**meteorologist** は「気象学者；気象の専門家」、**forecaster** は「予報者；予報技術者」を意味する。ちなみに「日本気象予報士会」の正式名称は Certified and Accredited Meteorologists of Japan [CAMJ] と言う ▶気象予報士となる資格 qualification to become a *certified meteorologist* [weather forecaster].

(14) 「地上波」**terrestrial signal**, airborne signal; ground wave とも言う。地上 (terrestrial) の空気中を伝播して伝える電波 (wave) の総称。反意語は衛星波 (satellite wave) である ▶地上波デジタル・テレビジョン digital terrestrial television [DTT, DTTV] / 地上波デジタル放送 digital terrestrial broadcasting.

(15) 「香 (こう)」**incense** ▶ It is used to enjoy various fragrances. It is burned by tea devotees before the guests enter the tearoom (in the tea ceremony). 多種の香を楽しむ。客が茶室に入る前に茶人は香をたく。通称「お香」。
【香道】 the Japanese art of appreciating *incense*: the traditional art of *incense* burning and smelling. It is the traditional aesthetic pastime of incense burning and smelling to appreciate a refined sense of

fragrance from burning fragrant [aromatic] wood. 香木をたいて、その立ち上がる香りを鑑賞して楽しむ芸道。☆「わび・さび」の美(the aesthetic value of subtle taste and elegant simplicity)を追求する。

【参考】 ⑯ dry cell「乾電池」；⑰ lacquer ware「漆器、漆細工」；⑱ Galapagos (Islands)「ガラパゴス(諸島)」(エクアドル世界遺産)；⑲ prophet「予言者」；⑳ fare adjustment「精算所」

2. 応用問題

【例題】 ☆下記(1)～(15)の単語は過去に既出された用語である。

次の語句(1)～(15)の英訳として、最もふさわしいものを①～⑳の中から一つずつ選びなさい。

(1) 官僚　　　　　(2) 医療ミス　　　(3) (車の)フロントガラス
(4) 携帯電話メール　(5) 領事館　　　　(6) 雲丹
(7) 菊　　　　　　(8) 結納金　　　　(9) 木版画
(10) 釉薬　　　　　(11) 大根おろし　　(12) 柘植の櫛
(13) いじめ　　　　(14) 薬味　　　　　(15) (地震による)震災

① seismic disaster　② sea urchin　③ consulate
④ medical malpractice　⑤ betrothal money　⑥ boxwood comb
⑦ glaze　⑧ woodblock print　⑨ molester
⑩ mobile text message　⑪ grated radish　⑫ pedestrian mall
⑬ personal effects　⑭ blue jeans　⑮ bullying
⑯ chrysanthemum　⑰ bureaucrat　⑱ windshield
⑲ condiments　⑳ best-before date

【正解】
(1)＝⑰　(2)＝④　(3)＝⑱　(4)＝⑩　(5)＝③　(6)＝②　(7)＝⑯
(8)＝⑤　(9)＝⑧　(10)＝⑦　(11)＝⑪　(12)＝⑥　(13)＝⑮　(14)＝⑲
(15)＝①

【解説】
(1)「官僚」**bureaucrat**(人); bureaucracy(総称)。国家の政策決定に大き

第 1 章　単語英訳問題　　　　　　　　　　　　　　15

　　　な影響力を持つ公務員 ▶エリート官僚 an elite *bureaucrat* / 下級官僚 a petty *bureaucrat*.
(2)　「医療ミス」**medical malpractice:** 医療誤審、医師の不正療法のこと。〈1〉**mal—** はラテン語で「悪い、不正の」の意味 ▶栄養不良 malnutrition.〈2〉「ミス」は英語では mistake ［error］であり、略することができない。medical mistake ［error］とも言う　▶医療ミスによる死亡 death caused by a medical error; death from medical mistakes.
(3)　「フロントガラス」〈米〉**windshield;**〈英〉windscreen. ☆「フロントガラス」は和製英語。front を用いる場合は a front window とも言う　▶フロントガラス洗浄液 *windshield* washer fluid. ☆和製英語には要注意 ▶バックミラー rearview mirror / ドアミラー sideview mirror / ナンバープレート license plate / アクセル accelerator ［〈米〉gas］pedal / ハンドブレーキ parking brake / チェンジレバー gearshift lever / クラクション horn.
(4)　「携帯電話メール」**mobile text message;** e-mail on the cell phone; cell phone e-mail. ☆「携帯電話」は cellular ［cell］phone; cordless phone; mobile phone などとも呼ばれている。「メール」は「電子メール」e-mail（electronic mail）のこと。したがって「携帯電話にあるメール」のことなので cellular phone text message また「可動式の伝言」でもあることから mobile text message; mobile mail. 単に text massage とも言う。
(5)　「領事館」**consulate;** consular representative. ☆領事 consul / 総領事 consul general / 副領事 vice-consul / 領事代理 consular agent / 領事館員 consular staff ［official］（集合的）; a member of the consulate staff（個人的）/ 外国勤務の領事 consul abroad / 釜山駐在の日本領事 the Japanese consul at Pusan. ◇「大使館」embassy.「大使」ambassador.
(6)　「雲丹」**sea urchin:** ☆「動物：海胆」は sea urchin; sea chestnut; echinus（複数形：echini）。「食品：雲丹」は seasoned sea-urchin eggs（うにの卵巣を塩漬けにした食品）▶雲丹和え food dressed with seasoned *sea-urchin* eggs.
(7)　「菊」**chrysanthemum.**（2 回出題）▶菊の御紋章 the imperial crest of the *chrysanthemum* / 菊人形 *chrysanthemum* figure; figured formed from live *chrysanthemum* flowers / 菊の節句 the *Chrysanthemum* Festival ［Feast］.

(8) 「結納金」**betrothal money** (presented by the male [would-be groom] to his fiancé). Money is wrapped in red and white folded paper tied decoratively with gold and silver strings. 男性が女性に贈る婚約金。金銀の紐で結んだ紅白の折り重紙に包む。☆「結婚真近な男性」would-be groom [groom-to-be].「結婚真近な女性」would-be bride [bride-to-be].

(9) 「木版画」**woodblock print:** woodcut; woodprint; a printing made by means of engraving woodblocks. ☆絵師(えし)(painter)、彫り師(ほりし)(woodblock carver)、摺り師(すりし)(printer)の三者の技術が結集する ▶木版刷りの年賀状 *woodblock-printed* New Year's cards.

(10) 「釉薬」**glaze:**「釉薬」は「うわぐすり」(釉・上薬)のこと。素焼(すやき)の陶磁器の表面に光沢を出し、水分[液体]の吸収を防ぐために用いる一種のガラス質の粉末。「陶磁器の釉」は glaze,「金属器にほどこすほうろう」は enamel.「仕上げの釉」は overglaze.
因みに「釉工」glazer、「釉かけ」glazing. と言う。☆glaze⟨**n**⟩「(陶磁器の)釉」▶陶磁器に釉をかける put *glaze* on pottery. glaze⟨**v**⟩「(陶磁器に)釉をかける」▶陶器に釉をかける *glaze* a piece of pottery.

(11) 「大根おろし」**grated radish:**（食物: おろした大根）; radish grater（器具: 大根おろしがね。日本の大根(Japanese **radish**)は英語(a **daikon**)になっている。Webster's Ninth Collegiate Dictionary では "a radish with long hard durable roots that are eaten cooked or raw." と記載されている。☆食べ物の「大根」も多種多様である。「かいわれ大根」*radish* sprouts,「きりぼし」dried *radish* shavings,「たくあん漬け」*radish* pickled in salt and rice bran,「大根含め煮」*radish* simmered in broth,「風呂吹き大根」rings of *radish* eaten with *miso* [soybean paste] などがある。

(12) 「柘植の櫛」**boxwood comb:** ⟨1⟩「柘植(つげ)」(boxwood)はツゲ科の常緑小高木(高さ約3メートル)のこと。樹皮は灰白色、葉は革質。暖地に自生し、伊豆七島が産地で有名。生育が遅く、早春に淡黄色(たんこうしょく)の小花(つげの花)が咲く。材質は非常に緻密で、櫛や将棋(しょうぎ)の駒(こま)またそろばんの玉などを作る。観賞用としても庭に植える。⟨2⟩「櫛」comb [koum] (発音に注意。b は発音しない) ▶象牙の櫛 ivory *comb* / 鼈甲(べっこう)の櫛 tortoise-shell *comb* / 櫛をさす wear a *comb* in one's hair / 櫛を入れる put a *comb* through one's hair.

(13) 「いじめ」 **bullying:** (the weak); tyrannizing (over the weak); tormenting; teasing;〈米〉hazing ▶いじめ自殺 *bullying*-related suicide / いじめっ子 a bully; a tormentor / いじめられっ子 a bullied child; a child constantly harassed by a bully / 学校でのいじめ bullying at school / 学校でのいじめ自殺 school bullies following students' suicide.

(14) 「薬味」 **condiment(s):** (調味料); spice(s)(香辛料); garnish(s)(添え物)。*Yakumi* is used to add extra flavor to Japanese dishes (or decorate prepared dishes). 風味を増すように食べ物に添える香辛料。condiments には Japanese horseradish(わさび), mustard(からし), ginger(しょうが), garlic(にんにく), salt(塩)など、spice には Japanese pepper(さんしょう)、garnish には parsley(パセリ)などがある ▶薬味入れ a cruet; a caster(瓶)/ 薬味立て a cruet stand.

(15) 「震災」 **seismic disaster;** earthquake disaster; disastrous earthquake ▶震災予防 prevention of earthquake disaster / 震災地 district damaged by an earthquake; earthquake-devastated district / 震災民 sufferers from an earthquake / 震災民救助 relief of sufferers from an earthquake / 関東大震災 the Great Kanto Earthquake (Disaster in 1923) / 阪神淡路大震災 the Great Hanshin-Awaji Earthquake (Disaster in 1995) / 東日本大震災 the Great East Japan Earthquake (Disaster in 2011).

【参考】 ⑬ **personal effects**「身の回り品」; ⑫ **pedestrian mall**「歩行者天国」; ⑳ **best-before date**「賞味期限」; ⑭ **blue jeans**「ジーパン」; ⑨ **molester**「痴漢」

《既出用語の整理》

【解答例】にあるボールド体(肉太活字体)の英語は「通訳する」(第2次口述試験)時に活用される短い必須キーワードである。
☆下線部の日本語に関する解説は前述した「既出問題」・「応用問題」を参照すること。
☆(*)印の単語は過去の通訳ガイド試験に再度出題された用語である。

【1】［日本文化英語］
《1》 芸能・芸術

(1) *人間国宝 / (2) *書道 / (3) **漆器 / (4) *七宝 / (5) *水墨画 / (6) 扇子 / (7) 雅楽 / (8) 漢字 / (9) 枕草子 / (10) 枯山水 / (11) 民芸品 / (12) 屏風 / (13) 木版画 / (14) 絵文字 / (15) 釉薬 / (16) 回り舞台 / (17) 床の間 / (18) *提灯 / (19) 香 / (20) 磁器

【解答例】

(1) **living national treasure**; human national treasure ▶人間国宝に認定される to be recognized as a living *national treasure*. (2) **calligraphy**; penmanship; Chinese ideography ▶書道の大家 a *calligraphy* master; a great calligrapher. (3) **lacquer ware**; japan ware. ☆lacquer は「漆」の意。japan は「小文字」。(4) **cloisonné** (enamel) ▶七宝焼き cloisonné ware ［work］. (5) an **Indian ink painting**; a painting in India ink; a black-and-white drawing; a drawing in black and white ▶水墨 ink painting; water and ink. ☆墨絵 *sumie*; monochromatic ink painting. (6) **folding fan**; Japanese (paper) fan ▶扇子の骨［要］the ribs［pivot］of a *fan*. ☆団扇 a round *fan*. (7) a *gagaku*; traditional **court music and dance** ▶雅楽師 a *gagaku* musician［master］. (8)（a）*kanji*; **a Chinese character;** a Chinese ideograph ▶漢字の訓 pronunciation of a *Chinese character*. (9) the **Pillow Book** (written by Sei Shonagon, authoress). (10) **traditional dry landscape garden;** garden composed of entirely of rocks and sand. (11) **folk craft**(s); folk handcraft(s); folk art; an article of fork art ▶民芸品売り場 *fork crafts* shop. (12) **folding screen** ▶6枚屏風（を立てる）(set) a *folding screen* with six panels. (13) a **woodblock print**; a woodcut; a woodprint; a xylograph ▶木版師 a *woodcut* artist. (14) **pictograph;** emoticon（顔文字＝face mark）▶メールに絵文字を入れる put *pictographs* in one's e-mails. (15) **glaze**（陶磁器の）; **enamel**（金属の）▶釉薬塗布 *glaze* application. (16) **revolving stage;** rotating stage. ☆迫り上げ舞台 stage elevator; movable platform. (17) **alcove** (in a traditional Japanese room); ornamental recess (in the room-wall) ▶床の間の置物 an ornament for the *alcove*. (18) (paper) **lantern** ▶提灯行列 *lantern*-light parade［procession］. 提灯をつける［持つ］light［carry］a *lantern*. (19) **incense** ▶香炉 *incense* burner. 香を

たく burn *incense*. **(20) porcelain (ware)**; china (ware)（小文字で）. ☆陶磁器 ceramics; ceramic ware; pottery.

《2》 食物・食材・食器類

(1) *牛丼 / (2) *豆乳 / (3) *味噌 / (4) *豆腐 / (5) *数の子 / (6) 干菓子 / (7) 麹 / (8) お通し / (9) 湯葉 / (10) 辛子明太子 / (11) わた菓子 / (12) 玄米 / (13) てんぷら / (14) 酒粕(さけかす) / (15) 薬味 / (16)（食材としての）雲丹(うに) / (17) 大根おろし / (18) 精進料理 / (19) にぎり鮨 / (20) つまようじ / (21) 有機野菜 / (22) パン粉 / (23) 食品添加物 / (24) 炊飯器 / (25) 醸造酒 / (26) かき氷 / (27) 納豆 / (28) ひしゃく / (29) 団子 / (30) 大樽

【解答例】

(1) beef bowl; a bowl of rice topped with thinly seasoned beef and vegetables ▶牛丼屋 *beef bowl* shop **(2) soy milk**; soya milk; soybean milk ▶豆乳(飲料)を摂取する ingest *soy milk* (drink). **(3)** *miso*; fermented **soybean paste** ▶赤味噌 dark *miso* / 甘味噌 lightly salted *miso* / 味噌汁 *miso* soup / 味噌漬け food preserved in *miso*. **(4)** *tofu*; **soybean curd**. ☆豆腐1丁 a cake [block] of *tofu* / 絹漉し豆腐 silk-strained [soft] *tofu* / 木綿豆腐 cotton-strained [hard] *tofu*. **(5) herring roe** ▶ herring (鰊(にしん))の roe (卵). cf. イクラ (鮭(さけ)) salmon roe / カラスミ (鯔(ぼら)) mullet roe. **(6) dry confectionery;** dry Japanese sweets; **(7)** *koji*; **malt** ▶ 米麹 *malted* rice / 大豆 [大麦] 麹 *malted* soybean [barley]. **(8) relish** (served with a drink or before the meal); small appetizer [hors d'oeuvre(s)] (served as soon as a customer sits down in a Japanese bar). **(9)** (a sheet of) **soy milk skin; bean-curd skin**; boiled soybean-milk skin; dried soybean casein. ▶豆腐皮 *tofu* skin or delicacy made from the skin of gently boiled soybean milk. **(10) spicy cod roe** ▶ cod (fish) (鱈(たら))の roe (卵). **(11) cotton candy**; 〈英〉**candy floss**; 〈米〉spun sugar ▶（説明）candy made by spinning sugar that has been boiled to a high temperature. **(12) brown rice**; unmilled [unpolished] rice ▶玄米茶 brown rice tea. **(13)** *tempura*: **batter-fried foods**; Japanese deep-fried seafood (or vegetables) dipped in a light batter ▶エビのてんぷら prawns *deep-fried* in batter. **(14)** *sake* **lees**; *sake* cake; *sake* sediment ▶板状の酒粕 *sake lees* in sheet form. **(15) condiment(s)**: seasoning; flavoring. spice(s) ▶薬味入れ cruet; castor; spice box. **(16)** (seasoned) **sea-urchin roe** [eggs]

▶雲丹入りの蒲鉾 boiled fish paste mixed with *sea urchin eggs*. (**17**) **grated radishes.** (**18**) **vegetarian dish** (prepared for religious discipline); vegetarian cuisine (derived from the dietary restrictions of Buddhist monks). (**19**) **hand-rolled** [hand-shaped] *sushi*: a bite-size rectangular rice ball. (**20**) **toothpick**; (tooth) pick ▶黒文字 (＝a *toothpick* used for cutting sweets in a tea ceremony). (**21**) **organic vegetables**; organically-grown[-produced] vegetables. ☆無農薬野菜 chemical-free vegetables. (**22**) (bread) **crumbs** ▶揚げ物用のパン粉 *crumbs* used for fried foods. (**23**) **food additive(s)**: additive(s) in food. ☆食品着色料 food coloring agent. (**24**) **rice-cooker**: rice steamer ▶電気炊飯器 electric(al) *rice-cooker*. (**25**) **liquor [*sake*] made by fermentation**; fermented liquor; brewed alcoholic beverage; brewage ▶酒を醸造する make alcoholic beverages. (**26**) (a portion of) **shaved ice** (topped with flavored syrup); (a bowl of) **ice shavings** (flavored with (e.g. lemon) syrup); (Japanese version of) snow cone ▶ぶっかき氷 broken ice. (**27**) *natto*; **fermented soybeans** (with a slimy stickiness) ▶糸を引く納豆 *natto* forming threads. (**28**) **ladle; dipper** (長柄の) ▶茶柄杓 tea *ladle* (used in a tea ceremony). (**29**) **dumpling**; rice-flour round dumplings ▶みたらし団子 skewered rice dumplings in a sweet soy-and-sugar glaze. (**30**) **vat** (＝a big open vessel for holding or storing liquids. 醸造・染色用などの大桶). ☆樽 cask; barrel (小); keg (小); butt (大) ▶樽酒 sake in the cask [barrel].

《**3**》　衣服・住居

(1) *家紋 / (2) *床の間 / (3) *屋台 / (4) *かや葺き屋根 / (5) 靴べら / (6) よだれかけ / (7) 紙オムツ / (8) 柘植の櫛 / (9) 軒 / (10) 回廊

【解答例】
(**1**) **family crest**; family emblem [insignia]; the crest of a family; coat of arms ▶家紋の付いた式服 a black ceremonial *kimono* bearing the *family crest* / 徳川家の家紋である葵の紋所 the *family crest* of the Hollyhock seal which belongs to the Tokugawa family. (**2**) **alcove**; built-in alcove; ornamental recess ▶(茶室にある)床の間の置き物 an ornament for the *alcove* (in the tea ceremony room). (**3**) [**1**] (屋台店) (open-air) **food stall**; street [road-side] food stand (沿道の); mobile food stall [truck] (移動式の) ▶ラーメン屋台 a

ramen stand; a *stall* selling *ramen* noodles. (**2**)（祭事［舞踊］屋台）festival float; stage [platform] for dancing (**4**) **thatched roof**; roof of thatch; roofing of thatched grass. ▶かや葺の家 *thatched* house; *thatch*-roofed cottage; house [cottage] with a *thatched* roof. (**5**) **shoehorn** ▶フック付き靴べら *shoehorn* with hook. (**6**) **bib**; pinafore;〈英〉feeder ▶幼児のよだれかけ baby *bib*; *bib* for infants. (**7**) **disposable [paper] diaper**;〈英〉disposable [paper] nappy ▶使い捨てタオル *disposable* [throwaway] towels. (**8**) **boxwood comb**. (**9**) **eave(s)** ▶軒につるしてある風鈴 a wind-bell hanging from the *eaves*. (**10**) **corridor**; gallery; hallway; cloister ▶東大寺大仏殿の回廊 the *corridor* [cloister] of the Great Buddha Hall of Todai-ji Temple.

《4》 風俗・習慣

(1) *敬語 /（2）*仲人 /（3）*結納金 /（4）*露天風呂 /（5）占い /（6）鬼ごっこ /（7）子守唄 /（8）刺青 /（9）丁稚 /（10）凧揚げ /（11）胡坐 /（12）実印 /（13）印籠

【解答例】

(**1**) **honorifics**; honorific words: honorific [polite] expressions ▶敬語を使って話す use honorifics. (**2**)（人）**go-between**; matchmaker.（事）matchmaking ▶仲人（役）をする act as (a) go-between; to go between the parties; arrange a marriage (between A and B). (**3**) **betrothal money** (exchanged in an arranged engagement of two people) ▶結納 a ceremonial exchange of betrothal gifts (presented between the bride's and groom's families). (**4**) **open-air [outdoor] bath**; bath set outdoors [in the open] ▶露天風呂温泉 open-air hot-spring bath / 貸切露天風呂 chartered open-air bath. (**5**) **fortune-telling**; divination; augury ▶占い師 fortune-teller. ☆手相 palm reading. (**6**)（a game of）**tag**; blind man's buff. ☆鬼ごっこをする play (a game of) tag with (friends). ☆かくれんぼ hide-and-seek / いないいないバーpeekaboo. (**7**) **lullaby**; nursery song; cradle song ▶子守歌の歌詞（を歌う）(sing) a lullaby lyric. (**8**) **tattoo** (marks) ▶（腕にハート形の）刺青をする have (a heart) tattooed (on one's arm). 刺青師 tattooist. (**9**) **apprentice** ▶（大工の）丁稚奉公をする serve [work] as apprentice (to carpenter). (**10**)（an outdoor game of）**kite-flying** ▶凧揚げをする fly one's a kite [kites]. (**11**) **cross-legged sitting** ▶胡坐をかく sit cross-legged (on a *tatami*-matted floor): sit (down) with one's legs crossed (on a cushion). **(12) legal seal**; (officially) registered personal seal ▶（契約書の）実印を捺す affix [fix, set] one's legal seal (to a contract). (13) an *inro* (used in the feudal times): **pillbox**;（印籠）seal case (lacquered with gold and silver designs);（薬箱）portable medicine box (crafted with elaborate decorations); seal designated to be hung from an *obi* sash [a *kimono*].

《5》 武芸・格技

(1) 相撲の番付け /(2)（プロ野球の）オープン戦 /(3) 綱引き /(4) 相撲部屋

【解答例】
(1) ***sumo* ranking list**; ranking list of *sumo* wrestlers; a list ranking professional *sumo* wrestlers. (2) **exhibition game** [match]; pre-season game ▶オープン戦が終り、ついに開幕する。The exhibition games are over and the regular season finally starts. (3) **a tug-of-war**（複数形：tugs-of-war); a tug and a pull; a rope-pulling contest ▶綱引きをする play at [have] a tug-of-war. (4) ***sumo* stable** ▶相撲部屋に弟子入りする be apprenticed to a *sumo* stable / 相撲部屋の親方 stable master for the *sumo* wrestlers.

《6》 祝祭日・年中行事

(1) 成人の日 /(2) 建国記念日 /(3) *忘年会 /(4) 仮装行列 /(5) かまくら

【解答例】
(1) **Coming-of-Age Day**. ☆1月第2月曜日。外国人には Day celebrating the legal age for adulthood のほうが理解しやすい。(2) **National Foundation [Founding] Day**. ☆2月11日。(3) **year-end (dinner) party**; year-end social gathering; forget-the-past-year party ▶忘年会を開く［参加する］（外国人には要ミニコメント）hold [join] a year-end party (where we forget about the problems in this past year and look forward to the new year). (4) **pageant**; fancy-dress parade; fancy costume procession ▶時代仮装行列（例：京都の時代祭）(the Festival of the Ages) historic pageant. (5) **snow hut** (in which children play house).

《7》 歴史・制度

(1) *天守閣 / (2) 三回忌 / (3) 遺跡保存 / (4) 幕府 / (5) 土偶 / (6) やぐら

【解答例】

(1) donjon; dungeon; (main) castle tower; (castle) keep ▶ 5層の天守閣 five-story donjon. ☆各地方のパンフレットでの「天守閣」の英語表記も多種多様。main-keep（姫路城）、main-tower（熊本城）、castle-keep（高知城）、castle-tower（犬山城）、keep-tower（松江城）など。**(2) the second anniversary of** (a person's) **death**. ☆法要は1年目を一回忌とし、満2年目を三回忌（英語ではsecond）と数える ▶（私の）父の七回・十三回・三十三回忌 the sixth, the 12th, and the 32nd anniversaries of（my）father's death. **(3) preservation of historic sites**; preserving the relics [remains]. **(4) the shogunate**; the military government. ⇨ 幕府（12頁）。**(5) clay figure**; earthen (clay) figurine（小さい）▶ 様々な形態の土偶 earthen figurines of various shapes. **(6) turret** [1]（城の）keep; guard tower; watchtower ▶ 隅櫓 corner turret. [2]（足場の）scaffold; high wooden（or steel）stage. [3]（炬燵の）wooden frame (of a foot-warmer).

《8》 宗教・神仏

(1) **五重塔 / (2) **お守り / (3) *（神社の）境内 / (4) しめ縄 / (5) 巫女（みこ）/ (6) 大仏 / (7) 祝詞（のりと）/ (8) 地鎮祭 / (9) 神話 / (10) 参道 / (11) 狛犬（こまいぬ）/ (12) おみくじ / (13) 鳥居 / (14) 神主

【解答例】

(1) five-story [-storied] pagoda ▶ 法隆寺の五重塔と金堂 the five-story pagoda and the main hall of Horyu-ji Temple（世界遺産）. **(2) good-luck charm**（幸運をよぶ）; talisman（魔除け）; amulet（厄除け）▶ 魔除けのお守り肌に着ける wear a charm against [toward off] evils next one's skin. **(3) shrine precinct(s)**; compound(s) [ground] of a shrine ▶ 明治神宮の境内 the precincts of Meiji Shrine. **(4)** (Shinto) **sacred twisted straw festoon**; the holy plaited straw rope ▶ 正月のしめ縄 a sacred straw festoon decorated with cut paper which is used for the New Year. **(5) shrine maiden** (consecrated to a god); maiden in the service of a Shinto shrine. **(6) the Big Buddha**（奈良）; **the Great Buddha**（鎌倉）▶ 大仏像 the Great Statue [Colossal Image] of (the) Buddha / 大仏殿 the Colossal Hall of the Big

Buddha. (**7**) (ritual) **Shinto prayer**; Shinto address to the gods; ritual prayer offered to a Shinto deity ▶祝詞をあげる recite [read] a Shinto prayer. (**8**) Shinto **ground-breaking ceremony**; Shinto rite of purifying a building site ▶上棟式 roof-laying [ridgepole-raising] ceremony. (**9**) **a myth**; mythology（総称）; mythological [mythical] story ▶神話の世界 mythical world. (**10**) the approach [an entrance path] to a Shinto shrine (or a Buddhist temple) ▶明治神宮参道 the approach to Meiji Shrine. (**11**) (a pair of) **stone-carved guardian dogs** (placed at the gate of [in front of] the shrine); a stone figure [image] of Korean dog (guarding either side [both sides] of the entrance of a Shinto shrine). (**12**) an *omikuji*; **fortune-telling slip** [paper]; written oracle [divination]; an oracle written on a piece of paper [wood] ▶おみくじを引く draw a fortune-telling slip. (**13**) (Shinto) **shrine gateway**; gateway (at the entrance) to a Shinto shrine. (**14**) **Shinto priest**; the chief priest of a Shinto shrine ▶宮司 the chief priest of a Shinto shrine／権宮司 the deputy [vice-]chief priest of a Shinto shrine.

《9》 動物・植物

(1) *柿 / (2) *菊 / (3) *鯖 / (4) *鵜 / (5) 球根 / (6) 鰊 / (7) 盲導犬 / (8) キュウリ / (9) 鰯 / (10) ヒヤシンス / (11) ピーマン / (12) 鼈 / (13) (鳥の)サギ / (14) 養殖魚 / (15) 蓮

【解答例】

(**1**) **persimmon**. (**2**) **chrysanthemum**. (**3**) **mackerel** ▶しめ鯖 vinegared [seasoned] mackerel. (**4**) **cormorant**. (**5**) **bulb**; flower bulb [FB] ▶球根植物 bulb plant. (**6**) **herring** ▶数の子 herring roe. (**7**) **guide dog** (for the vision impaired);〈米〉Seeing-Eye Dog. (**8**) **cucumber**; gherkin（ピクルス[漬物]用の）▶温室キュウリ greenhouse cucumber. (**9**) **sardine**（真鰯）; sprat（小鰯）▶片口鰯 anchovy／鰯の缶詰 canned [tinned] sardines. (**10**) **hyacinth**. ☆学名 Hyacinthus Orientals. (**11**) **green pepper**; bell pepper; pimento ▶ピーマンの肉詰 meat-stuffed green pepper. (**12**) **soft-shell**(**ed**) **turtle**; snapping [mud] turtle. (**13**) heron; **egret**. (**14**) **aquacultured fish**; cultured [farm-raised] fish; hatchery fish. (**15**) **lotus**.

《10》 熟語・成句　☆「ガイド用語」と言うよりは「通訳用語」。

(1) 三枚目 / (2) ダフ屋 / (3) ほめ殺し / (4) 眉つばもの / (5) 迎え酒 / (6) イッキ飲み / (7) サラ金 / (8) ドヤ街 / (9) おたく

【解答例】

(1) **clown**; comedian; comic supporting actor[actress]. (2) 〈米〉(ticket) **scalper**; 〈英〉(ticket) tout. (3) **praise and kill**; sarcastic [mock] praise; backhand(ed) compliment. (4) **fishy** story; unlikely story; unbelievable [incredible] story. (5) (take [have]) **the hair of the dog** (bit one). (6) **drinking** (a mug of beer) **in one gulf** [swallow]; chugalugging; 〈米〉binge drinking. (7) **loan shark**; consumer credit company. (8) 〈米〉**flophouse area** [quarter]; 〈英〉dosshouse district; slums; skid row (9) **geek**; nerd; freak; maniac; enthusiast ▶アニメおたく *anime* [animation] geek [obsessive] / テレビゲームおたく a video-game geek [nerd] / 車おたく a car maniac.

【2】　[日本観光英語]
《1》　空港・機内

(1) 出入国手続き / (2) *搭乗券 / (3) *遺失物取扱所 / (4) *手荷物預かり所 / (5) 通路 / (6) 予防接種 / (7) 税関 / (8) 検疫所

【解答例】

(1) **immigration procedures**; government formalities. ☆ ICQ を行う。Immigration「出入国管理」、Customs「税関」、Quarantine「検疫」。(2) **boarding pass**; boarding card. (3) 〈米〉**lost and found office**; 〈英〉lost property office. (4) **baggage check room**; left luggage facility; cloakroom; cloaks. (5) **aisle**. (6) **(preventive) vaccination**; (preventive) inoculation. (7) **customs**. (8) **quarantine**.

《2》　旅館・食堂

(1) *自動販売機 / (2) 食べ放題のレストラン / (3) 日替わりメニュー

【解答例】
(1) (**automatic**) **vending machine**. ☆車内販売の売り子は **vender**. ラテン語の vendere（売る）から由来する。(2) **all-you-can-eat restaurant** ▶食べ放題のサラダバー all-you-can-eat salad bar / 1 回のみ One-Serving Only. (3) **today's special**; specialty of the day

《3》 買物・店舗

(1) *免税店 / (2) コンビニ / (3) レジ係 / (3) 過剰包装 / (4) 通信販売 / (5) 交際費 / (6) 代金引換 / (7) 商店街

【解答例】
(1) **duty-free shop**; tax-free shop. (2) **convenience store**. (3) **cashier**. (4) **overwrapping**; overpacking; excessive wrapping [packing]. (4) **mail order**; mail-order sale; mail shopping. (5) **entertainment expense**; expense account. (6) **cash on delivery**;〈米〉collect on delivery ▶現金前払い advance payment in cash / 現金後払い later [deferred] payment in cash / 分割払い paying in installments. (7) **shopping street**; shopping-mall; shopping-arcade[-center].

《4》 観光・旅行

(1) *日帰り旅行 / (2) 往復旅行 / (3) *旅程表 / (4) 風致地区 / (5) 地図帳 / (6) パンフレット / (7) 行楽

【解答例】
(1) **a day's trip**; a day trip; one-day outing (to Nikko). (2)〈英〉**return trip**;〈米〉round trip. ▶片道旅行 one-way trip. (3) **itinerary**. (4) **scenic area**; landscape area. (5) **atlas**. (6) **brochure**. (7) **holiday-making**.

《5》 駅舎・乗物

(1) シルバーシート / (2) ラッシュアワー / (3) 消防車 / (4) 観覧車 / (5) 自動改札機 / (6) 周遊観光船 / (7) 貸し切りバス / (8) (駅の)ホーム / (9) 霊柩車 / (10) 優先席 / (11) 車掌 / (12) グリーン車 / (13) ジェットコースター / (14) 往復切符 / (15) (鉄道の)踏切 / (16) 改札口 / (17) (車の)フロントガラス / (18) 網たな / (19) (鉄道運賃の)清算

【解答例】
(1) **priority seat**; seat reserved for the senior citizens and disabled. (2) **rush hour**(**s**). ▶朝のラッシュアワーに巻き込まれる be caught in the morning rush hour. (3) **fire engine**; fire truck ▶消防署 fire station. (4) **Ferris wheel**; big wheel ▶観覧車に乗る go on a Ferris wheel. (5) **automatic ticket checker**. (6) **sightseeing boat**; tour boat; sightseeing-tour ship. (7) **chartered bus**. (8) 〈英〉**platform**; 〈米〉**track** ▶3 番ホーム［番線］で on the platform [track] 3. (9) **hearse**; funeral car; casket coach. (10) **priority seat** [seating]; courtesy seat ▶お年寄りや体の不自由な人のための優先席 PRIORITY SEATING FOR SENIOR CITIZENS AND DISABLED PERSONS. (11) 〈米〉**conductor**; 〈英〉guard ▶女性の車掌 conductress; 〈英口語〉clippie. (12) **first-class car**; 〈英〉first-class carriage; special reserved coach. (13) **roller coaster**; switchback (railway). (14) 〈米〉**round-trip ticket**; 〈英〉**return ticket** ▶片道切符〈米〉one-way ticket; 〈英〉single ticket. (15) **railroad** [〈英〉railway] **crossing**; 〈米〉grade crossing; 〈英〉level crossing ▶無人踏切 unguarded [unprotected] (railway) crossing. (16) 〈米〉**ticket gate**; 〈英〉ticket barrier. (17) **windshield**; wind screen; (18) **overhead rack**. (19) **fare adjustment** ▶運賃精算所 fare adjustment office. 運賃を精算する adjust a fare; pay the difference on one's ticket.

《6》 通信・郵便
∽∽
(1) *速達料 / (2) 通信販売 / (3) 宅配便 / (4) 無料電話番号 / (5) 郵便為替 / (6) 市外電話 / (7) 市外局番 / (8) (宅配便の)着払い / (9) <u>携帯電話メール</u> / (10) <u>地上波</u>
∽∽
【解答例】
(1) **special delivery charge** [fee]; 〈英〉express delivery charge [fee]. (2) **mail order** [MO]; mail-order sale [selling]; teleshopping. (3) **home-delivery service**; door-to-door delivery service. (4) **toll-free telephone number**. (5) **postal** [post] **money order** [P.M.O.]; 〈英〉post-office order [P.O.O.]. (6) **long-distance call**; out-of-town call; 〈英〉trunk call. (7) **area code**; dial code ▶千葉の市外局番 the area code for Chiba. (8) **cash**

[〈米〉collect] **on delivery** [COD]; pay on delivery. (9) **mobile text message**. (10) **terrestrial signal**.

《7》 気象・気候

(1) *光化学スモッグ / (2) *不快指数 / (3) *間欠泉 / (4) *成層火山 / (5) 桜前線 / (6) 気象台 / (7) 休火山 / (8) 雪崩 / (9) 気象予報士 / (10) 震災 / (11) 活断層 / (12) 地球温暖化

【解答例】

(1) **photochemical smog**. (2) **discomfort index**; temperature-humidity index. (3) **geyser**. (4) **stratovolcano**; composite volcano. ☆富士山など。 (5) **cherry blossom front** ▶梅雨前線 seasonal rain front. (6) **meteorological observatory**; weather station ▶気象衛星 meteorological satellite. (7) **dormant volcano** ▶活火山 active volcano / 死火山 extinct volcano. (8) **avalanche**; snowslide ▶雪崩災害 avalanche hazard. (9) **certified meteorologist**. (10) **seismic disaster**. (11) **active fault**. (12) **global warming**.

《8》 その他

(1) 硫化水素 / (2) 太陰暦 / (3) 太陽電池 / (4) 集積回路 / (5) 硫黄 / (6) 捕鯨 / (7) かがり火

【解答例】

(1) **hydrogen sulfide**. ☆火山の噴火ガスや温泉との関連語。 (2) (the) **lunar calendar**（月の満ち欠けを基準にして決めた暦のこと）。 ☆「太陽歴」(the) solar calendar（地球が太陽のまわりを一周する時間を1年と定めた暦のこと）。 (3) **photovoltaic cell**. (4) **integrated circuit** [IC] ▶ICチップ[メモリ] IC chip [memory]. (5) **sulfur; sulphur**. ☆火山や温泉との関連語. ▶(カルデラから立ち込める) 硫黄の強い臭気 the powerful odor [strong smell] of sulfur (coming from the caldera). (6) **whaling**. (7) **bonfire** ▶かがり火を焚く light [make] a bonfire.

第1章　単語英訳問題

【3】［日本時事英語］
《1》 皇室・政治・行政

(1) *皇居 / (2) *皇太子 / (3) *大使館 / (4) 親善大使 / (5) *領事館 / (6) 宮内庁 / (7) 国土交通省 / (8) 観光庁（日本の）/ (9) 施政方針演説 / (10) 衆議院 / (11) 知事 / (12) 官僚 / (13) 政治献金 / (14) 国会喚問 / (15) 内閣改造

【解答例】
(1) **the Imperial Palace**. (2) **Crown Prince** ▶皇太子妃 Crown Princess. (3) **embassy** ▶大使 ambassador. (4) **goodwill ambassador**; ambassador of friendship. (5) **consulate** ▶領事 consul. (6) **the Imperial Household Agency**; the Imperial Household Office. (7) **the Ministry of Land, Infrastructure, Transport and Tourism**. (8) the **Japan Tourism Agency** [JTA]. (9) **administrative policy speech**. (10) **the House of Representatives** ▶参議院 the House of Councilors. (11) **governor** ▶知事代理 acting governor. 副知事 vice-governor / 東京都知事 Tokyo (Metropolitan) Governor; the Governor of Tokyo. 県知事 prefectural governor. (12) (**the**) **bureaucracy**（官僚全体）, a bureaucrat（個々の官僚）▶財務官僚 a Ministry of Finance official. (13) **political donation** [contribution]. (14) **Diet summons**; summons to the Diet. (15) **cabinet reshuffle**.

《2》 経済・金融

(1) *円高 / (2) 株式公開買付 / (3) 外貨準備高 / (4) 源泉徴収 / (5) 公定歩合 / (6) 貿易摩擦 / (7) 累進課税 / (8) 格差 / (9) 東京証券取引所 / (10) 消費税 / (11) 親会社 / (12) 特需 / (13) 値札 / (14) 燃費

【解答例】
(1) **strong yen** (rate); high-value yen; yen appreciation. ☆円安 weak yen (rate); low-value yen; yen depreciation. (2) **takeover bid** [TOB]; tender offer. (3) **foreign currency** (exchange) **reserves**. (4) **income tax withholding at the source**; deduction of taxes from income at the source; tax collected [withheld] at the source. (5) **official discount rate**; official bank rate. (6) **trade friction**; trade conflicts. (7) **graduated taxation**; progressive taxation. (8) **difference**; differential; gap; divide; discrepancy ▶所

得格差 income difference; earnings differentials. 技術格差 technological gap. (**9**) the **Tokyo Stock Exchange**. (**10**) **consumption tax** ▶(8%) 消費税導入 adoption of (8%) consumption tax. ☆欧州では VAT (valued-added tax)「付加価値税」。(**11**) **parent company**; senior [holding] company ▶子会社 subsidiary company. (**12**) **special procurement**. (**13**) **price tag**; price label ▶千円の値札(with) a price tag of ¥1,000. (**14**) (**fuel**) **mileage**; fuel efficiency; fuel consumption; fuel economy ▶燃費の良い［悪い］車 a fuel-efficient [fuel-inefficient] car.

《3》 社会制度

(1) *国民年金 / (2) *週休二日制 / (3) 有給休暇 / (4) 育児休暇 / (5) 年功序列 / (6) 実力主義(能力主義社会) / (7) 夫婦別姓 / (8) 信用組合 / (9) 火災避難訓練

【解答例】
(**1**) (the) **National Pension** (Fund); (the) National Annuity. ☆厚生年金 Welfare Pension. (**2**) **5-day workweek**; two days off every week. (**3**) **paid vacation** [holiday]; vacation [holiday] with pay. (**4**) **child-care leave**; maternity leave. (**5**) **seniority system**. (**6**) **meritocracy**; the merit system; Ability First Policy. (**7**) **separate surnames for husband and wife**; different family names for a married couple; husbands and wives with different family names. (**8**) **credit union**; trust union; credit cooperative. (**9**) **fire drill** ▶火災報知機 fire alarm (box) / 火災探知機 fire detector.

《4》 社会事情・社会生活

(1) *汚染物質 / (2) 記者会見 / (3) 万引き / (4) 拒否権 / (5) 裁判員 / (6) 身代金 / (7) 人身売買 / (8) 省エネ / (9) 液晶画面 / (10) 保険金詐欺 / (11) 防犯カメラ / (12) 再生紙 / (13) 騒音公害 / (14) 電子レンジ / (15) 犯罪率 / (16) 除染 / (17) 難民 / (18) 偽証 / (19) 出稼ぎ

【解答例】
(**1**) **pollutant**; contaminant; polluted matter. (**2**) **press conference**; press interview; news conference;〈米〉media meeting. (**3**) **shoplifting** ▶万引き犯人 shoplifter;〈米俗〉crotch worker. ☆shoplift＝shop (店)＋lift (品物を

持ち去る). (4) **veto** ▶ veto 拒否する (＝forbid, prohibit). (5) **lay judge**; citizen judge;〈米〉juror. (6) **ransom** ▶誘拐 kidnap / 拉致 abduction. (7) **human trafficking**; human traffic; the slave trade. (8) **energy saving** ▶省エネ車 energy-saving car. (9) **liquid crystal display**［LCD］; liquid crystal picture［screen］▶液晶カラーテレビ liquid crystal color television. (10) **insurance fraud**. (11) **security**（video）**camera**; antiburglary camera ▶防犯ベル burglar alarm; crime prevention buzzer. (12) **recycled paper**; regenerated paper. (13) **noise pollution**. (14) **electric oven**; microwave oven ▶（冷えたスープを）電子レンジでチンする heat (up) (cold soup) in a microwave oven. (15) **crime rate**. (16) **decontamination** ▶除染剤 decontaminant; decontamination reagent. (17) **refugee**; displaced person［DP］. (18) **perjury** ▶偽証罪 the crime of perjury. (19) **migrant labor**.

《5》 施設・所在地

(1) 首都圏 /(2) 過密都市 /(3) マンション /(4) 原子力発電所 /(5) 立体駐車場 /(6) 堀

【解答例】

(1) **the（Tokyo）Metropolitan area**: Greater Tokyo area: national capital region. (2) **overpopulated city**. (3)（**rental**）**apartment**: (rented) apartment house; (rental) flat. ☆英語の mansion は「豪華な大邸宅」の意。(4) **nuclear power station**; nuclear power plant ▶原子力発電 nuclear［atomic］power generation / 原子力発電機 nuclear［atomic］power generator. (5)〈米〉**multistory parking lot**;〈英〉multilevel car park. (6) **moat**.

《6》 教育・学校

(1) 児童虐待 /(2) 少年法 /(3) 非識字率 /(4) 識字運動 /(5) 知的所有権 /(6) 求人情報誌 /(7) ノーベル物理学賞 /(8) 就職活動 /(9) 義務教育 /(10) 大学院 /(11) いじめ

【解答例】

(1) **child abuse**; maltreatment［ill-treatment］of child. (2) **the Juvenile Law**; the Juvenile Act. ☆ juvenile は youthful の法律用語。(3) **illiteracy**

rate. (**4**) **literacy movement**; literacy drive. (**5**) **intellectual property rights**. (**6**) **help-wanted magazine**; employment and recruiting periodical. (**7**) **Nobel Prize in [for] Physics**. (**8**) **job hunting**; seeking employment. (**9**) **compulsory education**. (**10**) **graduate school** ▶大学院生 graduate student. ☆大学生 undergraduate student. (**11**) **bullying**.

《7》 医療・福祉

(1) *熱中症 / (2) *心筋梗塞 / (3) 血液製剤 / (4) *脳死 / (5) 臓器移植 / (6) 糖尿病 / (7) 寝冷え / (8) 矯正歯科 / (9) 鍼治療 / (10) 水虫 / (11) 万歩計 / (12) 補聴器 / (13) 平均余命 / (14) 介護保険 / (15) つわり / (16) 予防接種 / (17) 体重計 / (18) 食中毒 / (19) 医療ミス / (20) はしか / (21) 車椅子 / (22) 老眼鏡

【解答例】

(**1**) **heatstroke**. ☆「熱中症で死ぬ」die of heatstroke. (**2**) **heart attack**; myocardial infarction [MI] (病理). (**3**) **blood product** ▶献血 blood donation. (**4**) **brain death** [BD]; cerebral death ▶脳死判定 brain-death diagnosis. ☆安楽死 mercy killing: euthanasia / 尊厳死 death with dignity: dignified death. (**5**) (internal) **organ transplant** ▶腎臓提供者 donor (of kidney). (**6**) **diabetes** ▶糖尿病患者 diabetic. (**7**) **cold caused by sleeping uncovered**; chill caught in sleep. (**8**) **orthodontics**; orthodontic clinic. (**9**) **acupuncture** ▶鍼治療を受ける try acupuncture. (**10**) **athlete's foot** (皮膚病); (専門用語) dermatophytosis. (**11**) **pedometer**. 「万歩計」は商標. ☆pedes はラテン語で「足」の意味。(**12**) **hearing aid**; 〈英〉deaf-aid. (**13**) **average life expectancy**; average expectation of life; (保険用語) average future lifetime ▶平均寿命 average life span. (**14**) **nursing care** insurance; long-term care insurance. (**15**) **morning sickness** (妊娠時の); nausea and vomiting of [in] pregnancy ▶つわりが収まる get over morning sickness / つわりがひどい have severe morning sickness. (**16**) **vaccination**; inoculation; immunization ▶(チフスの)予防接種を受ける to be vaccinated [inoculated] (against typhoid fever). (**17**) **weight scale**; weighting machine; bathroom scale. (**18**) **food poisoning** ▶食中毒予防 prevention of food poisoning. (**19**) **medical malpractice**. (**20**) **the measles** (定冠詞と複数形に要注意) ▶はしかワクチン the measles vaccine / はしかにかかる

catch [get] the measles. (**21**) **wheelchair** ▶ 手動 [電動] 車椅子 manual [electric] wheelchair. (**22**) **farsighted glasses**; reading glasses: convex glasses for the aged ▶ 老眼鏡をかける to wear reading glasses [spectacles].

第2章　英文紹介問題

　「日本文化・日本事情」に関する出題は通訳ガイド試験が始まって以来、その出題「形式」にはいろいろな変化が見られたが、出題「内容」には大きな変化はない。しかも最近の出題を見ると、外国人観光客の関心の的となっている「日本文化・日本事情に関して紹介する」形式となっている。特に「筆記（第1次）試験」の「地理・歴史・一般常識」そして「口述（第2次）試験」の「外国人観光客が関心を抱く日本文化・日本事情」と深い関連性があるため、「英文紹介問題」は通訳ガイド試験の一大特色といっても過言ではない。

　「日本文化・日本事情」は、単に英語の「語学力」を設問するだけではなく、日本文化や日本事情に関する「深い知識・広い教養」が問われている。最近までの傾向としては、通訳ガイドが仕事の中でよく遭遇する経験が試験という形式と内容になって出題されていた。海外からの観光客、また外国から来訪したばかりの人が経験する「日本の社会事情・社会現象」また「日本人の考え方・メンタリティー」などの問題、しかも日本人にはあまり意識しない日常的なことであっても、外国の人々にとっては不思議に感じる日本文化・日本事情を英譜で解説する課題が多かった。この傾向は「口述（第2次）試験」に移された。

　通訳ガイドは「英語を」学ぶと同時に常に「英語で」自己表現する訓練が問われる。単なる「自由英作文」の問題としてだけではなく、広義の「英語による日本文化・日本事情の紹介問題」としてとらえ、その対応をすることこそが合格に通ずるといってよい。

【出題傾向】

　従来の傾向と最新の傾向を区別することができる。「従来の傾向」といっても、今後どのような形式と内容で出題されるかわからない。また「形式」は少し変わるとしても「内容」に関しては同じものが多い。特に「口述（第2次）試験」とは深い関連があるので、従来の傾向と最新の傾向の両面を記述することにする。

【1】 出題の形式
すべて「主観的形式」である。
【A】 最近の傾向： ⇨「既出問題」(後述)を参照すること。
《1》 指定された日本文化・日本事情をそれぞれ「**英語で紹介する**」形式である。

《2》 出題される問題数は「**2題**」である。

《3》 英文を書く時、解答する「語数の指定」はない。しかし「**解答スペースの範囲内**」(3〜4行)に収めて解答する。

【B】 従来の形式： 最近までの傾向は、下記の4種である。
《1》 英文を書く時日本文化・日本事情の「**意味**」とその背景の「**説明**」を記述する。

《2》 外国から訪日する旅行者または観光客の「**質問**」に対して英語で「**返答・解説**」する。

《3》 指定された「**単語**」を用いて英語で「**解説**」する。

《4》 英文を書く時解答用紙の指定の解答欄に記入する。解答する「語数の制限」はない。しかし解答は「**与えられたスペースの範囲内**」(5〜6行)に収める。

【2】 出題の内容
英語で書くという面では「和文英訳」である。しかし根本的な相違点は英文にする時、日本文化・日本事情に関する「**知識と教養**」が問われていることである。前述したように、通訳ガイド試験が開始されて以降「形式」は異なるが、その「内容」は基本的には同じである。最近の出題内容は「外国から来た友人」または「外国から来た訪日者」などに対する日本文化や日本観光の紹介、また日本事情の説明に関する内容である。

【A】 最新の傾向
《1》 **日本の文化**
(1) 文芸・衣食：「和歌と俳句」「だし汁」など。
(2) 風俗・習慣：「お年玉」「風呂敷」「こいのぼり」など。
(3) 祭事・年中行事：「(祝祭日の)振替休日」「式年遷宮」など。

《2》 **日本の観光**
(4) 交通機関：「電車の女性専用車」など。

「日本の文化」「日本の観光」の内容は「口述(第2次)試験」とは深い関連がある。第1次の「**筆記試験**」または第2次の「**口述試験**」という出題の「違

い」はあるが、その知識や教養を問う面では全く「同じ」である。
【B】 従来の傾向
　下記の《1》は「記述する行数」の違いはあるが、この傾向は現在も続行している。《2》と《3》は「口述（第2次）試験」と深い関連性がある。
《1》　英文による「定義」
　（1）　日本の文化：「はかま」、「はち巻き」、「学習塾」、「座禅」、「ゆかた」、「紋付」、「スキヤキ」（材料・調味料の説明）など。
　（2）　日本の観光：「古墳」、「新幹線」「五重塔」など。
《2》　英文による「解説」
　（1）　日本の観光：Sightseeing in Kyoto / A Trip to Hakone / Japanese Volcano / The Ainu / Mountains in Japan など。
　（2）　日本の文化：The Religion in Japan / Japanese doll / Kimono / Judo / The Origin of the Japanese People / Japanese Edible Fish など。
　（3）　日本の社会事情：The Japanese Family / The Prices of Commodities in Japan / Japanese College など。
　（4）　日本の歴史：「勝海舟」、「大岡忠相」、「新戸部稲造」、「咸臨丸」、「Nakahama Manjiro」、「Townsend Harris」、「Dutch House at Dejima」、「F. Xavier」、「P. F. Siebold」、「Sir Ernest Satow」、「L. Hearn」など。
《3》　英問英答による「日本紹介」
　（1）　［除夜の鐘］You hear the 108 peals of the temple bells at midnight on New year's Eve. What is the meaning of these bells?
　（2）　［能の流派と舞台］How many schools of the Noh play are there, and what kind of setting is used in it, compared with that of an ordinary play?
　（3）　［能面］Various kinds of masks are used in the Noh play. What do these masks represent or characterize?
　（4）　［日本庭園］Describe the traditional features of landscape gardens in Japan.
　（5）　［角隠し］Japanese bride wears a white band called "Tsuno-kakushi" on her coiffure. Why does she wear the band?
　（6）　［関ヶ原の戦い］In about what year did the decisive Battle of Sekigahara occur? What is the nearest station in the Tokaido Line to that battlefield? In what year did Ieyasu begin to control Japan?

When did the Tokugawa government come to an end?
《4》 その他「口述(第2次)試験」との関連がある内容
[1] 日本事情の解説：
 (1) 「単身赴任」。その意味と社会的背景に関する内容。⇨（229頁）
 (2) 「戸籍制度」。旅券を取る時などに求められる制度に関する内容。⇨（234頁）
 (3) 「日本の医療問題」。「国民健康保険」に関する内容。⇨（236頁）
 (4) 「日本企業での労働」。就業後の仲間意識に関する内容。⇨（238頁）
 (5) 「日本でのアパートの賃貸」。敷金・礼金・保証人に関する内容。⇨（235頁）
[2] 日本の文化・観光の紹介：
 (6) 「富士山」。その魅力・日本人のもつ感情・信仰心に関する内容。⇨（180頁）
 (7) 「銭湯の廃業」。銭湯の意味と廃業の社会的背景に関する内容。⇨（233頁）
☆上記に記載した英文内容の参考例は第2部「口述(第2次)試験」に列挙した。受験対策であると同時に通訳ガイドまたは日本事情の紹介者に問われるテーマでもある。

【学習対策】
「日本の文化」「日本の観光」といったテーマを考える時下記の2点に留意すべきであろう。
《1》 語学力の増強
　日本文化に関する英語の「**単語**」または「**キーワード**」の知識である。第1章で取り上げた日本文化・日本事情のキーワードを広い視点から学習することが問われる。
　日本事情に関する自分の意見を「英語で記述すること」、また日本文化に関して「英語で紹介すること」である。これは一種の「**自由英作文**」また「**英文創作技法**」でもある。単語や熟語だけではなく英文構成と重要構文、文法と語法などといった総合的な語学力が問われる。
　ここで、注目すべきことは「英語の表現」である。出題される英語の質問自体をみると、どちらかといえば「**口語体**」(colloquial)である。したがって、解答する場合も文語調で表現するよりは、むしろ「口語体」のほうが望ましい。通訳ガイドが実際の場面で使用する英語も「口語体」である。要は、的確な単

語とそれを構成する語法、それに passable（合格可能）な英語による表現力である。

　文体は colloquial なものを要求されることが多いので、簡単なものを誤りなく書くほうが得策である。いくら特殊な表現でも基本文型が駆使されるようにすること。また単語の選択も自由であるので、自信のないむずかしいものをとりあげて失敗するようなことがあってはならない。「英語基本文型」「基礎的な英文法と語法」の知識を習得すること、それに「単語のスペリング」の不注意なミスをなくすことが肝要である。

《2》　深い知識と広い教養

　英語の単語力や語法、それに英語による記述や表現がいかに優れていたとしても、身近な日本文化・日本事情・日本観光に関する「**知識と教養**」がなくては解答にはならない。英語以前に問われる日本文化・日本事象に関する「知識と教養」をもつことである。

　国際問題や外国事情（以前には出題されたことがある）というよりは、最近では「日本文化・日本事情」に関する出題が多い。外国で英語を修得し、長年にわたり英語を学習したとしても、英語で語る中身・内容に関しての知識や教養がなくでは対処できない。例えば、東京でいえば「皇居」や「明治神宮」また「浅草」、京都・奈良でいえば「京都御所」や「平安神宮」、さらには「東大寺」や「法隆寺」などの日本文化を10分、いや5分でもよい。外国の人に紹介する時、まず問題となるのは「**知識内容**」である。この知識内容がなければ、その時用いる「英語」はむなしい。「明治神宮」や「法隆寺」などの用語としては知っているが、それらについて「日本語で」説明を求められても、学習していない場合はなかなか正確には答えられないのが実状である。「英語で」の説明や紹介となれば、なおさらむずかしい。したがって日本文化・日本事情に関する基礎的な「深い知識」をもち、常日頃「広い教養」を身につけることが問われる。

　各例題には日本語で「**概要**」を記載した。これは第2部で後述する「**口述（第2次）試験**」でも十分に活用ができる。[A]では「**通訳の語句**」（時間的な余裕が無い場合）として、[B]では「**ガイド（2分間プレゼンテーション）のミニ説明**」（時間的な余裕が有る場合）として便宜上記載した。この箇所は下記の「既出問題」と「応用問題」に記載した【**解答例**】以外の内容としても利用することができる。さらには、「**筆記（第1次）試験**」の第1章「**単語英訳問題**」のキーワード、また日本語による「**日本の地理・歴史・一般常識**」に関するミニ知識内容として学習できる。

第 2 章　英文紹介問題

【推薦図書】
(1)　『和英日本の文化・観光・歴史辞典』(三修社刊)
(2)　『英語で伝える日本の文化・観光・世界遺産』(三修社刊)
(3)　『(和英対訳)日本の観光』(研究社刊)

1.　既　出　問　題

★協力：国際観光振興機構（通称：日本政府観光局）【JNTO】

【出題例 1】

次の事物をそれぞれ英語で答えなさい。解答の語数は指定しないが、与えられたスペースに必ずおさめるようにしなさい。

(1)　お年玉

(2)　風呂敷

(1)　「お年玉」
【解答例】
(a) ***Otoshidama*** is a monetary gift offered by parents or relatives to children during the New Year holidays. The amount of gift money varies depending on the age of children. The money is often handed out in small decorated envelopes called *pochibukuro*. In the Edo period, the owners of large stores and the heads of wealthy families wrapped rice-cakes in small bags and gave them to their employees or family members to spread happiness all the year round.
(b) This means a monetary gift that small children receive from their parents or relatives on New Year's Day. They look forward to it the way American children anticipate their Christmas presents. Some children

collect quite a large amount of money and usually save it to buy something expensive.［JNTO 訳］

【主旨】
(a) お年玉は新年の祝賀(しゅくが)中に両親や親戚から子どもたちに贈られる金銭的な贈物である。贈答金額は子どもの年齢によって様々である。贈答金は通例ポチ袋と呼ばれる飾りつけられた小さな封筒に入れて手渡す。江戸時代には店主や裕福な家庭の主人は小さな袋に餅を包み、その年の幸福を分かち合うために使用人や家族に分け与えていた。

(b) お年玉の意味は、正月にこどもが両親または親戚から貰う金銭的な贈物のことである。アメリカのこどもがクリスマスプレゼントを期待するように日本のこどもも楽しみに待っている。こどもによってはかなり高額の金銭を受け取り、高価な物を買うために貯金するのが通例である。

《語句》 (a) **monetary gift** 金銭的な贈り物（＝money gift）/ **vary** 一様ではない；（同じ物の種類の間で）異なる / **depend on** 〜次第である / **hand out** 手渡す / **wealthy family** 裕福な家庭（＝rich family）/ **wrap** 包む（＝bundle）/ **employee** 使用人 / **all the year round** 一年中（＝throughout the year）.
(b) **look forward to** 〜を楽しみに待つ / **anticipate** 期待して待つ / **save** 貯金する。

【概要】
【A】 New Year's monetary gift presented to children (or young employees in small businesses).
「正月に子ども（あるいは小企業の若い職人）に贈られる金銭的な贈物」

【B】 It is customary in Japan for parents or grandparents to give a small sum of money as a present to their children or grandchildren during the New Year's holidays. Relatives or acquaintances of the family present a gift of money to children when they pay their first visit over the New Year. There is also a custom for young employees to receive monetary gifts from their employers upon the occasion of a visit to extend New Year's greetings.
「日本には正月になると両親や祖父母は子や孫に贈物として少額の金銭を与える習慣がある。子どもたちが新年の初日に挨拶で訪れる時、家族の親戚や知人は子どもたちに金銭を贈る。また若い使用人たちが新年の挨拶を述べるために訪問する折には雇主から金銭的な贈物を頂く習慣もある」

「お年玉」は、元来、新年の祝いに目上の者（superiors）が目下の者（servants）

第2章　英文紹介問題

に与える贈物であった。江戸時代、正月の終り頃に年神に供えた「年魂［年玉］」という丸い餅(round-shaped rice cakes offered the deity of the year)を子どもや使用人に与える習慣があった。年神の力(the power of *Toshigami* [the deity of the year])が宿るという(俗信)餅を食して健康と幸福を祈願した。江戸時代には、神社仏閣で年神に捧げた餅のようなお供え物が、新年の祝福のしるしとして参詣者に配分されていた。

　因みに、(1)「御年玉」の「お」（接頭語）は年神のお下がり物であることから由来する。また「ポチ袋」(a small envelope for a New Year's gift money)の語源は「僅か」また「心ばかり」という古い関西弁の「ぽちっと」、関東弁の「これっぽち」という言葉から由来する。いずれにせよ、「小銭」を入れる小さな袋であり、花柳界の芸妓・芸者に「お捻り」(a monetary gift wrapped in paper)を入れて手渡す祝儀袋のことでもあった。

　(2)「お年玉付き年賀はがき」は a (prize-winning) New Year's lottery postcard. It is an official New Year's postcard with a lottery number printed at the bottom of the address side.（住所側の下に印刷されたくじ番号のある官製はがき）と表現できる。

(2)　「風呂敷」
【解答例】
(a) A *furoshiki* is a square piece of traditional wrapping cloth made mainly of cotton or silk, which looks like a large handkerchief. It is used for carrying things, such as gifts, clothes or other goods in order to make them easier to transport. When not in use, it can be folded into a small square and put away.
(b) This is a square piece of cloth. You can use it to wrap and carry things. You usually put something in the center and tie the cloth up so that the knot makes a handle. When you do not need it, you can fold it up and put it away. Some have artistic pictures or a pattern on them. [JNTO 訳]
【主旨】
(a) 風呂敷は、主として綿製また絹製で物を包むために使用する伝統的な正方形の布で、大型のハンカチに似ている。持ち運びが便利になるよう贈物や衣類その他の品物を収納して持ち運ぶために使用する。使用しないときには、小さな四角形にしてコンパクトに折りたたんでしまうことができる。
(b) 風呂敷は正方形の布切れで、物を包んで運ぶために使用する。結ぶ目が取っ

手になるように中央に物を置き、布を結ぶ。不用な時には折りたたんでしまうことができる。物によっては芸術的な絵柄や模様が施されている。

《語句》 (a) **square**《n》正方形、四角。《a》正方形の、四角の / **transport** 持ち運ぶ (＝carry about) / **fold** 折りたたむ / **put away** 片づける / (b) **tie up** 結ぶ / **knot** 結び目 / **handle** 取っ手

【概要】

【A】 a wrapping cloth; a square piece of cloth made of silk or cotton, or sometimes synthetic fiber today.「包装用の布。絹製また綿製、今では合成繊維製の正方形の布切」

【B】 A *furoshiki* is literally translated as "bath cloth" or "bath spread", because it was used to wrap clothes and underwear when people went to public bathhouses (*sento*) in the Edo period. Sometimes people used the *furoshiki* to sit on after taking a bath at a public bathhouse. The *furoshiki* are so handy that anyone can wrap almost anything in them by simply folding it in the right way. Most *furoshiki* are decorated with pictures of flowers or trees, and others have the family crest of their owner. Today they are often used as gift wrapping cloth on formal and ceremonial occasions.

「風呂敷は字句通りの意味は bath cloth (風呂用の布切) または bath spread (風呂用の敷物) である。その理由は江戸時代、銭湯が普及すると庶民は持ち運ぶ着物や下着を包むため用いていたのである。時には風呂上がりにその上に座るために用いていたのである。風呂敷は非常に便利なためきちんと折り畳みさえすれば誰もがどのよな物をも収納することができる。風呂敷によっては花や木の芸術的な絵柄で飾られていたり、所持者の家紋が付いたりする。現在では正式行事また祭典行事などでの贈答品用の風呂敷として使用されている」

室町時代末期には大名が風呂に入浴するときに衣類を包んだり、足拭きをするのに使用したりしたと言われる。特に江戸時代になると大衆化された銭湯に行くとき衣類を持ち運びする布、また敷いた布の上で着替えたりするに使用する布のことを「風呂敷」と呼んでいた。明治時代には商売で商品を運搬したり、学校で教科書を包んだり、祭典行事で結納品を包装したりして普及した。時代の流れの中で風呂敷きに代わり西洋から鞄類が利用されるようになった。近年、スーパーやコンビニで使用される買物レジ袋の有料化 (charging for plastic shopping bags at retail cash registers) になり、また二酸化炭素 (carbon dioxide) の排出抑制とごみの焼却 (garbage incineration; refuse burning)

第 2 章　英文紹介問題

効果をあげるため風呂敷が見直されている。特に地球温暖化(global warming)防止などの環境保護(environmental protection)問題へ大きく貢献している。

【出題例 2】

次の事物を、それぞれ 3〜4 行の英語で説明しなさい。語数は指定しないが、解答は与えられたスペースに必ずおさめること。

(3)　和歌と俳句

(4)　(祝祭日の)振替休日

(3)「和歌と俳句」
【解答例】

(a) A ***waka*** or *yamato uta* was used to distinguish Japanese-language poetry from *Kanshi* (poetry written in Chinese by Japanese poets). A *waka* is also known by the name *tanka* (literally a short poem). A *waka* has an "upper verse", which refers to the first three lines, and a "lower verse", which refers to the last two. A *waka* has a 5 line pattern using 5–7–5–7–7 syllables in each poem. A ***haiku*** is based on the "upper verse." It consists of 17 syllables arranged in three lines of 5,7 and 5 syllables respectively.

(b) A *waka*, literally "Japanese songs", refers to traditional Japanese poetry which is composed in a fixed form; a *waka* has five lines, each of which is made up of either five or seven syllables, so a *waka* has only 31 syllables to express the poet's love, longing, lonesomeness or whatever feelings he or she wants to convey. A *haiku* has even fewer syllables; only 17!. That's why *haiku* is sometimes said to be the shortest form of verse. [JNTO 訳]

【主旨】
(a)「和歌」は「漢詩」に対する日本固有の詩歌のことで、「大和歌(やまとうた)」とも言う。

「和歌」は「短歌」の呼称でも知られている。最初の3行に言及する「上の句」と最後の2行の「下の句」から成る。各行の5-7-5-7-7音のある5行の詩歌である。「俳句」は「上の句」を基調とする。5-7-5音の3行を相互に配列した17音から成る。

(b) 和歌は文字通り「日本の歌」の意味で、日本古来の伝統的な定型詩である。和歌は5行あり、それぞれが5ないし7の音から成る。したがって、詩人の愛、憧れ、侘しさあるいは人が伝えたい感情を表現するためには、和歌は31音しかない。俳句はさらに少なく17音しかない。そのため俳句は詩歌の最も短い形態だと言われることがある。

《語句》 (a) **distinguish** 区別する / **verse** 詩の1行[節]；詩歌 / **refer to** 言及する / **syllable** 音節 / **consist of** 構成する / **respectively** 相互に / (b) **be composed** 構成される / **fixed form** 定型 / **be made up of** 構成される / **longing** 憧れ、熱望 / **lonesomeness** 侘しさ / **convey** 伝える

【概要】

《和歌》【A】(write) a **waka**; (compose) a 31-syllable Japanese poem (arranged in five lines with a 5-7-5-7-7 pattern).「(5・7・5・7・7型の5行から成る) 31音(節)の定型詩である」

【B】A *waka* is a set form of classical Japanese poem that consists of five lines in 31 syllables in the pattern 5-7-5-7-7. It is structured as two verses with the first being 5-7-5 and the second 7 and 7 syllables per line. A *waka* in this form does not contain a seasonal word which means a word or phrase expressive of the season.

「和歌は5音・7音・5音・7音・7音の31音(節)の5句から成る定型詩である。和歌は行ごとに前半部の5-7-5と後半部の7-7の2部で構成されている。和歌には季節感を表す季語がない」

　「和歌」は6世紀後半に宮廷貴族の間に生まれ、7世紀初頭に完成した日本固有の詩歌である。広義では、五音と七音を基調とする長歌・旋頭歌・短歌などの総称である。狭義では、和歌の原型は8世紀初頭頃に編纂された日本最古の和歌集である「万葉集」(The Collection of Ten-Thousand Leaves)にある。平安時代(794-1185)以降は「短歌」を指すようになり、江戸時代に開花した。明治以降は「和歌」ではなく「短歌」と称された。俳句に見られる季語はなく自由に詠むことができる。

☆「長歌」a long poem with many unfixed repetitions of 5-7 syllables ending with extra 7 syllables.「長さが一定せずに(5-7/5-7/7-5と63以上)繰り

第 2 章　英文紹介問題

返され、最後を(7音を加えて)5-7-7 で終わる基本形の長い歌体である」。「**旋頭歌**」a head-repeated poem with a 5-7-7-5-7-7 syllable pattern.「5-7-7-5-7-7 音節(5-7-7 を 2 回反復する 6 句)を繰り返して詠う頭句の歌体である」。「**短歌**」a short poem with a traditional verse form, consisting five lines of 5-7-5-7-7 syllables.「5-7-5-7-7 音節の 5 句から成る伝統的な歌体である」
《俳句》【A】(write) a **haiku** (poem); (compose) a 17-syllable poem (arranged in a 5-7-5 pattern).「5-7-5 型から成る 17 音節の定型詩である」
【B】A *haiku* is a set form of classical Japanese poem that consists of three metrical units of 5-7-5 syllabic structure. Each *haiku* in this form contains a seasonal term which means a word or phrase expressive of a season. 「俳句は 5 音・7 音・5 音の 3 韻文から成る定型詩である。どの俳句にも季節を表示する季語がある」
　「俳句」は短歌から派生した「発句」(5-7-5 音)の詩である。室町時代に流行した連歌の庶民性にともない、17 世紀に松尾芭蕉(1644-1694)はその芸術性を高めた。特に「発句」部分を数多く詠んだことが俳句の源流となった。明治初期には正岡子規(1869-1902)によって俳句が日本近代文学としての位置を確立した。俳句は世界で最もコンパクトな韻文であるが人間の感情の高まりを微妙に呼び起す韻文(evocative verse)でもある。
☆「**連歌**」a collaborative poetry or linked verse in which a verse of 5-7-5 syllables alternating with 7-7 syllables in a *waka* is composed jointly by many poets.「和歌における上の句〈5-7-5 音〉と下の句〈7-7 音〉を基盤として複数の歌人が連作する詩形式である」。「**季語**」a season(al) word; a word or phrase expressive [suggestive] of the season in a *haiku* (17-syllable poem). A seasonal feeling should be rendered, explicitly or implicitly, in a *haiku* poem as one of the necessary elements.「俳句の中で季節を明示[暗示]する語句である。俳句を詠むときに重要な要素のひとつとして季節感を明確にあるいは暗黙のうちに描写すべきである」
《関連語》　**俳人** a *haiku* poet; an expert in the art of the 17-syllable poem / **俳壇** *haiku* circles; the world of *haiku* / **俳文** a *haiku* prose; (a piece of) poetical prose written by a *haiku* poet / **俳名** a pen name as a *haiku* poet.

(4)　「振替休日」
【解答例】
(a) A ***Furikae-kyujitsu*** is a holiday in place of a public holiday that

happens to fall on Sunday. When a national holiday falls on Sunday in Japan, the following day becomes a holiday so everyone can still enjoy a day-off. However, this rule does not apply to Saturday. People can have opportunities to establish good relationships with their family and friends instead of giving themselves entirely to work.

(b) In Japan, when a national holiday falls on Sunday, the following day (Monday) is also treated as a holiday. For example, the Emperor's Birthday (December 23) falls on Sunday this year, making December 24, an important day for Christians and non-Christians alike in Japan, also a holiday. However, contrary to everyone's wish, this rule does not apply to Saturdays when a holiday falls on Saturday, you don't have an extra day off.［JNTO 訳］

【主旨】
(a) 振替休日とは日曜日に当たる公休日の代わりにとる休みのことである。日本では国民の祝日が日曜日に当たる場合は、その翌日が振替休日となるので誰もが休みがとれる。ただしこの規定は土曜日には該当しない。仕事に没頭するのを避け、家族や友人と良い関係を築く機会をもつことができる。

(b) 日本では国民の祝日が日曜日になる場合、その翌日（月曜日）も休日となる。たとえば、今年は天皇誕生日（12月23日）は日曜日になるので、翌24日は休日となる。この日は日本ではキリスト教徒であろうとなかろうと重要な日なので休日とも言える。しかしながら、誰もが願うこととは逆に、この規定は土曜日には適用しないので、国民の休日が土曜日になったとしても休日がもう1日増えることにはならない。

《語句》 (a) **day-off** 休日、非番の日 / **fall on** に当たる / **consecutive holiday** 連続した休日 / **instead of** の代わりに / **give** one**self to** 没頭する / **apply to** 適用する / (b) **treat** 取り扱う、処理する / **contrary to** ～に反して / **extra day off** 余分の休日；休日がもう一日増えること

【概要】
【A】a transferred holiday; a make-up holiday; a substitute holiday; a substitute day-off. ▶春分［秋分］の日の**振替休日** substitute holiday for the Vernal［Autumnal］Equinox Day / 国民の祝日の**振替休日** a substitute［transferred］national holiday; a holiday［day off］in lieu of a national holiday.

【B】When a national holiday falls on Sunday, the holiday is transferred to the next day, Monday. On a substitute national holiday, most private companies as well as schools and public offices are closed to give their workers a day off.

「国民の祝日が日曜日に当たる場合、翌日の月曜日が休日に振り替わる。振替休日には学校や官公庁だけでなく大部分の民間企業(鉄道やデパートなどは休まない)は閉鎖となり、休日としている」

「(祝祭日の)**振替休日**」は祝祭日(休日)が日曜日(あるいは他の祝祭日)に重なる場合、月曜日を休日にする制度である。「振替休日」の字句は法律用語ではなく通称である。1973年に「国民の祝日に関する法律」(The Act on National Holidays)の改正により「国民の祝日が日曜日に当たるときは、その翌日となる月曜日が休日なる」ようになった。1973年の天皇誕生日が(4月29日)が日曜日に当たるので、同年4月30日が最初の適用日となっている。2005年には国民の祝日に関する法律が改正され、5月3日から5月5日まで祝日が3日連続となり、その直後の「国民の祝日でない日」を休日とすることとなった。振替休日は必ずしも月曜日ではない。

日曜日に重なる祝日の**振替休日**(a holiday making up for overlap of a national holiday on Sunday)は会社などの「**代休**」(a compensation day off for working on a holiday)また後述する「**ハッピーマンデー制度**」とは区別する。

☆「国民の祝日」National Holiday(s); legal holiday(s)(法律で定められた)。

- 元日　　　　　New Year's Day (1 January)
- 成人の日　　　Coming-of-Age Day (the 2nd Monday in January) ★ / ☆
- 建国記念の日　National Foundation Day (11 February)
- 春分の日　　　Vernal Equinox Day (around 21 March)
- 昭和の日　　　Showa Day (29 April)
- 憲法記念日　　Constitution Memorial Day (3 May)
- みどりの日　　Green Day / Greenery Day (4 May)
- こどもの日　　Children's Day (5 May)
- 海の日　　　　Marine Day (the 3rd Monday in July) ☆Ocean Day ともいう。
- 敬老の日　　　Respect-for-the-Aged Day (the 3rd Monday in September) ★★ / ☆
- 秋分の日　　　Autumnal Equinox Day (around 23 September)
- 体育の日　　　(Health-)Sports Day (the 2nd Monday in October) ☆

- 文化の日　　　　Culture Day（3 November）
- 勤労感謝の日　　Labor Thanksgiving Day（23 November）
- 天皇誕生日　　　Emperor's Birthday（23 December）

【注1】外国人には★ Day celebrating the legal age for adulthood または Adult's Day. ★★ Seniors' Day または Senior Citizens' Day が理解しやすい。☆印は「ハッピーマンデー制度」

【注2】2016年からは8月11日「山の日」（Mountain Day）が国民の祝日に追加される。

☆「ハッピーマンデー制度」**the Happy Monday System**

This system was decided by the government of Japan to move several national holidays to Monday, creating a three-day weekend for those who normally have a five-day work week. Coming-of-Age Day（2nd Monday of January）, Marine Day（3rd Monday of July）, Respect of the Aged Day（3rd Monday of September）and Health and Sports Day（2nd Monday of October）.

「国民の祝日の一部を従来の日付から特定の月曜日に移動させる制度。週5日制（週休2日制）が一般化されたことから月曜日を休日として3連休を創出する。成人の日、海の日、敬老の日、体育の日である」

【出題例3】

次の事物を、それぞれ3〜4行の英語で説明しなさい。語数は指定しないが、解答は与えられたスペースに必ず納めること。

(5)　電車の女性専用車

　

(6)　こいのぼり

第2章　英文紹介問題　　　　　　　　　　　　　　　　　　　　　　49

(5) 「電車の女性専用車」
【解答例】
(a) In Japan, women-only cars are introduced to prevent women from being groped in crowded commuter trains in cities. Female passengers victims are too often ashamed to come forward. The women-only cars are available, particularly during rush hour on weekdays. Though intended to be exclusive for women, most train cars allow elementary school boys and male disabled persons.
(b) This is a 'women-only car'. During rush hour, when the trains are like sardine cans, some perverts molest women. So at certain times of the day, one of the cars of the trains is for women only, and this is the cars. [JNTO訳]

【主旨】
(a) 日本では、女性専用車が大都市の満員電車での痴漢を女性から保護するために導入されている。女性乗客の被害者は恥ずかしさのあまり進んで訴えないことが多い。女性専用車は、特に週日のラッシュアワー時間帯に利用されている。これらの車両は女性専用を意図しているが、小学校の少年や身体の不自由な男性にも許容されている。
(b) これは「女性専用車」のことをいう。すし詰め状態のよう満員電車の混むラッシュアワーの時間帯に、痴漢行為をする変質者がいる場合がある。そのため当日の一定時間帯には電車の一両だけが女性専用車になり、これがその車両である。

《語句》 (a) **prevent** (from) 保護する(＝protect) / **grope** 痴漢行為をする / **crowded commuter train** 満員通勤電車(＝jam-packed train) / **victim** 被害者 / **be ashamed of** 恥ずかしい / **come forward** 進んで申し出る / **intend** (to) 意図する / **exclusive** 排他［独占］的な / **disabled persons** 身体の不自由な人 (b) (are) **like sardine cans** 鰯の缶詰のように(混む) ☆ (trains are) **packed like sardines in a can** 「鮨詰め状態の満員(電車)」/ **pervert** 変質者 / **molest** 痴漢行為をする

【概要】
【A】a women-only (train) car [coach]; a women-only carriage on the trains: a female passengers only carriage on the trains. 「女性のみが専用できる車両」
【B】a (commuter) car reserved [designated] exclusively for female passengers during the morning and evening rush hours or at midnight on

weekdays. This system is aimed to protect female passengers (students, workers, pregnant women, etc.) from molesters or intoxicated passengers [drunkards] in jam-packed cars.

「週日の朝夕ラッシュアワー時あるいは深夜時に女性乗客の専用に指定された(通勤)車両のことである。この制度は満員電車での痴漢または酩酊者から女性(学生・労働者・妊婦など)を保護することを目標としている」

日本における「女性専用車」は1912年(明治45年)に東京の中央線の朝夕の通勤・通学ラッシュ時間帯に「婦人専用電車」(**Ladies Only**)として登場したのが最初とされる。その後1947年(昭和22年)には「婦人子供専用車」(**Ladies & Children Only**; Cars exclusively for women and children)、1978年(昭和48年)には「シルバーシート」(優先席; priority seat)が導入された。2000年代(特に京王電鉄京王線)になると、痴漢(groper; molester)や盗撮(secret photography)の性犯罪防止(sex crime prevention)、さらには身体の不自由な者(disabled persons)への配慮のため「女性専用車」また「女性専用バス」が本格的に導入され今日に至っている。因みに海外(特にアジア)でも「女性専用車」があるが、宗教的意味合いが多い。

(6)「こいのぼり」
【解答例】
(**a**) ***Koinobori*** or carp-shaped streamers are traditionally hoisted on the top of a tall pole erected in the yard on May 5 to honor young boys. The Festival of Boys is celebrated with the hope that boys may be as strong and courageous as carp. The carp swimming up a waterfall is a symbol of the strength and courage because it can climb upstream against rapid currents and overcome all obstacles

(**b**) They are banners in the form of carp that are flown outside houses on May 5 to celebrate male children and as an expression of hope for their health and prosperity. The carp was a symbol of success in Japan because of an ancient Chinese legend that a carp swam upstream and became a dragon. [JNTO 訳]

【主旨】
(**a**) こいのぼりは伝統に則り5月5日に男児を称えるために中庭に組み立てられ高い棒に揚げられる。端午の節句は少年が鯉のように強く逞しくなるようにと願って祝うのである。鯉は急流を目指して上流し、如何なる障害をも克服す

るので、鯉の滝上りは勇敢と勇気のシンボルである。
(b) こいのぼりは男の子たちを祝い、健康と繁栄を願うために5月5日に野外で揚げる鯉形の幟(のぼり)のことである。古代中国の伝説によれば、鯉は川の上流を昇り龍となったということであるため、日本では鯉は成功の象徴であった。

《語句》(a) **streamer** 吹き流し / **hoist** 揚げる / **pole** 棒、竿 / **erect** 組み立てる(＝set up) / **courageous** 勇敢な / **courage** 勇気 / **celebrate** 祝う / **rapid currents** 急流 / **overcome** 克服する(＝conquer; get over) / **obstacle(s)** 障害 (b) **banner** 幟 / **prosperity** 繁栄 / **legend** 伝説

【概要】
【A】(a set of) carp-shaped streamers [banners]「鯉の形をした吹き流し」
【B】a pair [set] of a huge decorative banners in the shape of carp consisting of a black male carp and a red female carp which are made of paper or cloth. They are hoisted on the long pole set up in the yard for Boys' Day hoping that boys grow up to be as courageous and strong as carp. The carp are symbolic of courage because they are strong enough to swim up a torrent and ascend a waterfall.
「紙または布で鯉の形につくった一組の鯉幟[真鯉(まごい)と緋鯉(ひごい)]の幟(のぼり)である。端午(たんご)の節句には男児が鯉のように勇敢で力強く成長することを願って中庭に設けた長い竿に掲げられる。鯉は急流をさかのぼって泳ぎ、滝を上るため勇気の象徴である」

「こいのぼり(鯉幟)」の風習は、江戸時代の武家社会で始まった日本古来の風習である。中国の故事にちなみ、江戸の町では男子の立身出世を祈願して庭先に「鯉幟」を立てた。昔は五節句の一つである「端午の節句」とも言われ、現在では「こどもの日」(国民の祝日)になり、男子の健やかな成長を祈願して各種の行事やイベントが行われている。元来「端午」の「端」は物事の「始まり」の意味で、「午」は「五」に通じることから毎月5日となり、その中でも数字が重なる「5月5日」を「端午の節句」と呼ぶようになった。「鯉の吹き流し」とも言われ、近年、大都会では住宅事情のため、やや小さ目の鯉幟の人気が高い。またマンションや高層アパートのベランダには小さな鯉の吹き流しが皐月のそよ風に揺れている「皐(さつき)幟(のぼり)」が目にとまる。

☆「**中国の故事**」黄河(こうが)(the Yellow River)の三門峡(さんもんきょう)(Three Gate Narrows)にある滝(waterfalll)を「鯉」(carp)が飛び越えて「龍」(dragon)になったという伝説がある。(An ancient legend in China says that a carp streamed upstream and became a dragon.)

☆「こどもの日」Children's Day. This national holiday was established in 1948 as a day to celebrate to wish for the health and happiness of Japan's children. Traditionally this day was celebrated as *Tango no Sekku* (the Boys' Festival) among families with young boys. On this day carp-shaped streamers are hoisted outside and samurai dolls are decorated [displayed] inside.

「子供の健康と幸福を祈願して祝う。古来男子のある家庭では「端午の節句」として祝った。この日、野外には鯉のぼりを揚げ、屋内では武者人形を飾る」

2. 応 用 問 題

【類似例 1】

次の事物をそれぞれ英語で説明しなさい。(3～4 行の下線がある)

(1) 除夜の鐘

(2) 精進料理

(1)「除夜の鐘」
【解答例】
Joya-no-kane is the 108 peals of the Buddhist temple bells which are rung at midnight on New year's Eve. The temple bells peal 108 times to announce the passing of the old year and to herald the new year. According to Buddhist belief, the 108 peals of the temple bell represent the 108 worldly passions of human beings. With each toll of the temple bell, one earthly desire is dispelled. When the last stroke of the temple bells reverberates, all the evils of the past year are expelled and people greet the New Year with a pure state of mind.

【主旨】
除夜の鐘は除夜に寺院の梵鐘を108回撞くことである。梵鐘は108回鳴り響き、旧年が去りゆくことを告げ、新年が到来すること告知するのである。仏教の信条によれば、梵鐘の鐘が鳴る108の響きは、人間108の煩悩を表す。一つ一つの梵鐘の音が鳴るたびに、煩悩が一つ一つ取り除かれる。最後の梵鐘の鐘が響き渡るとき、昨年の悪事が拭い去られ、清らかな心で新年を迎えるのである。

《語句》 **peal** 名 響き（＝a loud ringing of bells），動 鳴り響く（＝ring）/ **New Year's Eve** 大晦日 / **ring** (rang, rung)（鐘が）鳴る / **herald** 告知［布告］する（＝make known）/ **worldly passions** 煩悩（＝earthly desires）/ **human beings** 人間（＝humans）．☆ a human being「一人の人間」/ **dispel(led)**（心配事などを）払いのける / **reverberate**（音が）反響する（＝echo back (and forth)）/ **expel(led)** 追い出す（＝drive out with much force）．

【概要】
【A】 New Year's Eve bell「大晦日の夜の鐘」

【B】 The Buddhist temple bells ringing out the old year and ringing in the new year on New Year's Eve. The temple bells are tolled 108 times late at night on December 31. The number 108 refers to a Buddhist teaching that human beings are afflicted by 108 earthly desires; with each toll of the bell, one desire is driven out.

「大晦日に（鐘を鳴らして）旧年を送り出し、新年を迎える梵鐘のこと。梵鐘は12月31日の深夜に108回繰り返してゆっくりと鳴らされる。108の数字は仏教の教義によると、人間は108の煩悩によって苦悩しており、鐘の音が各々鳴るたびごとに一つ煩悩が取り除かれるということである」

「除夜の鐘」は12月31日深夜0時を刻む時間帯に寺院の梵鐘を撞くことである。日本では「大つごもり」ともいわれ年神（the deity of the New Year）を迎えることにちなむ行事でる。除夜の鐘を撞く意義は、単に旧年の去りゆくことと新年を迎えることだけではなく、年神を迎えるために人の心にある煩悩を祓うことにより解脱し、悟りを開くことである。元来「除夜」とは「除日の夜」のことで、「除」には古いものを捨てて新しいものに移るという意味がある。「除日」とは一年の最後の日、つまり「大晦日」のことである。「鐘」は寺院の梵鐘であり、朝夕の時報を告げるだめだけでなく、梵鐘の音そのものには人の苦悩を断ち切る力を宿している。寺院のつり鐘の表面には小さな疣状の「乳」と言

われる突起状の修飾があり、その数も108個付いている。

☆「煩悩（ぼんのう）」(evil passions; desires for worldly things)。仏教では、人間の心身を悩ます欲望のことで、人間の苦の原因とされる。「心」の面では evil thoughts、「身」の面では carnal desires とも言える。「**108**（煩悩）」は仏語では数の多いことを示す。一説には眼（げん）・耳（に）・鼻（び）・舌（ぜつ）・身（しん）・意（い）の六根のそれぞれに煩悩が六類あって **36類**、この36類を過去・現在・未来の三世にそれそれを配当して合計 **108** とする。

☆「数珠（じゅず）」a Buddhist rosary (used as a way of praying); (a string of) prayer beads. *A juzu* has a string of 108 Buddhist prayer beads, one standing for each of the 108 worldly desires of human beings. Buddhists count off a bead with fingers for each prayer. They usually hold the Buddhist rosary over their joined hands as they pray.

「仏を拝むときに用いるロザリオ[輪]。108の玉が輪になっており、各玉は人間の108の煩悩を表している。念仏を唱えながら数珠を指で繰り、その回数を数える。通常は祈りのとき合掌した手の上に持つ。」「念珠（ねんじゅ）」ともいう。cf. **rosary**「ロザリオ」とはカトリック信者が祈りの回数を数えるときに用いる数珠のことである。

(2)「精進料理」
【解答例】
Shojin-ryori cooking is a vegetarian dish prepared for religious reasons, which was introduced from China into Japan together with Buddhism in the 6th century. A *shojin-ryori* meal includes an all vegetarian diet of soybean products, seaweed and rice, abstaining from the use of meat and fish. The eating style was originated by a Buddhist priest who once made the eating of meat taboo. The custom of eating a *shojin-ryori* meal spread with the advent of the Zen sect of Buddhism in the 13th century. Today people customarily have a *shojin-ryori* meal on the day of a funeral and during the mourning period.

【主旨】
精進料理は宗教的な理由で準備される菜食料理のことで、6世紀ころ仏教とともに中国から日本へ伝来した。精進料理の食べ物は肉類や魚介類を用いずに野菜や大豆加工品また海藻類や米穀類などの植物性食品だけを使った料理である。この食事法は、昔僧侶が肉類を禁じられたことから生まれた。また精進料理を

食する習慣は、13世紀仏教の禅宗が到来するとともに普及した。今日では慣例として葬儀の日や忌中には精進料理を食す。
《語句》　**abstain from** （差し）控える、慎む（＝refrain from）／ **originate** 起源がある（be originally derive from）、始められる（＝start）／ **advent** 到来（＝arrival）、出現（＝appearance）／ **funeral** 葬儀、葬式（＝funeral service）／ **mourning** 哀悼、☆in mourning 喪中で。
【概要】
【A】Buddhist vegetarian cuisine [food].「仏教の菜食主義者の食事」
【B】vegetarian dish [meal] prepared for Buddhist monks, keeping away from meat and fish. The food consists of only vegetables, seaweed, and grains. It is eaten by Zen Buddhist monks as a part of the Buddhist asceticism.
「肉や魚の食品を使用しない仏僧のために用意された菜食主義者用の食事である。野菜類、海藻類、穀類だけ調理した料理である。禅宗の僧侶が修行の一環としてとる食事である」

「精進」は仏教用語で「一心に仏道を修行する」("Shojin" means "practicing the Buddhist austerities with one's whole heart") という意味である。したがって「精進」とは宗教的な修行をすること（practice religious asceticism [ascetic training]）または精神を向上させることである。仏教では仏僧は戒律五戒で「殺生」(the killing of animals) は禁止されている。大乗仏教 (Mahayana Buddhism) では肉食 (meat-eating) も禁止されるため、仏僧への布施（(monetary) offerings）として野菜、豆腐、米穀類などを調理する。今ではお寺の宿坊で見栄えのよい精進料理を誰もが味わうことができる。また精進料理は肉や魚を一切わずに調理された食事であるため、食物繊維 (dietary fiber)、ビタミン、ミネラルなどの栄養素が多く、現代では生活習慣病予防 (prevention of lifestyle-related disease) にも役立っている。
☆「戒律五戒」(the Five Commandments).〈1〉「不殺生戒」（生き物を殺してはいけない）、〈2〉「不偸盗戒」（他人の物を盗んではいけない）、〈3〉「不邪淫戒」（不道徳な性行為は行ってはいけない）、〈4〉「不妄語戒」（嘘をついてはいけない）、〈5〉「不飲酒戒」（酒を飲んではいけない）。因みに、キリスト教では「十戒」(the Ten Commandments：旧約聖書「出エジプト記」20章2～17章）がある。（ユダヤの建国者・預言者である）モーセ (Moses) がシナイ山 (Mt. Sinai) で神から授かった10か条の戒めのことである。
☆2013年 **Washoku (Japanese cuisine)**（和食・日本人の伝統的な食文化）

はユネスコの「無形文化遺産」(Intangible Cultural Heritage)に登録された。
⇨ (172 頁)

【類似例 2】

次の事物をそれぞれ英語で説明しなさい。(3〜4 行の下線がある)

(3)　七五三

_____

_____

(4)　角隠し

_____

_____

(3)「七五三」
【解答例】
Shichi-go-san literally means 7, 5 and 3. The festival is a traditional ritual which is celebrated annually on November 15th for 7-year-old girls, 5-year-old boys and both girls and boys of 3 years of age. Most of the children are dressed up in colorful traditional costumes [*kimono*]. The parents who have children of these age groups take them to Shinto shrines to thank the gods for their healthy growth and to pray for their happy future. After a rite of blessing by a Shinto shrine priest, children are given stick-shaped candy called *chitose-ame* (literally thousand-year candy), which is said to promise a long life and happiness for many years.

【主旨】
七五三は 7 歳の女子、5 歳の男子そして 3 歳の男女のために 11 月 15 日に祝う年中行事である。多くの子供は色鮮やかな伝統的衣装[着物]で着飾る。この年齢に達する子供をもつ両親は、子供の健やかな成長を感謝し、また幸せな将来を祈願するために神社にお参りに行く。神主による祝福の儀式が終われば幸せに末永く生きることを約束する「千歳飴」が配られる。

《語句》　**ritual**（宗教上）典礼（＝religious rite）/ **celebrate** 祝う / **dress up** 着飾る、盛装する（＝dress in formal clothes）/ **rite**（宗教上）儀式（＝solemn

ceremony) / **stick-shaped candy** 千歳飴
【概要】
【A】 **Shichi-go-san** celebration; the celebration for children of seven, five and three years of age「7歳、5歳、3歳のこどものための祝日」
【B】 The festival day for children of three-year-old boys and girls, five-year-old boys, and seven-year-old girls. *Shichi-go-san* is a traditional Japanese custom of taking children to a Shinto shrine to offer gratitude for the healthy growth of the children and pray for their happy future on November 15. Many children are dressed up in their best clothes [*kimono*], although Western clothing is recently increasingly seen. They receive a *chitose-ame* after a rite of blessing at the shrine. These three odd-numbered years of this important period of a child's growth were chosen because odd numbers are regarded as lucky [auspicious] in Japan.
「3歳の男児・女児、5歳の男児、7歳の女児の祭事である。11月15日には神社にこどもと参詣し、こどもの健やかな成長に感謝し、さらなる明るい未来を祈願する。最近では洋服もよく見かけるが、晴れ着[着物]を着用する者が多い。神社での祝福の儀式が終了すれば「千歳飴」を受ける。日本では奇数がめでたい[縁起の良い]数とされてきたので、こどもの成長にとって重要な三つの奇数年が選出されたのである」
「七五三祝」は室町時代に始まり、江戸時代に公家や武家社会を中心に関東から全国へ広がった行事である。1681年(天和元年)病弱な徳川徳松(1679–1683: 徳川幕府第5代将軍・徳川綱吉の長男)の健康を祈願して行われた催しが七五三祝の起源とされる。当時は幼児期の死亡率が高く、生後3〜4年経て現在の戸籍に該当する人別帳や氏子台帳に登録した。こどもは「七つ前は神のうち」と言われ、そのため「七五三祝」では幼児の無事な成長を感謝し、将来の健康と幸福を祈願した。旧暦の11月は秋の収穫に感謝する祭りの月であり、15日はその月の満月に当たり、こどもの成長を感謝し加護を祈願するには最も相応しい節目とされた。明治改暦以降は新暦の11月15日に行われ、現在の形に定着した。最近では10月中旬から11月までの間の都合の良い日に祝っている。今では神社仏閣だけでなくキリスト教の教会でも七五三祝が行われている。
☆「千歳飴」a longevity candy; (a pack of) a slender stick-shaped [long cane-shaped] candy colored in red and white. The candy with red and white swirls is wrapped in a richly-decorated long bag with crane and turtle illustrations, symbolic of long life. It is distributed [given] to chil-

dren of 7, 5, and 3 years of age on the *Shichigosan* Festival. The candy (having the blessings of gods) is said to bring children a long and happy life for many years.「紅白に染めた長い棒状の飴。赤と白の渦巻きのある飴は長寿の象徴である鶴亀(鶴は千年亀は万年)の図柄入りの長い飾り袋に包んである。飴は七五三祝いの時に3歳・5歳・7歳の子供に配られる。千歳飴(天恵を有する)は長年にわたり子供の幸福な人生を招くといわれる」

☆「七五三の行事」古来「七五三の行事」は各地各様の男女ともに行われた。
(1)「髪置きの行事」the ceremony for three-year-old children to change their hairstyle. 3歳児が髪型を変える儀式。
(2)「袴着の行事」the ceremony for five-year-old boys to wear the formal *hakama* [the pleated skirt-like trousers] for the first time and wish for a good health. 5歳男児がはじめて正装の袴を着て健康を祈る儀式。
(3)「帯解きの行事」the ceremony for seven-year-old girls to wind the broader [wider] *kimono* sash (instead of a single cord). She is no longer a baby girl but has become a young lady. 7歳児の少女が(紐に代わり)広い帯を締める儀式。少女から淑女へ変身する。

(4)「角隠し」
【解答例】
A ***tsuno-kakushi***, literally "horn-hiding" or "horn concealer", is an oblong white cloth worn in her traditional coiffure by a bride at her wedding ceremony. According to traditional tales, a woman will have horns on her head when she gets jealous. It is said to hide the horns of jealousy which women might possess, and to assure that the bride will not have horns of jealousy after marriage. It also symbolizes humility in the nuptial pledge before gods.
【主旨】
「角隠し」とは結婚式の時花嫁が伝統的に結った髪型にまとう長方形の白い布のことである。女性は嫉妬するとき、その頭上に角が出るのだと昔から言い伝えられてきた。角隠しを着用することは、女性が持つかもしれない嫉妬の角を隠すため、また花嫁が結婚後に嫉妬の角がないことを確約するためだといわれている。また花嫁が神前で行う婚礼の誓約における謙虚さを象徴する。
《語句》 **horn-hiding** 角隠し(bride's head covering) / **oblong**〈英〉長方形の、〈米〉楕円形の / **coiffure** 髪型(=hairsytyle; a way of dressing [arrange]

the hair) / **bride** 新婦、花嫁、☆bride and (bride) groom「新郎新婦」（日米語の語順には要注意）/ **tale(s)** 言い伝え、物語（＝story）、☆Tale of Genji「源氏物語」/ **get jealous** 嫉妬する / **jealousy** 嫉妬、焼きもち / **possess** 保有［保持］する（＝have; own）/ **assure** 確約［保証］する（＝make sure; promise）/ **humility** 謙虚；謙遜（-modesty）/ **nuptial pledge** 婚礼の誓約（＝a solemn promise of marriage）

【解説】

【A】the bride's white hood (worn with a *kimono* in a traditional Japanese wedding); the white hood [head-dress] worn by a bride (as part of a traditional wedding costume).「（和式の婚礼式で着用する）花嫁の白い被り物」

【B】The white hood [cotton or silk head covering] worn on the head [coiffure] by a bride at the traditional wedding ceremony. It is believed to suppress and hide the feminine "horns of jealousy" by wearing this white hood fitted on bride's wig or topknot (called *takashimada*).
「和式婚礼で花嫁が頭（髪結い）にかぶる飾りの白い被り物［綿布または絹布の被り物］である。花嫁の髷（高島田）にまとった白い被り物をつけることによって女性の「嫉妬心の角」を抑え隠すことができると信じられている」

「角隠し」は文金高島田の上に留める細長い帯状の布である。表は生絹［白絹］、裏地は紅絹でつくられる。前髪に被せ、左右を二つ折にして髷の後ろ上で留める。「角隠し」の由来には諸説がある。古来、女性は嫉妬に狂うと角が生え鬼になる、という言い伝えがあった。江戸時代、能楽で女性の生霊（＝living ghost. 生きている人間の霊魂が体外に出て自由に動き回ること）が嫉妬で鬼形になることから、また激怒の様相が角をはやした鬼に似ていることから、「角」は女性の嫉妬のたとえに用いられた。この由来から、近世に至り、婚礼の祭、和装の花嫁が髪を覆う被り物である「角隠し」を被るようになった。その目的は「花嫁の嫉妬心を抑える」(suppress jealousy)ことであり、その意味は「角を隠して従順を示す」(show obedience)ことである。

「角隠しを被る」風習の起源は、室町時代後期に武家婦人の外出着として「被衣」（小袖から頭に被る布）が使用さていたことから由来する。江戸時代には女性は寺参り（特に浄土真宗）をするとき「綿帽子」「練帽子」を被っていた。明治初期には「揚帽子」が現れた。これが今日見られる婚礼の儀式に深く被る「角隠し」と呼ばれるようになった。

☆「高島田」The *takashimada* hairstyle for unmarried women. It features an elevated hair knot with the chignon worn up and arched back. The side locks are rounded out with ornaments added. This coiffure developed during the Edo period and was popular in the Meiji period. Today it is worn by a bride wearing *kimono* in full dress in a traditional Japanese wedding.「女性用の日本式髪型。その特徴は髷の根を高くもちあげ、背後にそりあげて結った束髪。側面の髪束は丸味を帯び、装飾品をつけている、この髪型は江戸時代に発達し、明治時代に流行った。現在では伝統的な和式結婚時には正装した着物姿の花嫁が結っている」

【類似例 3】

次の事物をそれぞれ英語に訳しなさい。(3〜4行の下線がある)

(5) 人間国宝

(6) だるま

(5) 「人間国宝」
【解答例】
Ningen Kokuho or living national treasures are masters of traditional skills officially registered as bearers of Important Intangible Cultural Assets. They are performers and musicians, particularly in *Noh*, *Kabuki* and *Bunraku*. They are also artists and craftsmen specializing in pottery, dyeing, lacquer ware, textile-weaving, etc. The Japanese government protects those who preserve the traditional skills of Japan's time-honored arts and crafts.

【主旨】
人間国宝は重要無形文化財の保持者として、正式に登録された伝統的な技術をもつ巨師［名人］のことである。このような人とは、特に能や歌舞伎また文楽における上演者や音楽家を指す。さらには、このような人には陶芸、染色、漆器、

織物などを専門職とする芸術家や工芸家がいる。日本政府は日本の由緒ある美術工芸の伝統的な技術を保存する人々を保護している。
《語句》 **living national treasures** 人間国宝（＝human national treasures）/ **Important Intangible Cultural Assets** 重要無形文化財（＝Important Intangible Cultural Properties）/ **bearer** 保持者（＝holder; preserver）/ **time-honored** 由緒ある（＝venerable）
【概要】
【A】living［human］national treasures.「生きている［人間の］国宝」
【B】*Ningen Kokuho* is a Japanese popular term for those masters who were officially certified as presevers of Important Intangible Cultural Properties by the Minister of Education, Cultural, Sports, Science and Technology as based on Japan's Law for the Protection of Cultural Properties of Japan (promulgated in 1950). The term "Living National Treasure" is not formally described in the law, but bearers of Important Intangible Cultural Properties are commonly referred to as Living National Treasures. The Japanese government grants them a special annual subsidiary［grant］of 2 million yen in order to preserve important intangible cultural assets.
「人間国宝は（1950年には発布された）日本の文化財保護法（第2条第1項第2号）に基づき文部科学大臣が正式に認定した名人に対する通称である。文化財保護法には「人間国宝」と言う呼称はないが、通称「重要無形文化財保持者」として認定された人物を指す。日本政府は重要無形文化財を保護する目的で、人間国宝に対しては年額200万円の特別助成金を交付する」
☆「**無形文化財**」とは「演劇・音楽・工芸技術その他の無形の文化的所産で日本に歴史上または芸術上価値の高い物をいう」（同法第2条1項第2号）。「芸能分野」では、雅楽、能楽、文楽、歌舞伎、組踊、音楽、舞踊、演芸の8種目がある。「工芸分野」では陶磁器、織物、漆器、彫金、竹工芸、人形 染色、和紙などがある。

(6)「だるま」
【解答例】
The ***daruma*** or a round red doll without limbs, represents the Zen priest Dharma who lost the use of his legs after years of sitting cross-legged in meditation in Zen Buddhism. *Dharma* dolls are regarded as a symbol of good luck—particularly the tumbling *daruma* doll which contains

a weight at the base which returns it to an upright position. It is customary for many Japanese to buy *daruma* dolls in the New Year season in hopes of a good new year full of happiness and prosperity. Hundreds of open-air stalls are set up selling *daruma* dolls of various sizes at temples.

【主旨】
手足のない丸くて赤い「だるま」は禅師達磨を表しており、彼は長年にわたり座禅（禅宗であぐらをかいて瞑想する）をしていたために足が使えなくなった。だるま人形、特にまっすぐに起き上がるおもりが底に付いている「起き上がり小法師」は幸運のシンボルだと信じられている。日本人の習慣として、新年の幸福と繁栄を祈願して新年の季節が訪れるとだるま人形を買い求める。寺院では多種多様なだるま人形を売る露店が何百と軒を連ねている。

《語句》 **sit cross-legged** 胡坐をかく / **in hope(s) of** 祈願して（＝in hope that S＋V）/ **open-air stall** 露天（＝〈英〉street stalls, 〈米〉roadside stand）

【概要】
【A】a limbless *daruma* doll.「手足のないだるま人形」
【B】**Daruma** is a self-righting doll without limbs [without arms or legs] in the shape of Daruma Daishi. *Daruma* is a tumbling red papier-mâché figure of *daruma* doll with a weighted bottom. It is considered a good-luck charm for achievement because it always returns to an upright position whenever it is tipped over [pushed over].

「達磨大師の姿にかたどった手足のない自動復元(ふくげん)する人形である。底に重りを入れてある(doll that is weighted at [on] the bottom)ので転げ回る赤い張り子の人形である。傾けて[倒して]も必ず起き上がるので目的の成就(じょうじゅ)可能の縁起物(えんぎもの)とされている」

☆「達磨大師」Bodhidharma, the founder of the Zen sect. He is a Zen Buddhist priest who was born in southern India in the 6th century and crossed over to China to spread Zen Buddhism. He sat cross-legged for nine years in meditation in Zen Buddhiam to attain enlightenment (at Shaolin Temple in his later life), but afterwards he is said to have lost the use of his legs. The Zed sect was introduced by Japanese Buddhist priests to Japan in the Kamakura period. The existing Zen sects in Japan are the Rinzai sect, Soto sect and Baku sect.

「禅宗の始祖である達磨大師。彼はインドの仏僧で6世紀にインド南部に生まれ。禅宗を広めるために中国に渡った。晩年少林寺にて9年間座禅姿で瞑想の

末悟りを開くが、その後足が使えなくなったといわれる。禅宗は鎌倉時代に日本の仏僧によって伝えられた。日本で現存する禅宗は臨済宗(栄西が開山)、曹洞宗(道元が開山)、黄檗宗(隠元が開山)である」

【関連語】 ☆「開運出世の縁起物としてのダルマ人形」The daruma doll is used as a good-luck charm for promoting better fortune. There is the custom of painting in the eyes which are usually white. People paint in only one (left) eye first, and then paint black in the other (right) eye when their wishes have come true.「達磨人形は開運出世の縁起物として利用されている。通常は目を白く描く習慣がある。最初に片目(左)だけに描き入れ、開運成就にはもう片目(右)を黒く描き込む」

☆「達磨市」an annual *daruma* doll fair [market]. *Daruma* dolls of all sizes and good-luck decorations are sold at open-air street stalls. Many people buy *daruma* dolls during the New Year season in the hope of a new year of happiness and prosperity.「大小様々な達磨人形や飾物が露天に売っている。新しい年に幸福と繁栄をもたらすよう正月期に達磨を買う人が多い」

☆「七転び八起き」the ups and downs of life. People try to get this *daruma* doll in the hope that they can rise again an eight time even if they fall down seven.「人生の浮き沈み。7回転んだとしても8回立ち上がることを願って人形を手に入れる」

《英文紹介における表現法の整理》

　筆記(第1次)試験における「日本文化の紹介・日本事情の解説」に関する「**書き方のパターン**」(＝口述(第2次)試験では「**話し方のパターン**」)をいくつか自分のものにしておくことが肝要である。つまり課題について簡単に説明することは definition (定義)である。英英辞典の definition の書き方が参考になる。決まり文句のようなパターンで書かれている。課題に対して解答[返答]する場合には、英英辞書にあるような[A]「定義」を一般的概念とし、さらに具体的に説明・紹介する[B]「構文」を加えればよい。日本文化・日本事象に関する「表現法」を簡潔に整理してみよう。「口述第2次試験」にも通じていることを再度強調したい。

【A】　日本文化・日本事象の「定義」
　大学または国内の図書館には「英英大辞典」がある。現在英語化され「国際

語」になっている日本語が多数あり、どの英英大辞典にも掲載され、いつでも参考ができる。日本文化に関する「定義」の表現法を検討しよう。

　下記に記載する最初の定義は手元にある英英辞書のサンプルである。*Kabuki is a traditional Japanese drama ....* のように構成すればよい。（＝）内は著者の補足説明であり、ひとつの見本にすぎない。

1. ***Kabuki***: a traditional Japanese drama with singing and dancing performed in a highly stylized manner. (＝a form of Japanese drama dating from the 17th century: it is based on popular themes, with male and female roles performed exclusively by men, chiefly in formalized pantomime dance and song.)
2. ***No [Noh]***: a classical Japanese dance-drama having a heroic theme, a chorus, and highly stylized action, a costuming, and scenery. (＝a classic form of Japanese drama with choral music and dancing, using set themes, simple symbolic scenery, elaborately masked and costumed performances, and stylized acting.)
3. ***torii***: a Japanese gateway of light construction commonly built at the approach to Shinto shrine. (＝a gateway at the entrance to a Japanese Shinto shrine, consisting of two uprights supporting a curved lintel with a straight cross-piece below.)
4. ***Koto***: a long Japanese zither having 13 silk strings. (＝a Japanese musical instrument similar to a zither, consisting of an oblong box with thirteen silk strings stretched over it.)
5. ***obi***: a broad sash worn with a Japanese *kimono*. (＝the broad sash with a bow in the back, worn with a Japanese *kimono*.)

【B】　日本文化を紹介、日本事象を説明するための「構文」

　上記の定義からも理解できるように、定義を書くとき必要な「**構文のパター**ン」を取り出して、修飾構文をいかに上手に使いこなすかが重要なポイントとなる。最近の出題例では行数に制限があるため簡潔な無駄のない文に表現するには、可能なかぎり「**語句を用いる**」（形容詞句・副詞句）工夫も必要である。また補足的説明を加えたり、日本語の語句を英語の相当語句に置き換えたりするために、「**同格の扱い方**」を学ぶことである。ここでは日本文化の紹介・日本事情の説明をする場合、ひんぱんに使用する［1］「形容詞句による修飾」、［2］「副詞句による修飾」、それに加えて［3］「同格の例文」にしぼって検討してみ

よう。
【1】 形容詞句による修飾
「名詞」の後にくる修飾句の例をとりあげる。「形容詞節」として関係節がよく用いられるが、「形容詞句」を用いるほうが簡潔な文になる。
(1) 不定詞句
　a. 「名詞＋to- 不定詞」が意味上の「主語・述語」の関係になる場合
　　▶The first Europeans ***to visit*** Japan were Portuguese traders.
　　　＝The first Europeans ***who visited*** Japan were Portuguese traders.
　　　最初に来日した外国人はポルトガル商人であった。
　b. 「名詞＋to- 不定詞」が意味上の「動詞＋目的語」の関係にある場合
　　▶Japan has many historical monuments ***to preserve***.
　　　＝Japan has many historical monuments ***that she must preserve***.
　　　日本には保存すべき史跡が多数ある。

(2) 前置詞付きの句
「前置詞付きの句」は副詞句また形容詞句をつくる。上記の「定義」の例の中によく表れている使い方は非常に参考になる。文を簡潔に書くのに便利な語法である。
　　▶*Hakama* is a sort of traditional garment ***for formal occasions***.
　　　＝*Hakama* is a sort of traditional garment ***which is worn on formal occasions***.
　　　袴は正式行事用の伝統的な衣装の一種である。
　　▶The tea room ***with its rustic simplicity*** symbolizes the spirit of the tea ceremony.＝The tea room ***which is characterized by its rustic simplicity*** symbolizes the spirit of the tea ceremony.
　　　ワビ・サビ(侘び・寂び)が漂う茶室は茶道の真髄を象徴する。

(3) 分詞句
分詞構文の働きは副詞的になるが、ここでは限定的用法で、名詞を修飾する「形容詞的用法の分詞」の使い方である。
(a) 現在分詞：
　　▶*Sashimi* is a Japanese dish ***consisting of*** thinly sliced raw fish and *wasabi* [horseradish].＝*Sashimi* is a Japanese dish ***which consists of*** thinly sliced raw fish and *wasabi*.
　　　刺身は薄切りの生魚と山葵から成る和食である。

(b) 過去分詞：
▶ *Obi* is a broad sash ***worn*** with a Japanese *kimono.* ＝ *Obi* is a broad sash ***that is worn*** with a Japanese *kimono.*
帯は和製の着物とともに着用される幅広い飾り帯である。

(4) 後置形容詞

ある種の形容詞は単語だけでも名詞のあとに置かれることがある。しかしここでは普通の形容詞が他の句を伴ったり、2つの形容詞が等位的に置かれる場合をとりあげる。その前に being を補えば「分詞構文」、which is を補えば関係節となる形容詞の「後置修飾構文」である。形容詞に伴ってくる前置詞にも要注意である。

▶ The Japanese like to appreciate pine trees, ***symbolical*** of strength, endurance and longevity. ＝ The Japanese like to appreciate pine trees ***which are symbolical*** of strength, endurance and longevity.
日本人は力強さ、忍耐力そして長寿を象徴する松の木を鑑賞するのが好きである。

【2】 副詞句による修飾

副詞節の構造よりも、さらに密接な意味関係を表わす。しかも簡潔に表現するためには「付帯状況の分詞句」と「付帯状況の with（＋意味上の主述）」がある。

(I) 付帯状況の分詞句

分詞構文つまり副詞的な働きの分詞句では、「定義」などを述べるときによく用いるのが付帯的状況の分詞句である。副詞句であっても、定義の文の中の大切な要素の主語と密着した関係をもつのである。and を用いて書きかえられることもあるが主要な文とは深い関係にある。

(a) 現在分詞：
▶ *Koto* is a Japanese musical instrument similar to a zither, ***consisting*** of an oblong box with thirteen silk strings stretched over it. ＝ *Koto* is a Japanese musical instrument similar to zither ***and (it) consists*** of an oblong box with thirteen strings stretched over it.
琴はツィター［チター］に似た和楽器で、13本の琴弦を張った楕円形の箱から成る。☆zither 約30～40本の弦があり、指と爪で演奏する弦楽器。

▶ Amanohashidate is one of the Scenic Trio of Japan, the others

being Matsushima near Sendai and Miyajima in the Seto Inland Sea.＝Amanohashidate is one of the scenic Trio of Japan, ***and*** the others ***are*** Matsushima near Sendai and Miyajima in the Seto Inland Sea.

天橋立は日本三景の一つで、他は仙台近郊の松島と瀬戸内海の宮島である。

(b) 過去分詞:

▶ *Obi* is a broad sash with a decorative bow in the back, ***worn*** with a Japanese *kimono*.＝*Obi* is a broad sash with a bow in the back, ***and it is worn*** with a Japanese *kimono*.

帯は背中に装飾的に結んだ幅広い飾り帯であり、和製着物とともに着用する。

(2) 付帯状況の **with**（＋意味上の主述）

副詞的な意味関係を形式上でさらに明らかに表現したものが「前置詞 with を前に置いた構造」である。with 以下はまとまった意味上の「主述関係」（主語・述語関係）をもっている。with の句の中で、意味上の述語に相当する部分は分詞がくるが、形容詞・副詞または前置詞句などにも使用する。

(a) **with**＋名詞＋分詞:

▶ Zen disciples sit in meditation ***with their eyes almost closed***.＝Zen disciples sit in meditation ***and their eyes are closed***.

禅の修行者は座して瞑想し、その目はほとんど閉じている。☆主述関係を含む。

(b) **with**＋名詞＋形容詞（句）:

▶ The two Deva kings are at the temple gate ***with their faces full of anger***.＝The two Deva kings were at the temple gate ***and their faces are full of anger***.

二人の仁王は山門に座し、その顔は怒りに充ちている。☆主述関係を含む。

(c) **with**＋名詞＋副詞または前置詞句:

▶ *Torii* consists of two uprights supporting a curved lintel, ***with a straight cross-piece below***.＝*Torii* consists of two upright supporting a curved lintel, ***and a straight cross-piece is below***.

鳥居は曲がった楣（まぐさ）を支える2本の柱から成り、その下には垂直な横木がある。☆主・述関係を含む。

【3】 同格的説明

　日本文化の紹介・日本事情の説明は、日本語をそのまま使って英語の相当語句をつけ加えたり、別の表現で補足説明する場合が多い。その最も簡潔な表現方法は「同格的脱明」である。名詞が2つ並んでおり、「あとの名詞が前の名詞を説明する」ときには、この2つの名詞は「同格」であると言う。

　文法的には名詞(相当語)に限り、名詞(相当語)が文中の他の名詞(相当語)と通例併置されて、それを説明する場合を言う。また namely, that is, i.e.(「即ち、換言すれば」の意)などを用いて示すような同格関係の表現を含める場合もある。冠詞は同格表現で省略されることがよくある。

- Shinto, *(a) principal religion of Japan*, places emphases on the worship of nature and of ancestors.
  日本の主要な宗教である神道は、自然崇拝と祖先崇拝を重視する。
- Kado, *or the way of flower arrangement*, focuses on the way to pursue and develop mental composition rather than technique.
  (＝*Ikebana*, *or the floral art*, focuses on …)
  生け花のやり方である華道は、技術というよりは心の姿勢を追求し成熟させる過程に傾注する。
- The Japanese garden is symbolical; *that is*, it symbolizes the vastness of nature.
  日本庭園は象徴的、換言すれば自然の広大さを象徴する。

第3章　和文英訳問題

　通訳ガイドは、諸外国から訪日する観光客や旅行者に応対する。そのためには「日本文化・日本事情」に関する知識を豊かにするだけではなく、そのようなことを「英語で自由に表現できる能力」また「英語で誤解なく相手に通じさせるだけの表現力」をもつ必要がある。外国の観光客や旅行者が問うどのような質問に対しても適切に対応できる能力が問われる。つまり、**「英語で考え、英語で表現する」**ことを基盤とした和文英訳の力を習得する必要性がある。その面でプロとしての有能な人材を選出するのが通訳ガイド試験のねらいである。したがって通訳ガイドになろうと志す人は「和文英訳」には特に力を入れることが求められる。

　英語の試験といえば、「和文英訳」は英文和訳と並び必ず出題される。しかし多くの語学関連の資格試験や検定試験とは異なり、通訳ガイドの試験には固有の特徴をもつ出題の傾向がある。「和文英訳」は第4章・第5章の「英文和訳」関連の課題とともに通訳ガイド試験の中心であり、毎年欠かさず出題されている。

【出題傾向】

　過去の出題例を分析してみると4種類に大別される。
　(1) 全文の和文英訳　(2) 部分の和文英訳　(3) 選択の和文英訳　(4) 要旨の和文英訳である。出題の「形式」も会話調を中心にした口語体による「短文」が目立つ。時には colloquial English とはっきり指示する場合もある。単語も口語的フレーズが多く、英会話をたえず練習していれば役立つ。出題の「内容」は旅行・観光関係、それに歴史・地理関係、風俗・習慣・生活様式、日本文化関係など多岐にわたっていた。
　最新の出題例における「形式」と「内容」は下記のようなものである。

【1】　出題の形式

　すべて「**主観形式**」(日本語から英語への和訳)である。

(1) すべて「全文訳」である。従来の「部分訳」はない。
(2) 「次の文章を英語に訳しなさい」、また「次の日本語の文章を英語に訳しなさい」など多少の表現は違っても、英訳には変わりない。
(3) 年度によっては、筆記体を使わず「ブロック体」で表記することを条件づけている。
(4) 各文の長さにもよるが、全文は約3行から4行程度のパラグラフである。

【2】 出題の内容

　出題内容は、従来のものとは異なり、主として「日本の文化事情・歴史事情」と「日本の観光事情・異文化事情」が目立つ。本書も八訂版を迎え、著者も長年通訳ガイド試験問題にたずさわっているが、最近の「和文英訳」問題は通訳ガイドでだけでなく日本を紹介する者として必要不可欠な「知識内容」であることを痛感する。

　新ガイドラインに沿った「口述(第2次)試験」の**通訳**とガイド(**2分間プレゼンテーション**)にとって格好のテーマであり、また「筆記(第1次)試験」の第2章・**英文紹介問題**にとっても深い関連性がある。語学面でも「直訳」というよりは「意訳」を問うような内容が少なくない。

　テーマは下記のような内容である。

[A] 文化事情・歴史事情の内容

《最近》
(a) 茶道の茶室における「躙り口(にじりぐち)」に関する出題
(b) 「真・行・草」(例：書道の漢字「楷書・行書・草書」)の秩序体系に関する出題
(c) 東京の新名所「東京スカイツリー」に関する出題
(d) 銭湯は衰退しても「温泉の人気」は不変に関する出題
(e) 「にほん」と「にっぽん」についての解釈に関する出題
(f) 花見(桜の花)、特に外国人に人気が高い「桜吹雪」に関する出題
(g) 日本と欧米における「食物の旬」に関する出題

《従来》
(a) 日本と外国における「レストランでの支払い法」に関する出題
(b) 外国人旅行者の求める「日本の郷土料理」に関する出題
(c) 「京都の観光事情」に関する出題
(d) 「ウチワと扇子」に関する出題

(e)　「焼酎」と日本酒に関する出題
[B]　観光事情・異文化事情の内容
　《最近》
　(a)　修学旅行の意味と海外への「修学旅行」の動向に関する出題
　(b)　「カラオケ」に関するアジア人と西洋人の考え方が違う出題
　(c)　「旅行」に関する日本人と外国人の考え方が違う出題
　(d)　「日本のスキー場」は外国人スキー客に人気が高いという出題
　《従来》
　(a)　インターネットの発展に伴う「観光業界の実状」に関する出題
　(b)　世界観光機関による「国際観光客と国際収入」に関する出題
　(c)　観光客が満喫する「農村文化とグリーン・ツアー」に関する出題
　(d)　訪日外国人旅行者が望む「日本の宿泊施設利用」に関する出題

【学習対策】
英訳上の留意点をいくつか記してみよう。
《1》　上手に英訳するより「正しく英訳する」こと
　和文英訳の第一歩は、何よりも「正しい英語を書く」ことからスタートする。
　英作文は「英借文」と言われるように、正しい英文を自分で作るよりは借りるようにし、英語固有の表現に慣れるように心がけることである。受験者が要求されるのは与えられている日本文を正しく英訳することである。上手な英訳であることにはこしたことはないが、なによりも正しくなくてはいけない。つまり、「文法的に正しいこと」そして「スペリングが正確であること」である。
《2》　日本語の字句にとらわれず「英語流の発想」に沿って英訳すること
　【例題3】にあるように「希少価値」、「メリハリがある」、「口につばが出る」、「福音」などのように英訳しにくい日本語はあまり直訳せず「英語の発想」に沿って英訳することである。日本語のもつすべてのニュアンスをそのまま英語に変えようとしないこと。大事なことは、和文の意味を把握し、その後で自分の知っている単語と構文で、英語らしく表現することである。特に日本語と英語の発想が違うこと、また日本人が用いるカタカナ英語や和製語に注意する必要がある。そのためにはあまり日本語の字句にこだわらず、英語流の発想に沿いながら、理解しやすい、またやさしい英文で表現することである。
《3》　「日本文化・日本事情」と関連する英語表現を習得すること
　過去の出題例であるが、「五重塔」、「ウチワと扇子」、「焼酎」などのように日本文化に関する日本語固有の表現を適切なキーワードを用いて英訳することで

ある。日本文化英語は第1章の「単語英訳問題」また第2章の「英文紹介問題」と密接に関連する。

《4》 最後に、自分で書いた和文英訳を再度読み返すこと

　試験であるかぎり慎重さは必要である。〈1〉単語のスペリングは正しいか、〈2〉英文法に沿っているか、〈3〉直訳しすぎてはいないか、など時間が許すかぎり冷静に何度もくりかえしてチェックすることである。特に〈4〉文語調よりはやさしい口語調で書くのも一法である。

【推薦図書】
(1) 『ライティングのための英文法ハンドブック』(研究社刊)
(2) 『新自修英作文』〈復刻版〉(研究社刊)
(3) 『和英：日本の文化・観光・歴史辞典』(三修社刊)

1. 既 出 問 題

★協力：国際観光振興機構(通称：日本政府観光局)〔JNTO〕

【例題1】

次の文章を英語に訳しなさい。(15点)

(1) 躙り口は、茶室への小さな入口で、大きさは約60 cm四方、縦にやや長い。茶室に入るには、個人の富や権力、影響力に関わらず、誰もが身をかがめなければならない。これによって、茶室の中では客はみな平等になると考えられている。

(2) 江戸時代に日本の封建政府・幕府が真・行・草の秩序体系を採用した。この概念は公式儀礼のみならず、日常生活のあらゆる分野に引き継がれている。たとえば、書道では漢字が楷書、行書、草書の三通りに書かれる。

第 3 章　和文英訳問題　　　　　　　　　　　　　73

【傾向】　日本文化の茶道における「茶室の躙り口」と日本幕府が採用した「真・行・草」の秩序体系に関する「**日本の文化事情**」の出題である。日本文化固有の英単語と表現力が問われている。「躙り口」は茶道用語であり、「真・行・草」は書道だけでなく華道・茶道・絵画・庭園・俳諧などで使用する表現法の三体である。いずれもその意味を理解してはじめて英単語が浮かぶのである。「言葉と文化」が問われている。

【解法】
(1)　「茶室の躙り口」

▶「躙り口」。まずは簡単に a small entrance to the tea ceremony room (茶室に入る小さな入り口). 次に説明する内容として a crawling [crawl-in] entrance to the tea ceremony room which is small enough for the guests to enter on their knees. (客はひざまずいて入室できるだけの小さな躙り口) と言えよう。最後に補足する内容として When the guests go [enter] through the *nijiriguchi* with heads down, they will first see the alcove (*tokonoma*). (客が頭をかがめて躙り口に入ると、まず「床の間」が目に入る) と表現できよう。

▶「**大きさは約 60 cm 四方**(である)」。(1)形容詞を使用する場合(It is) about 60 centimeters square; (2)副詞句を使用する場合(It measures) approximately 60 cm on all sides; (Its size is) around 60 cm in all directions [every direction].

▶「**縦にやや長い**」。(1)2つの形容詞を使用する場合(be) a little (bit) higher than it is wide; (be) slightly taller than it is broad. (2)1つの形容詞を使用する場合 (be) slightly longer vertically: (be about 60-cm square) with slightly longer lengthways.

▶「**茶室に入るには**」。(1)時を表す構文を使用する場合 when one enters the tea room; (2)分詞構文を使用する場合 in entering the tea room. (3)目的を表す構文を使用する場合 in order [so as] to enter the tea room; so that one can get into the tea room. ☆get into は正解だが enter into は不正解である。

▶「**個人の富や権力、影響力**」individual wealth, power and influence.

▶「**〜に関わらず**」regardless of 〜; irrespective of 〜; independently of 〜¶老若男女を問わず[に関わらず] *regardless of* age and sex.

▶「身をかがめる」crouch down; bend one's body low; bend (oneself) forward; stoop (one's head). 単に crouch; bow; bend; stoop などとも言う。¶ 身をかがめて小型車に乗り込む crouch to get into the compact car.
▶「これによって」through this practice; by doing so; whereby あるいは前文をうけて関係代名詞(by which)を用いることもできる。In order to enter the tea room, all the guests must bow, *by which* [whereby] they are regarded as equal in the tea room.
▶「平等になると考えられている」be considered (to be) equal (in the tea room); be thought to become equal (in the tea-ceremony room); be regarded [looked on] as equal (in the tea arbor).

【解答例】
(a) *Nijiriguchi* is a small entrance to the tea-ceremony room. The door is about 60 cm square and is a little longer than it is wide. When all the guests enter the tea room, they should crouch regardless of the levels of their wealth, power and influence. Through this practice, all the guests are considered equal in the tea room.
(b) *Nijiriguchi* is a small entrance to the tea room, and the size is about sixty centimeters square and the height is slightly larger than the width. Regardless of individual levels of wealth, power and influence, each person must stoop to enter to the tea room. It is considered that this stooping makes all the guests equal in the tea room. [JNTO 訳]

(2) 「真行草の秩序体系」
▶「江戸時代に」in the Edo period; during the Edo period (1603–1868). ☆定冠詞 (the) には要注意。
▶「日本の封建政府・幕府」the shogunate or feudal government of Japan. ☆「封建政府」ここでは幕府と同格なので feudal government は適語である。「幕府」は最近の過去既出英単語で shogunate の和訳が提示されている。⇨第 1 章「単語英訳問題」の「既出問題」(12 頁)。
▶「真・行・草」the three basic styles (of *shin*, *gyo* and *so*) for traditional artistic works and performing arts, including calligraphy, flower arragement, landscape gardening, painting, etc. 「書道・華道・庭園・絵画のような伝統的な芸術作品・芸能などに見られる(真・行・草の)基本三形態」
☆広辞苑による語義は次の通りである。(1)「真」(**shin**)＝最も格調が高い

第3章　和文英訳問題　　75

形態。formal（正格）; elaborate（風雅）; block（楷書体）。(2)「行」(**gyo**)
＝（真と草の）中間で真の略化した形態。semiformal（準正格）; intermediate
（中間）; semicursive（準楷書体）. (3)「草」(**so**)＝正統を脱した逸格の形態。
informal（破格）; casual [abbreviated]（簡略）; cursive（草書体）。
▶「採用する」adopt (the idea from); employ (a new method).
▶「秩序体系」the order system; the formality code; the system of order.
▶「概念」concept; general idea.
▶「公式儀礼」the formal rite [ritual]; the official ceremony; the official procedures [occasions]; the official protocol.
▶「日常生活のあらゆる分野」every area in every life; many other areas of daily life; all fields in everyday life; the daily lifestyle of the general public.
▶「引き継ぐ」pass [hand] down; apply to.
▶「例えば」for instance; for example.
▶「三通りに書かれる」(1) There are three styles of writing (Chinese characters); There are three ways to write ("Kanji"). (2) The "kanji" or Chinese characters are written in three categories (of *kaisho*, *gyosho* and *sosho* respectively).
▶「(漢字の書体)楷書、行書、草書」the formal writing, the semiformal writing and the informal writing of Chinese characters (or Japanese letters).
☆ (1) **Kaisho** is the most formal (style of writing) among three styles of writing Chinese characters. It requires accuracy in every line, angle and dot,「楷書は三書体中最も正式な書体(最も格調が高い字形)。各々の行間、角度また点に関する正確さは求められる」
(2) **Gyosho** is the semiformal (style of writing) among three styles of writing Chinese characters. It is the most widely used, having both practical and artistic aspects.「行書は三書体の中で準正格の字形。実用または芸術の分野で広く利用されている」
(3) **Sosho** is the most informal (style of writing) among three styles of writing Chinese characters. It is more an artistic form than one of practical use.「草書は三書体中正統を逸脱した字形。実用というよりはむしろ芸術面で使用される」

【解答例】
In the Edo period, the shogunate or feudal government of Japan adopted

the order system of "*shin*' (the most formal style), *gyo* (the more semi-formal style) and *so* (the most informal style)". This concept has been passed down not only to official ceremonies but also to many aspects of everyday life. For example, there are three ways to write "Kanji" or Chinese characters in calligraphy *kaisho* (the block system of writing), *gyosho* (the semicursive system of writing) and *sosho* (the cursive system of writing).

【例題 2】

次の文章を英語に訳しなさい。

(1) 2012年に開業した東京スカイツリーは。地上634メートルの高さにそびえ立っている。東京タワーは333メートルであるため、およそ2倍の高さである。

(2) 修学旅行は、生徒が視野を広げ、学習した知識を実際の社会経験と結び付けるまたとない機会である。同時に、生徒同士の団結力を養うという意味合いも含んでいる。最近では、修学旅行で海外に行く学校が増えている。

【傾向】

東京の新名所となった「東京スカイツリー」と国境なく国際化するグローバルな時代で様変わりする「修学旅行」に関する**「日本の観光事情」**の出題である。短い文章の2問が出題されている。それほど難解ではないが「文法と語法」また筆記試験であるため「単語のスペリング」には要注意である。最近の設問には「解答は、解答用紙の所定の解答欄に記入すること」になっているので「解答の分量」にも配慮が問われる。

【解法】

(1) 「**東京スカイツリーと東京タワー**」⇨第2部「口述試験」(191頁)。

第 3 章　和文英訳問題

[1] ▶「東京スカイツリー」Tokyo Skytree.「東京タワー」Tokyo Tower. いずれも無冠詞。
▶「開業する」open; open [set up] (a) business; start [begin] operation; start operating; go into practice.¶テーマパークを開業する open [set up] a theme park.
▶「地上 634 メートルの高さ（に）」(at [with]) a height of 634 meters above (the) ground; (be) 634 meters high [in height].¶地上（634）メートルの所に（ある）(rise) at (634) meters above the ground / 地上（10）階のビル a building with (ten) stories above the ground.
▶「そびえ立つている」soar skyward; soar to the sky; rise into [to] the sky; stand towering high over the surrounds; stand tall [high].
[2] ▶「～であるため、...」。日本語の字句にとらわれず、単純に前文の主語である Tokyo Skytree と Tokyo Tower を比較することができる。この場合 Tokyo Tower を説明する。あるいは理由を表す接続詞（because, as, since など）を用いた構文にすることもできる。
▶「2 倍の高さ」(be) twice as high as ～; (stand) twice the height of ～.¶A は B のおよそ 2 倍の速さで増える。A grows roughly twice as fast as B. ☆ひと頃流行語になった「倍返しをする」は take double the payback と言う。

【解答例】

(a) Tokyo Skytree, which opened in 2012, rises into the sky with a height of 634 meters above the ground. It is nearly twice as high as Tokyo Tower, which is 333 meters high.

(b) Tokyo Skytree, which started operation in 2012, soars skyward at a height of 634 meters above the ground. Since Tokyo Tower is 333 meters in height, it is roughly twice as high as Tokyo Tower.

(c) Tokyo Skytree, which opened in 2012, soars 634 meters above the ground. It is nearly twice as high as Tokyo Tower, which is 333 meters high.［JNTO 訳］

(2)　「海外修学旅行の動向」

[1] ▶「修学旅行」a pre-graduation study tour; a school excursion [trip]; a trip for educational purposes. ☆下記に記載する「修学旅行で海外に行く」の概念から、本文は「海外研修旅行」であるため、pre-graduation study

tour（卒業前の研修旅行）が最適である。¶(英国)へ海外**修学旅行**に行く make an overseas study tour to (England) / **修学旅行**で（京都）へ行く go to (Kyoto) for the school excursion [trip].
▶「**視野**」(one's) mental [intellectual] horizons（人の知識や経験などの）; outlook; perspective; view. ¶国際的な**視野**を広める機会（を得る）(take) the chance to widen [expand] one's international horizons.
▶「**広げる**」broaden; expand（伸ばす）; widen（増す）; enlarge（拡大する）.¶海外旅行をして視野を広げる broaden one's horizons [expand one's perspective] by traveling abroad; widen one's outlook on life by making an overseas trip.
▶「**学習した知識**」(one's) knowledge (one has acquired); the content of school lessons.「学習する」は知識を「習得する」ことであるため acquire; master などが適語である。knowledge の単語自体には「習得」が含まれているので one has acquired を割愛することもできる。事実待ったなしの通訳ではカットされる場合が多い。
▶「**実際の社会経験**」real world experience; firsthand experience of society; real-life experience; actual social experience.「実社会での経験」のことで、英語では hard-nosed business experience（ミスが許されない[実務的な]社会)、または日常会話などでは単に real world [life] などともと言う。反意語は academic world である。ちなみに、修学旅行は「実社会に基づいた教育」（real-world-based education）と呼ばれている。
▶「**（と）結び付ける**」connect (one *thing* with *another*).「(A と B を)関係づける」(＝make a connection with)のことなので associate A with B または combine A with B とも言う。また「知識を実際の社会経験に適応[順応]させる」と言う場合は apply one's knowledge to actual social experience とも表現できる。¶学んでいることを現実と**結び付ける** connect (what we're) learning with real life.
▶「**またとない機会**」(give) a good chance (to); (offer) the best opportunity (to)。「またとない」という単語には多様な英語表現の unique [unrepeatable] chance などがある。要は「好機」の意味であるため a good [golden] chance; a perfect [favorable] opportunity などとも処理できる。また本文の趣旨は修学旅行の「定義」ではなく、「好機を与える[もたらす]」ことである。したがって offer [give] a good chance (to)と表現できる。¶成功への**またとない機会**をもたらす lead to a very good chance of success [chance

to succeed].
[2] ▶「同時に」at the same time. ☆インターネット上ではATSTと略される。
▶「生徒同士」among the students; with one's fellow students. ¶生徒同士の競争意識を促す encourage a spirit of emulation among the students.
▶「団結力」the spirit of solidarity; a spirit of unity [teamwork]; strength of unity; bond of solidarity.
▶「養う」develop (a power); improve (ability); foster (a spirit); cultivate (virtue); nurture (a close relationship). ¶読書力を養う develop [improve] reading skills [ability] (among the students).
▶「意味合いを含む」。直訳だが have a shade of meaning; have an implication. ここでは be meant to (do)「(する)ことになっている、(する)ためのものである」が活用できる。オリンピック競技などで新記録がでるときによく言われる「記録は破られるためにある」は英語では Records are meant to be broken. と言う。あるいは function (to do)「(する)役割をもつ、機能を果たす」、さらにはやさしい英語の help (to do)「(するのに)役立つ」などをも活用することができる。
[3] ▶「最近では」recently; lately; of late; these days; nowadays.
▶「海外に行く」go abroad (on); go overseas (for). 本文は「海外修学旅行に行く」ことなので go overseas for school excursions; take overseas excursions; make overseas school trips などと表現できる。
▶「増えている」go on increasing; be on the increase. この文章の主語は「学校」である。英語流に「(直訳)ますます増える多くの学校は修学旅行として海外に行く」と考えれば、an increasing number of schools または more and more schools と表現する。many schools だけでは「増えている」という意味合を出せない。☆a number of schools「多くの学校」(＝many schools) と the number of schools「学校の数」とは識別すること。

【解答例】
(a) A pre-graduation study tour offers students a good chance to broaden their mental horizons and connect their knowledge with hard-nosed business experience. At the same time it is meant to foster the spirit of solidarity among the students. Nowadays, an increasing number of schools are going overseas for school tours.
(b) A school study tour gives pupils a good opportunity to widen their perspectives on things and combine the knowledge they have acquired

with real world experience. At the same time, it functions to develop a spirit of unity among the students. These days, more and more schools choose to go abroad on school trips.

(c) A pre-graduation study tour gives students a good chance to broaden their view and connect their knowledge with real-world experience. At the same time, it is also meant to develop the spirit of solidarity among students. These days, more and more schools are going abroad on a school trip.〔JNTO 訳〕

【例題3】

次の日本語の文章を英語に訳しなさい。
日本人は旬を大切にしている、といいながら、実は和食は旬を軽んじているように思われてなりません。野菜や果物など、まだ持ち味を十分出し切っていないときに早々ととってしまいます。その上、たいして美味しくないのに、季節はずれの希少価値のせいで値段がばか高い。ヨーロッパのほうがずっと旬にメリハリがあります。初夏のアスパラガス、秋のきのこや野生の鳥獣、冬の牡蠣や帆立貝。考えただけでも口につばがでてきます。日本は帆立貝なんて一年中ありますが、これは冷凍技術の進歩によるものにすぎず、福音かどうかわかりません。

【傾向】

「和食と洋食における異文化」に関する「**日本文化事情**」の出題である。日本独自の表現とその英文化には留意したい。「希少価値」、「値段がばか高い」、「旬のメリハリ」、「口につばがでる」など日本語の字句にとらわれないこと。また英語独自の表現を想起させる語句もある。「〜に思われてならない」の表現は英語の慣用語句で処理できる。また新しい傾向である欧米の生活文化を反映させる単語(例:「福音」)にも注意したい。
☆2013 年、「**和食　日本人の伝統的な食文化**」はユネスコの無形文化遺産

第3章　和文英訳問題

(Intangible Cultural Heritage)に登録されている。
【解法】
[1] ▶「旬」the season：「旬の果物」fruits in season.「旬でない野菜」vegetables out of season. ここでは「食べ物の旬」のことなので food in season; the seasons of food,「原料［材料］の旬」であれば seasonality of various ingredients; season's delicacies とも言えよう。

▶「大切にする」place great importance on; give great importance to; put (an) emphasis on; place premium on; think much of, make much of; pay close attention; take good care of など多数の熟語がある。1語で value, treasure などとも言える。

▶「といいながら」。前文と後文を対照するので等位接続詞の but (in fact) または however を用いる。あるいは「～にもかかわらず」と解し、even though S＋V, の構文で表現することもできる。

▶「和食」。日本料理であれば Japanese cuisine [cooking], 日本風の食べ物であれば Japanese-style food [dish] と言う。☆「作られた料理」は dish.「特定の料理法」は cuisine.

▶「軽んじる」。前述の「大切にする」を否定形にすればよい。make much of に対して make little of が用いられる。あるいは pay little attention to, または単に do not value、1語で neglect を用いて表現することができる。

▶「～に思われてならない」。「どうしても～してしまう；～せずにはいられない」cannot help (doing) または cannot help but (do)の重要構文を用いる。I cannot help thinking that ～; I cannot help but think that ～ などとも表現できる。

[2] ▶「(野菜や果物が)十分持ち味を出し切っていないときに」。「(野菜や果物が)完全に熟していないこと」なので形容詞(ripe)を用いて when they [vegetable and fruits] are not fully ripe (to eat); when they are not yet ripe enough (to eat), または動詞(ripen)を用いて when they haven't fully ripened. などと言う。あるいは前後の時期を指して、before they are fully ripe (and develop their own tastes and flavors)、または before they have reached maturity (to give their best taste)などとも表現できる。

▶「早々ととってしまいます」。「早く摘み取ること」なので、harvest (vegetables and fruits) too early、または pick (vegetables and fruits) earlier とする。あるいは受動態にして(vegetables and fruits)are picked earlier とも表現できる。

[3] ▶「その上」moreover, furthermore, in addition. などが利用できる。
▶「美味しくない」They are not very [so] delicious. / They don't taste very [so] good. / They may not taste the most attractive. などと表現できる。
▶「〜のに」。理由を表すので because of ＋(名詞)、または because S＋V を用いる。
▶「(季節はずれの)希少価値」。(1)「数少ない価値」のことである。rarity value (out of season); scarcity value (before the season starts). (2)「季節はずれに生産され、数の上では珍しいもの」と解して They [vegetables and fruits] are produced out of season and are rare [obtained rarely] in number. (3)「季節はずれで手に入れにくい」と解して They are hard to get [acquire] because of foods in season. とも表現できよう。
▶「値段がばか高い」。日本語の字句にとらわれず、「非常に高い」と解するれば良い。ridiculously [extremely] expensive (⇔ inexpensive). また値段が法外に高い場合は exorbitant [unreasonable] price とも言う。「日本では牛肉はばか[法外に]高い」In Japan beef is exorbitantly [unreasonably] expensive. / In Japan beef is a real ripe-off. ☆ripe-off は「べらぼうに高い品」の意。

[4] ▶「(季節の)メリハリ」。日本語の辞書によれば「減り張り：緩めることと張ること」。本来この単語は「声にメリハリを利かせる」(module one's voice for effect) 場合に用いられる。ここでは「季節感を明示させること」なので (European food in season is) much [far] more clearly defined; give much more distinct seasonal flavor. または「季節感の変化に抑揚をつける」と解すれば place more emphasis on (seasonality) by far、または enjoy much more (seasonal) accentuation などとも表現できる。

[5] ▶「鳥獣」game.「保護鳥獣」forbidden game. ここは wildlife（野生動物）でも通じる。

[6] ▶「考えただけでも(〜である)」。不定詞または動名詞の「名詞的用法」を用いて just to think of them または just thinking of them とする。または仮主語を用いて It makes your mouth water to just think of them. とも表現できる。
▶「口につばが出る」。「唾」は saliva (唾液), spit (吐き出した唾)である。ここでは「食欲をそそる；よだれを出させる」の慣用句である make a person's mouth water を用い (Just to think of them [Just thinking of them]) makes your mouth water. と言う。または動詞の water (口からよだれを出

第 3 章　和文英訳問題　　　　　　　　　　　　　　　　83

す)を用いて Your mouth is watered [starts to water] (at the thought of them). とも表現できる。
[7] ▶「**一年中**」all (the) year round; all through the year; throughout the year.
▶「**〜あります**」。「入手可能」のことなので available を用いる。ここは「(飲食物を)味わう」という動詞 taste を用いて We can taste scallops. あるいは find を用いて You'll find scallops (throughout the year). 受動態にして The scallops can be found (all year round). とも表現できる。
▶「**冷凍技術の進歩**」the advanced freezing technology; the development [advancement] of freezing technology; improved refrigeration and freezing technologies.
▶「**(進歩)による**」。原因・結果を帰すべきことを表すので (be) due to の用法が最適である。be 動詞の後に用いる。His absence is due to illness.「休んだのは病気のためである」(＝He was absent because he was ill.) ☆due to は副詞的にも用いる。The game was postponed due to the rain.「試合は雨のため延期された」(＝The game was put off because of [owing to] the rain.)
▶「**〜すぎず**」simply; only; merely などで対処できる。
▶「**福音**」。キリスト教で用いる「福音」は the gospel である。新約聖書の最初の 4 編(マテオ・ルカ・マルコ・ヨハネの各福音書)を指す。「福音」は聖書の解釈では「よい知らせ、喜ばしい知らせ」とい意味であり good news また(genuine) blessing の英単語がよく用いられている。
▶「**〜かどうかわりません**」。I don't know [I'm not sure] if S＋V. ここは wonder if (S＋V).「ではないかと思う; 〜かしら(と思う)」を用いることもできる。「本当かしら」I wonder if it's true. / I wonder if it can be true. /「福音ではないかと思う」I wonder if it is a blessing.

【解答例】
(1) Japanese often say that they make much of the season, but in fact I cannot help but think that Japanese cuisine really makes little of the season. Vegetables and fruits are harvested so early when they are not yet fully ripe enough to eat them. Moreover, they are extremely expensive because they are produced out of season and obtained rarely in number, even though they are not very delicious. Seasonality of various ingredients in Europe is much more clearly defined than in Japan. For instance, you can find

asparagus in early summer, mushrooms and wild game for meat in autumn, and oysters and scallops in winter. Just to think of them makes your mouth water. Scallops are available all year round in Japan, but it is simply due to the development of freezing technology. I don't know if it is a blessing or not.

(2) I cannot help thinking that Japanese cuisine does not value the season, though Japanese insist that they place great importance on it. Vegetables and fruits are harvested too early before they are fully ripe and develop their tastes and flavors. On top of that, they are ridiculously expensive for rarity value out of season. Europe enjoys much more seasonal accentuation than Japan. Asparagus in early summer, mushrooms and game in autumn, oysters and scallops in winter; just to think of them makes my mouth water. Scallops are available all through the year in Japan. But this is due to the advanced freezing technology, and I'm not quite sure if it is a blessing or not. (JNTO 訳)

2. 応用問題

【例題 1】

次の文章を英語に訳しなさい。

(1) 京都では、東京や大阪のように地下鉄が四通八達はしていないから、網の目のように路線をのばしたバスで名所巡りをすることになる。市内は原則として均一料金で 220 円、郊外は乗車券に整理券を取り、降車時に規定の料金を支払う。

(2) 焼酎は日本酒と並んで、古来から日本人に親しまれてきました。以前は焼酎というと庶民だけが楽しむものというイメージありましたが、今では居酒屋や高級料亭まで幅ひろい場所で愛飲されています。

第3章　和文英訳問題

【傾向】　(1)「日本観光事情」の交通事情に関する問題である。(2)「日本文化事情」の飲食物に関する問題である。いずれも、口述（第二次）試験とも非常に関連が深い。

【解法】
(1)「京都の交通事情」

▶「(地下鉄の)四通八達（しつうはったつ）」とは、鉄道や道路が四方八方に通じていて、交通の便が非常に良いことの意味である。arterial routes (of the subway) which stretch [extend] in all directions（四方八方に伸びる[広がる]（地下鉄の）幹線路）; arterial traffic (of the subway) accessible from all directions（四方八方からアクセスできる（地下鉄の）幹線交通）などと表現できる。

▶「網の目のような路線」network of roads which spread over the entire city（全市に巡らす道路網）; cobweb-like routes which extend the whole city（全市を巡る蜘蛛の巣のような路線）。ここでは簡潔に go everywhere in the whole city（全市至る所に走行する）と解釈する。

▶「名所巡りをする」make a trip of noted spots of interest; make a trip of places of scenic interest などとも表現できる。¶お寺[お宮]巡りをする make a pilgrimage to temples[shrines] / (奈良)の名所巡りをする make a tour of sights in (Nara); enjoy sightseeing in (Nara) / do [see] the sights of (Nara).

▶「均一料金」flat rate [fee] (of 200 yen). ¶均一料金で at the flat rate.

▶「原則として」in principle; as a (general) rule. ここでは「距離と無関係に」と解して regardless of distance とも言える。

▶「乗車する」get on (a bus). ☆対義語の「降車[下車]する」は get off (a bus).

▶「整理券」(番号をつけた券) numbered ticket (to give people in the order of their arrival); number ticket (to determine order of service). ☆「(列の番号を示すための)整理券」an order-in-line ticket.¶整理券を取る[配布する] pick up [hand out] a numbered ticket.

▶「規定の料金」regulation fare; regular [proper] fare. ここは「運賃」（乗り物の料金）であるため fare を用いる。¶彼はキセル乗車がばれ、規定料金の3倍の料金を払った。He had to pay the fine amounting to three times the regular fare, because they caught him cheating on fares. ☆「料金」は内

容によって用語が異なる。rate（価格・相場）, charge（使用料）, fee（手数料・謝礼）, price（物価）, toll（通行料）。

【解答例】
In Kyoto, a tourist can make a trip of noted spots of interest by using the buses which go everywhere in the whole city, because there are not such arterial subway routes stretching in all directions as in Tokyo and Osaka. On the most routes within the city, the bus fare is a flat rate of 220 yen in principle. In the suburbs, a passenger takes a numbered ticket when getting on the bus, and pays the regulation fare when getting off.

(2) 「焼酎と日本酒」

▶「焼酎」 *shochu*; a (low-class) distilled liquor; a traditional Japanese alcoholic beverage distilled from rice, sweet potatoes. etc.¶ 焼酎のお湯割り *shochu* mixed with hot water

▶「日本酒」 *sake*; Japanese rice wine; a traditional Japanese alcoholic beverage made from fermented rice and water. ☆「甘口」(mild [light] *sake*) と「辛口」(dry *sake*) がある。

▶「古くから」 since ancient times; from olden times; for a long time. 単に long とも言う。

▶「親しまれる」。「人気がある」ことなので be familiar to (nearly everyone); be popular among [with] (many people); be commonly known as (the finest sake) などと表現できる。

▶「以前は … だった」。過去の状態を示すので used to (do) を用いる。¶ 彼はこの学校の教師だった。He *used to* be a teacher in this school.　☆be used to (doing)「～慣れている」(動名詞)。¶ 彼はこの車の運転には慣れている。He *is used to* driving this car.

▶「イメージがある」have a good [bad] image; conjure up images of（イメージを呼び起こす）。ここは「庶民だけが楽しむものだと見なされていた」という意味合いがあるので regard as ～（見なす）を用いるほうが英語流である。☆image のアクセントと発音、特に和製英語には要注意である。「イメージダウン」damage the image (of); harm one's image /「イメージアップ」improve the image (of); polish one's image /「イメージチェンジ」change one's looks.

▶「庶民」common people; ordinary citizen; man on the street

▶「居酒屋」(＝飲み屋) Japanese drinking tavern; 〈米〉saloon; 〈英〉pub (public house の短縮形)。☆「赤ちょうちん」a Japanese-style cheap pub [drinking tavern] (often hanging a red lantern at an outside entrance)
▶「高級料亭」high-class [exclusive] Japanese-style restaurant. ☆「高級ホテル」high-class[-rate] hotel /「高級品」high-quality goods [articles] /「高級住宅地」exclusive residence.
▶「愛飲する」love [be fond of] drinking (a brand of whiskey) regularly; drink one's favorite drink habitually. ここは簡潔に enjoy「(飲食物)を楽しむ」を用いて対処できる。

【解答例】

Shochu, a distilled alcoholic beverage, has long been familiar to the Japanese along with Japanese *sake* wine, a fermented alcoholic beverage. *Shochu* used to be regarded as a drink only for the common people. But it is now widely enjoyed in many places ranging from Japanese taverns to exclusive Japanese-style restaurants.

【例題2】

次の日本語を英訳しなさい。

　白川郷・五箇山の合掌造り集落、そして富士山などが日本の世界遺産として登録された。集落や町並み全体を、そのまま保存しようという動きがこのところ次第に高まっている。
　日本政府が四つの祝日を月曜日に移した「ハッピーマンデー」制によって、土日が休める人は3連休が増えるようになった。大型連休や観光シーズンを迎えて、これらの土地を訪ねる人たちも多くなる。しかしいたずらに物珍しげな観光客として制限地域にところかまわず入りこんだり、マイカーを乗り入れたりして、貴重な景観や文化財を損なうようなことがあってほしくない。

【傾向】　今も昔も変わらない日本の景観に関する「**日本観光事情**」の出題であ

る。また「**日本の世界遺産**」(例:「白神山地」)に関する内容はよく出題されることが多い。和文英訳あるいは英文和訳、とりわけ英文日本紹介を問わず、通訳ガイド試験対策には欠かせない。特に口述(第 2 次)試験対策と並び実務的にも研鑽(けんさん)することが問われる。ここでは便宜上センテンス毎の 4 つの文([1]〜[4])に区切って解法を検討する。

【解法】

[1] ▶「**集落**」village; town; community. 文脈から世界遺産の内容であるため traditional [historical] village とするほうがよい。

▶「**町並み**」a row of (old) houses.「道」に重点をおけば a street of houses and stores.「店」に重点をおけば houses and stores on a street. ここは単に street だけでも処理できる。

▶「**そのまま**」。様態を表す as を用いる。「部屋をそのままにしておく」leave the room as it is. したがって「過去」に重点をおけば as they [villages and streets] originally were.「現状」に重点をおけば as they originally are. と表現する。originally は「もとは、元来」の意味で「元来あった状態」を強調する。ここでは in their original condition とも言える。

▶「**動き**」movement; action. ここでは保存しようとする社会的な運動なので campaign を用いることもできる。

▶「**次第に高まる**」。まず「主語」を決めることが先決。次に「高まる」の意味内容を把握すること。movement (動き)を主語にすれば「日本中で関心をよぶ」draw attention throughout Japan. あるいは the Japanese (日本人)を主語にすれば「関心をもつ」take an interest in などと解釈する。ここは過去から現在に「継続」しているので現在完了形を用いる。いずれも「最近の事情」を表しているので recently; lately; of late, nowadays などの単語を用いるとよい。

[2] ▶「**移す**」remove; shift; transfer.¶本店から支店に移す transfer from the head office to a branch.

▶「**(土日が)休める人**」。これは「(土日に)仕事をする必要がない人」people who do not have to work (on Saturdays and Sundays). または「(土日に)仕事が休める人」people who are off work (on Saturdays and Sundays) などと表現できる。

▶「**3 連休**」three consecutive holidays.「週末前後の 3 日」のことを指す。前文で national holiday のことが述べられているので a three-day weekend で処理できる。「週末前後でない 3 日」であれば three consecutive days と

第3章　和文英訳問題　　　　　　　　　　　　　　　　　　　　89

　　する。☆「自分で5連休を取る」take five consecutive holidays [vacations] on one's own.
▶「増える」increase; be on the rise.「増える」という動詞の主語(または目的語)は、文脈から判断して3連休の「頻度(数)」(frequency)を指している。
[3]▶「大型連休」a long holiday [vacaton]: an extended holiday. ☆「ゴールデンウィーク」Golden Week Holiday [Holiday-studded Week]. 次の語句を用いて補足説明するとよい。the season of successive holidays from late April to early May [from the end of April to the beginning of May]. あるいは a long holiday between [in] late April and early May 余裕があれば April 29 (Showa Day), May 3 (Constitution Memorial Day), May 4 (Greenery Day) and May 5 (Children's Day) を補う。
▶「～を迎えて」。日本語の字句にとらわれず「～が始まろうとするので」と考え、分詞構文で対処する。
▶「～人たちも多くなる」。主語＋動詞の関係を考えると「～人たちの数が多くなる」わけである。☆冠詞と動詞には要注意。The number of old people is on the increase year by year.（～の数）と A number of young people are on the decrease year by year,（多数の～）。
[4]▶「いたずらに物珍しげな観光客」。ここでは動詞(「物珍しく入り込む」)と結びつけるほうがよい。「物珍らしげに」は「好奇心から」(out of [from] curiosity) と対処する。Visitors trespass (the restricted areas) out of curiosity. と表現できる。
▶「制限地域」。「立ち入りを制限した地域」のことなので restricted area; limited area. ☆「立ち入り禁止区域」out-of-bounds area;〈英〉no-go area; Keep Out sign.
▶「ところかまわず入り込む」。「軽率に侵入する」と解して trespass thoughtlessly; intrude rashly とする。go unlawfully into を用いることもできる。
▶「マイカーを乗り入れる」。「運転してまわる」と解して driving around とする。「マイカー」は和製英語。英語では one's own car; a private car と言う。¶マイカーで通勤する commute to work in my own car.
▶「貴重な景観や文化財」important natural landmarks [scenic beauty] and cultural assets [properties]. ☆「重要無形文化財」important intangible cultural asset [property].
▶「損なう」damage; cause [do] damage (to); spoil.¶美観を損なう spoil the beauty (of).

▶「あってほしくない」。「It is not hoped that＋肯定文」または「It is hoped that＋否定文」のいずれかの構文にする。ここでは「文全体に対して希望する」(It is hoped that＋否定文)と簡潔に肯定的表現で対処するほうが英語的な表現になる。

⇨「ハッピーマンデー制度」(48頁)

【解答例】

"Historic Villages of Shirakawa-go and Gokayama", and "Fujisan, Sacred place" were registered as World Heritage Sites in Japan.

(1) Movements to preserve whole traditional villages and streets as they are have recently started to draw attention throughout Japan.//The Japanese have been lately taking an interest in the campaign to keep all the historical villages and rows of old houses in their original condition.

(2) Under the "Happy Monday" system the Japanese government moved four national holidays to Mondays, thereby increasing the frequency of three-day weekends for people who do not have to work on Saturdays and Sundays.// As the Japanese government transferred [shifted] four national holidays to Mondays under the "Happy Monday" system, the frequency of three-day weekends for people who are off work on Saturdays and Sundays is on the rise.

(3) The extended holidays and the tourist season being about to start, the number of people visiting these places will inevitably increase.

(4) It is to be hoped that these visitors will not cause damage to the important natural landmarks and cultural assets by trespassing thoughtlessly and driving around carelessly into restricted areas [places]. // Hopefully these tourists will not damage the important scenic beauty and cultural properties by intruding rashly out of curiosity and driving their own [private] cars recklessly around the limited areas [sections].

【例題 3】

次の日本語を英訳しなさい。

　外国からの旅行者が日本に来て、まず驚くのは治安の良さでしょう。タクシーなどで忘れ物をしても、大抵の場合、ホテルや交番に届けられる。また和風旅館の部屋には鍵もかかっていない。さらには夜遅く単独で若い女性が地下鉄や

バスに乗り、強盗や犯罪者に襲われる心配もなく帰宅する風景も珍しくない。しかし最近では悪質な振り込め詐欺など新しい犯罪が増加する傾向を示し、必ずしも楽観は許されないのが現状である。

_____
_____
_____
_____

【傾向】　2013年ブエノスアイレスで開かれたIOC総会で「2020年東京五輪」開催地の招致レースで競り勝った。そのときに使用された「オ-モ-テ-ナ-シ」（HOSPITALITY）のスピーチの中で強調されたキーワードの「日本の安全性」に関する「日本事情問題」である。

【解法】
▶「治安の良さ」the advantage of public peace and security.「治安の良さ」の主語は「日本」（Japan）である。したがって（Japan is）an incredibly safe and peaceful place（to live in）.と表現する。
▶「忘れ物をする」leave（something）behind inadvertently［carelessly］（on a taxi）.
▶「犯罪者」criminal. ここでは「夜遅く」なのでmolester（痴漢者）を用いた。
▶「（悪質な）振り込め詐欺」（wicked［vicious］）money-transfer fraud; fraud involving unjustified payment demands; a remittance［billing］fraud［scam］;「振り込め詐欺加害者」(a group of) swindlers who try to steal money by bank transfer fraud.「振り込め詐欺被害者」a victim of billing fraud; a victim to a bank transfer scam. ☆「オレオレ［俺・俺］詐欺」money-transfer fraud; a pretense of［pretending to be］a son（or grand-son）in trouble who calls an elderly person to demand money. 単にa "hey, it's me" scam などとも言う。
▶「必ずしも楽観は許されない」（部分否定）. We can<u>not</u> <u>always</u> be optimistic（about this present situation）.

【解答例】
Travelers from abroad will be surprised to find that Japan is an incredibly safe and peaceful place to live in. Even if they inadvertently leave behind their valuables in a taxi, they will in most instances return to their hotel

or be contacted by the police. The doors of the guest rooms at Japanese inns are not locked. It is not so strange that young lady can ride the subway or the bus by themselves at night. Moreover they can walk home late at night without fear of being attacked by thieves or molesters. However we cannot afford to be overly optimistic regarding this present condition, because types of crimes such as wicked money-transfer fraud have been on the increase recently.

第4章　英文読解問題

「通訳案内士試験問題」の冊子には、下記の注意事項がある。《受験者本人の参考用としての個人使用以外の行為を禁ずる。複製・転売を禁ずる》。したがってJNTO(日本政府観光局)の「通訳案内士試験」(「筆記試験過去問題」の項目)をインターネットで検索すると、「出典元よりのため引用された問題文」はすべて削除されている。JNTOによれば、「書籍」だけなく「インターネット」による試験問題の掲載・掲示の悪用はすべて違法行為とされている。しかし、その試験問題には「設問の形式」が記載されている。本書では出典元の許可を受けて設問の内容を記載し、その「形式」に沿って「類似問題」を提示する。

【出題傾向】
試験問題すべてが「**客観テスト**」式の出題である。解答はマークシートでマークすることになっている。

【1】　出題の形式
新ガイドラインに沿って出題されている「形式」は下記のように分析できる。
(1)　「同意語」に関する出題
　　下線部(1)の語と同じ意味を表す語を一つ選びなさい。解答はマークシートの X にマークすること。
(2)　「単語の組み合わせ」に関する出題
　　空欄(A)(B)(C)に入れる語の組み合わせとして、最も適切なものを一つ選びなさい。解答は、マークシートの X にマークすること。
(3)　「語句の組み合わせ」に関する出題
　　空欄(1)(2)(3)(4)に入る語の組み合わせとして、最も適切なものを一つ選びなさい。解答は、それぞれマークシートの X にマークすること。
(4)　「並べ換え」に関する出題
　　下線部(X)を意味が通じるように並べ換え、(X)番目、(X)番目、(X)番

目に来る語を番号で答えなさい。解答はそれぞれマークシートの $\boxed{X}\boxed{X}\boxed{X}$ にマークすること。

(5) 「著者の意図・趣旨」に関する出題
著者は「XX」には何が必要であると述べているのか。最も適切なものを一つ選びなさい。解答はマークシート $\boxed{X}$ にマークすること。☆選択肢として4つの意図が提示されている。

(6) 「和訳」に関する出題
下線部(1)(2)の訳として最も適切なものを選びなさい。選択肢として4つの英文和訳がある。

【2】 出題の内容

出題された文章の最後にバイライン(byline)が記載されている。最近の出典「内容」を下記に列挙して整理する。

(1) Edward T. Hall. *The Silent Language*. 『沈黙のことば』. Anchor Books.
(2) David Galef. *Japanese Proverbs*. 『日本の諺』. TUTTLE Publishing.
(3) Takako Suzuki. *Words In Context*. 『文脈おける言語』(日本人と西洋人の異文化論)
(4) Roger J. Davis and Osamu Ikeno. *The Japanese Mind*. 『日本人の心』
(5) J.C.M. Matsumoto. *With Respect to the Japanese*. 『日本人論』
(6) Parramore L.C.D. Gong. *Japan Home*. 『日本の家屋』
(7) Jenifer Mitchellhill. *Castles of the Samurai*. 『武士の城』
(8) *The Cambridge Companion to the Modern Japanese Culture*. 『近代日本文化の側面』
(9) *Japan through the Looking Glass*. 『鏡を通して見る国日本』
(10) *Japan's Cultural Code Words*. 『日本の文化規範の言語』
(11) Shane Sakata. *Ryokan: Traditional Japanese Accommodations*. 『旅館：日本の伝統宿泊施設』

上記の内容に見られるように「**日本文化・日本事情**」に関する出題である。上記だけの内容に限らず幅広く対応する柔軟性が問われる。要は「英文」を理解することが先決である。とは言え、内容が「日本文化・日本事情」であるだけにその固有な英語の学習は避けて通れない。

【推薦図書】

(1) 『英語リーディングの探求』(研究社刊)

第4章　英文読解問題　　　　　　　　　　　　　　　95

(2) 『思考力をみがく英文精読講義』（研究社刊）
(3) 『新々英文解釈研究』〔新訂新版〕（研究社刊）

1. 既 出 問 題

★協力：弘前大学出版会（acknowledgement）

次の英文を読み、以下の問いに答えなさい。（20点）

Shirakami-sanchi straddles the border of Aomori and Akita prefectures, and faces the Japan Sea. A small mountainous district of approximately 130,000 hectares, its ranges average around one thousand meters in height, its highest peak, Mukai-shirakami-dake measuring 1,250 meters. (A) small in scale, nature remains largely unspoiled here, (ア) (① from, ② to, ③ Japan, ④ central, ⑤ separates, ⑥ the, ⑦ it, ⑧ thanks, ⑨ which, ⑩ distance) and the absence of major railways and highways that has resulted (B) its late development.

A plan was made in the late 1970s, to construct a road that cut through the forests from the village of Meya, in Aomori prefecture, to the town of Hachimori-machi (present-day Happo-cho) in Akita prefecture, Intense debate over (イ) the pros and cons of this plan continued throughout the 1980s.

It was finally rejected, due to strong public opposition (C) the excessive development of land implemented during a period of rapid economic growth and a bubble economy, and a "(1)" campaign launched against extensive logging carried out by the Forestry Agency. At this time, the Forestry Agency designated an area of approximately 17,000 hectares central to Shirakami-sanchi as a forest ecosystem reserve. In 1992, practically the same site was designated once again, by the then Environmental Agency as a nature conservation area. At the same time, it was nominated as a natural heritage, according to the stipulations of the world heritage convention signed by Japan that year, and became one of the first Japanese sites to be designated as a (2), along with the island, Yakushima, in Kagoshima prefecture.

The excellent sample of a (3) situated in a cool temperature zone of the

northern hemisphere provided the grounds (D) its designation.
(ハンナ・ジョイ・サワダ/北原かな子(編・訳)『日本語と英語で読む津軽学入門』弘前大学出版会より一部改編)

1–1 空欄(A)(B)(C)(D)に入れる語の組み合わせとして、最も適切なものを一つ選びなさい。解答は、マークシートの ☐1☐ にマークすること。
① Although – in – to – for
② However – from – to – for
③ Despite – in – for – to
④ Instead – from – for – to
⑤ Although – in – at – on
⑥ However – from – at – on
⑦ Despite – in – under – in
⑧ Instead – from – under – in

1–2 下線部(ア)を意味が通るように並び替え、2番目、7番目、10番目に来る語を番号で答えなさい。解答は、それぞれマークシートの2番目は ☐2☐ に、7番目は ☐3☐ に、10番目は ☐4☐ にマークすること。

1–3 下線部(イ)の語と同じ意味を表す語句を一つ選びなさい。解答はマークシートの ☐5☐ にマークすること。
① the black – and – blue mark   ② the life – and – death struggle
③ the arguments for and against   ④ the peaches and cream
⑤ in peacetime and in wartime   ⑥ the advance or retreat

1–4 空欄(1)(2)(3)に入れる語の組み合わせとして、最も適切なものを一つ選びなさい。解答は、マークシートの ☐6☐ にマークすること。
① pristine forest ecosystem – save the beech trees – world natural heritage
② pristine forest ecosystem – world natural heritage – save the beech trees
③ save the beech trees – world natural heritage – pristine forest ecosystem
④ save the beech trees – pristine forest ecosystem – world natural heritage

1–5 本文の内容に一致しないものを一つ選びなさい。解答は、マークシートの ☐7☐ にマークすること。
① 白神山地は1,000m内外の山地の山並みの続く小規模な山地である。
② 白神山地を横断する林道の建設計画は、高度経済成長期に中止された。

③ 白神山地の中心部を森林生態系保護地域に指定したのは林野庁であった。
④ 白神山地は北半球冷温帯の原生度の高い森林生態系の優れた見本だと評価されている。

【解答】　☆本試験の解答用紙は縦書きであるが、本書では横書きにしてある。

問題番号	1	2	3	4	5	6	7
正解	1	2	7	3	3	3	2

【解法】
1–1　文章を理解したうえで正しい「語句」を選択する。英単語の知識が問われる。

　1 —①　although – in – to – for
(A)　《主旨》　白神山地は青森・秋田の両県にまたがり、日本海に面している。面積は約13万ヘクタールの山が連なる小規模な山地で、山並みの続く高度は平均1,000メートル内外であり、その中の最高峰は1,250メートルの向白神岳である。小規模ではあるが、当地の自然は大部分損なわれずに残されている。(⇨[1–2])

　▶ **Although** S+V=**Although** (it is) small in scale, nature remains largely spoiled here.
「譲歩構文」である。「SはAではあるけれども、それでもBである」という概念である。本文での「A」はsmallであり、「B」はlargely unspoiledであり、対比している。¶**Although** it was very late at night, she went out for a walk.「かなり夜更けになっていたのだが、彼女は散歩に出かけた」
　☆**Despite** の場合は despite that S+V、または despite of＋noun. の構文となる。**However** の場合は (A) small だけに限って使用すれば正解である。しかし本文では (B) largely がある。因みに、従属接続詞 (although/when等) の節 (clause) では主節の主語と関連する場合は it is は省略されること多い。

(B)　《主旨》　また開発が遅れた結果をもたらした主要鉄道や道路がないおかげでもある。

　▶ **result in** ～「(結果的に)～に終わる；～をもたらす」(＝end in). 因果関係の構文である。¶Accidental bodily injury resulted **in** death.「事故による身体傷害は結果的には死を招いた」
　☆**result from** ～「(結果)が(原因)から生じる」。¶Most of the success

resulted from careful preparations.「ほとんどの成功は注意周到な準備から来ている」

因みに、result が「名詞」の場合 **as a result of** 〜「〜の結果として」の成句がよく使用される。¶*As a result of* careful preparations, he succeeded in the national examination.「周到な準備をした結果として国家試験に合格した」

（C）《主旨》 その林道計画が最終的に中止された原因は、高度経済成長期からバブル経済期に行われた過度な国土開発に対する世間の激しい反対、それに林野庁によって行われた広範囲な伐採に反対して始められた「ブナ林を守ろう」運動であった。

▶**opposition** *to* 〜「〜への反対［対抗］」。¶They expressed their opposition *to* the plan［racism］「計画［人種差別］への反対を表明した」

（D）《主旨》 白神山地は冷温帯の原生度の高い森林生態系の優れた見本であることが、その指定（のため）の根拠となっているのである。

▶**provide A** *for* **B**「B（のため）にA を提供する［与える］」（＝provide B **with** A）。**provide the grounds** *for* **its designation**.「指定するための根拠を提供する」。原生度の高い森林生態系が白神山地を世界遺産に指定［登録］（designation）するための根拠（grounds）となったのである。**for** は登録の理由・目的を示す。¶She *provided* food *for*［to］her children.「彼女は子どもたちに食べ物を与えた」（＝She provided children *with* food.) 因みに、grounds（不可算名詞）はしばしば複数形で「根拠・理由・原因」の意味がある。¶lack legal grounds to「〜する法的根拠に欠ける」

1-2 提示された語句を「並べ替え」て文章を構成する。文法・語法の知識が問われる。

| 2 |—② **to** | 3 |—⑦ **it** | 4 |—③ **Japan**

《主旨》 **thanks** *to* **the distance which separates** *it* **from central** *Japan*
「そのことは日本の中央部と白神山地を分け隔てる距離があったおかげである。」
（番号順に並べると ⑧ ② ⑥ ⑩ ⑨ ⑤ ⑦ ① ④ ③ の順になる）

　▶**thanks to**（〜）［1］（〜）のおかげで（＝owing to; due to; because of）。［2］（〜）のため［結果］。¶It's all *thanks to* you.「何もかもあなたのおかげです」文脈（context）では「白神山地は小規模だが、豊かな大自然が手つかずに残されている」と記載されている。その理由を伝える関連語句は ⑧ **thanks** と ② **to** 〜 である。to の目的語となる名詞と結び付く。文脈では、白神山地は青森県と秋田県にまたがり、日本の中央部から遠いのである。したがって「距

第4章　英文読解問題　　　　　　　　　　　　　　　　　　99

離」の概念が着想され、⑥ **the** と ⑩ **distance** となる。
　その後には the distance を説明する関係代名詞の ⑨ **which** ～ が続く。the distance は先行詞で限定されているため定冠詞（the）を伴う。関係代名詞節にはまず動詞の ⑤ **separates** が来る。separate は他動詞であるため ⑦ **it**（＝Shirakami-sanchi）の目的語を置く。
　separate A from B（A と B を分け隔てる）の構文に準じる場合、残るのは ① **from**＋④ **central**＋③ **Japan** と続く。最後に定冠詞（the）の処理だが the central part [area] of Japan と言うが、the central Japan とは表現しない。▶international airport in *central Japan*「中部国際空港」（＝Chubu Centrair International Airport located south of Nagoya in *central Japan*）

1–3 提示された語句に対する「同じ意味を表す語句」を選択する。同意語（句）の知識が問われる。

5 ―③

《主旨》　1970年代後半には、青森県目屋村から白神山地の森林を縦断して秋田県の八森町（現在の八峰町）までつなぐ林道建設計画が立てられた。1980年代を通して、林道計画の是非を巡る激しい議論が絶えることなく続けられた。
③▶**the pros and cons**（of this plan）「（この計画に関する）賛否両論；是非」¶There are opinions on the *pros and cons* of this problem.「この問題に賛否両論の意見がある」
　pro はラテン語で for（～のために；～に賛成して）の意味。本文では「賛成意見」のこと。con はラテン語で against（～に逆らって；～に反対して）の意味。本文では「反対意見」のこと。pro and con はラテン語（＝pro et contra）を語源とする単語で、英語で表現する場合 for and against または the arguments for and against となる。それに英語（名詞）式の複数形を表す "s" を伴い "pros and cons" として使用している。

1–4 提示された語句を「挿入」して正しい文章を構成する。文脈の理解が問われる。

6 ―③　save the beech trees – world natural heritage – pristine forest ecosystem

(1)《主旨》　過度な土地開発に対する世論の反対があり、さらには林野庁のブナ林の過度な伐採に対して蜂起したのは「ブナ林を守ろう」運動である。
▶a (**save the beech trees**) campaign「ブナ林を守る」運動。☆beech「ブナ(木)」。ブナ属の落葉性広葉樹の総称。本文にあるように、1980年代には青秋林道計画に関する議論がなされたが、その最中にはブナ原生林を守る運動が

起った。1990年には林野庁は白神山地を「森林生態系保護地域」に指定した。
(2) 《主旨》 この頃、林野庁は白神山地中心部の約1万7,000ヘクタールの地域を森林生態系保護地域に指定した。1992年には、事実上同じ地域が再度環境庁によって(自然環境保全法に基づく)自然環境保全地域に指定された。それと同時に、日本がその年に批准した世界遺産条約の条項に従って、(1993年)白神山地は、鹿児島県の屋久島と並んで、日本で最初の世界自然遺産の一つとして登録されたのである。

▶world natural heritage「世界自然遺産」。1993年世界自然遺産に登録された理由として「人の影響をほとんど受けていない原生林のブナ天然材が世界最大級の規模で分布されている」と記載されている。⇨「日本のユネスコ世界遺産」(171頁)

(3) 《主旨》 白神山地は冷温帯の原生度の高い森林生態系(保護地域)の優れた見本である。

▶pristine forest ecosystem (reserve)「原生度の高い森林生態系(保護地域)」

☆「森林生態系」とは、豊かな「樹木」だけでなく、そこに生きる「動植物」などの多くの生物が生息し、さらには空気や水・光などの適切な「環境」などから成る総称である。forest ecosystem は「森林の環境と生物の組織網」とも解釈されている。

1–5 文章の意味内容に関する理解を深める。英文読解力が問われる。

　　7—② 「一致しないもの」

《主旨》「高度経済成長期に中止された」(不正解)

　　正解は次の内容である。It was finally rejected, due to strong public opposition to the excessive development of land implemented during a period of rapid economic growth and a bubble economy. ⇨和訳は **1–1(C)** (98頁)を参照。

【参考】「一致するもの」本文から抜粋する。
① 白神山地の高さは約千mである。its ranges average around one thousand meters in height.
③ 白神山地の森林生帯保護地域は林野庁によって指定された。Forestry Agency designated an area central to Shirakami-sanchi as a forest ecosystem reserve.
④ 白神山地は森林生態系の見本である。The excellent sample of a pristine forest ecosystem situated in a cool temperate zone of the northern

hemisphere.

2. 応用問題

【例題 1】

次の英文を読み後の問いに答なさい。

　The earliest Japanese literature shows a keen appreciation of the beauties of seascapes, mountains, and wooded dells, and today Japanese are avid visitors to renowned beauty spots, sometimes all but destroying them in their enthusiasm. (1) peerless Fuji, there are the famous "three landscapes of Japan" (*Nihon sankei*) — Miyajima, a temple island in the Inland Sea near Hiroshima, Ama-no-hashidate, or "Bridge of Heaven," a pine-covered (イ) sandspit on the Japan Sea coast north of Kyoto, and Matsushima, a cluster of picturesque pine-clad islands in a bay near the city of Sendai in northern Japan. Most localities in Japan are likely to have their own three or eight landscapes, and there are thousands of other beauty spots and hot spring resorts, (2) innumerable less known places of beauty. Unlike the grandeur of the American West, (ア) ① scale ② the ③ natural ④ of ⑤ the ⑥ beauty ⑦ for ⑧ small ⑨ part ⑩ and ⑪ Japan's ⑫ is ⑬ most ⑭ intimate. This smallness of scale has perhaps lent itself to the Japanese effort to capture and preserve nature in small bits, as in their miniaturized gardens. The chief exceptions to the smallness of scale are the high mountains of central Japan and the longer vistas of the northern island of Hokkaido. (3) absorbed into Japan until the latter part of the nineteenth century. Hokkaido has stretches of landscape as well as a thinness of population more reminiscent of North America.
　Ironically, the Japanese, for all their love of nature, have done as much as any people to defile it. This may have been inevitable in a country with the highest levels of population and production per habitable square mile. Beautiful green hills have been (A) down for factory or living sites and to provide fill for land recovered from the sea. More distant mountains have disappeared (4) industrial smog. Urban blight sprawls across much of the agricultural countryside. Mountains have been (B) by so-called "skyline

drives" to accommodate the city tourist. (C) beauty spots are half buried in hotels, restaurants, and trinket shops. But (ウ) the greater part of Japan today is thinly populated, and anywhere off the beaten track it remains a land of great natural charm and beauty. (出典： Edwin O. Reishauer: *THE JAPANESE*)

Credit Line: Reprinted by permission of the publisher from THE JAPANESE by Edwin O. Reischauer, pp. 9–10, Cambridge, Mass.: The Belknap Press of Harvard University Press, Copyright ©1977 by the President and Fellows of Harvard College.

1–1 空欄(A) (B) (C)に入れる語の組み合わせとして、最も適切なものを1つ選びなさい。解答は、マークシートの □1□ にマークする
① defaced — renowned — hacked
② renewed — hacked — defaced
③ defaced — renowned — hacked
④ hacked — renowned — defaced
⑤ defaced — aided — renowned
⑥ hacked — defaced — renowned

1–2 下線部(ア)を意味が通じるように並べ換え、2番目、6番目、11番目に来る語を番号で答えなさい。解答はそれぞれマークシートの2番目は □2□ に、6番目は □3□ に、11番目は □4□ にマークすること。

1–3 下線部(イ)の語と同じ意味を表す語を一つ選びなさい。解答はマークシートの □5□ にマークすること。
① sandbar ② sand basin ③ sandbox ④ sand dike
⑤ sand dune ⑥ sand erosion ⑦ sandlot ⑧ sandpit

1–4 空欄(1)(2)(3)(4)に入る語の組み合せとして、最も適切なものを一つ選びなさい。解答は、それぞれマークシートの □6□ にマークすること。
① in addition to — as well as — not fully — behind
② not fully — in addition to — as well as — behind
③ as well as — not fully — behind — in addition to
④ behind — in addict to — not fully — as well as

1–5 下線部(ウ)の訳として最も適切なものを一つ選びなさい。解答は、マークシートの □7□ にマークすること。

① 日本の大部分は、今日も人口が減少するが、人気の高い地域に足を運べば壮観で魅力的な自然美が見事に残存する。
② 日本の大部分は、今日も人口増加の気配がないが、ひとたび観光客が足を踏み入れた地域に行けば、素晴らしい自然の景観美が汚されずに残されている。
③ 日本の大部分は、いまだに人口数が少くなり、観光に行く旅客も減るが、魅了する自然の景観美だけは昔とかわらずにすばらしく残されている。
④ 日本の大部分は、いまなお人口が希薄で人跡まれな地域をえらべば、そこには素晴らしく魅力的な自然美が昔のままの姿を残している。

◇◇◇

【解答】

問題番号	1	2	3	4	5	6	7
正解	6	1	6	9	1	1	4

【解法】
1-1　1 ― ⑥《**hacked ― defaced ― renowned**》
[A]《主旨》Beautiful green hills have been **hacked** down for factory or living sites and to provide fill for land recovered from the sea.
「美しい緑の丘陵は削り取られて工場や住宅地に変容し、その上は埋め立てに使われてきた。」☆**hack**(down)「たたき切る(＝cut roughly)；切り開く；(コンピューターに)不正侵入する」▶hack down a tree「木を切り倒す」
[B]《主旨》Mountains have been **defaced** by so-called "skyline drives" to accommodate the city tourist.
「都会地から繰り出した観光客のために便宜をはかるいわゆる「スカイライン道路」は、山々の外観を無残にも損なっている。」☆**deface**「～の外観を損なう」(＝destroy; spoil the appearance of)▶deface public property「公共物等を破損[汚損]する」cf. defacement「汚損」
[C]《主旨》**Renown** beauty spots are half buried in hotels, restaurants and trinket shops.
「由緒ある景勝地は、ホテルやレストラン、それに土産物店で半ば埋もれてしまっている。」
☆**renowned**「高名な、名声にある」(＝famous, noted)▶renowned brand「有名ブランド」/ world-renowned hotel「世界的に有名なホテル」

1–2　2 —①（**scale**）　3 —⑥（**beauty**）　4 —⑨（**part**）

☆Unlike the grandeur of the American West, the ***scale*** of Japan's natural ***beauty*** is for the most ***part*** small and intimate.

「アメリカ西部の雄大さとは異なり、日本の自然美の規模はおおむね小ぶりで親しみがもてる。」（番号順に並べると ② ① ④ ⑪ ③ ⑥ ⑫ ⑦ ⑤ ⑬ ⑨ ⑧ ⑩ ⑭ の順となるが、② と ⑤ はともに the なので入れ替わっても正解である）

1–3　5 —①《**sandspit**「砂嘴」＝**sandbar**》

① sandbar「（河口などの）砂州」　② sand basin「沈砂池」
③ sandbox「砂場」（＝〈英〉sandspit）　④ sand dike「砂岩岩脈」
⑤ sand dune「砂丘」　⑥ sand erosion「砂浸食」
⑦ sandlot「空き地」　⑧ sandpit「砂場」（＝〈米〉sandbox）

☆Amanohashidate, existing in Miyazu City, is a **sandspit** (geologically, a **sandbar**) 3.2 km long, lined with about 7,000 pine trees, and ranging in width from 20 m to 170 m at its base.

「宮津市にある天橋立は、約 7000 本の松林が続く長さ 3.2 km、幅 20 m から付け根が 170 m ほどの砂嘴である（地学上は砂州）」☆その他「美保の松原」（静岡県）、「野付半島」（北海道）、「住吉浜」（大分県）の砂嘴も有名である。

1–4　6 —①《**in addition to** — **as well as** — **not fully** — **behind**》

(1) **in addition to** peerless Fuji, there are the famous "three landscapes of Japan"（Nihonsankei）— Miyajima, Ama-no-hashidate and Matsushima.

「比類なき富士山以外にも［加えて］、日本三景―安芸の宮島、天橋立それに松島などがよく知られている」

(2) Most localities in Japan are likely to have their own three or eight landscapes, and there are thousands of other beauty spots and hot spring resorts, **as well as** innumerable less known places of beauty.

「日本の多くの地方は、その土地なりの「三景」や「八景」をもっているのが普通で、この他にも何万という景勝地や温泉場だけでなく、ちょっとした景観にいたっては無数にあるといえよう。」

(3) **Not fully** absorbed into Japan until the latter part of the nineteenth century, Hokkaido has stretches of landscapes as well as a thinness of population more reminiscent of North America.

「19 世紀後半に至ってやっと日本の完全な一部になった北海道は、その広大な広がりと人口の希薄さのため、むしろ北米を彷彿とさせる。」

(4) More distant mountains have disappeared **behind** industrial smog.
「はるか遠くの山々は産業スモッグの彼方にその姿を隠している」

1–5 ７ —④

ポイントは **off the beaten track** に関する知識である。この語句は観光用語の定番で、その意味は「穴場」または「一般的な観光コースから離れた所、あるいは通常観光客があまり利用しない観光ルート」（＝the place which is not commonly [frequently] visited or not widely known）のことを指す。反意語は beaten track「踏み慣らされた路」である。▶the place on the beaten track「観光地」

【例題 2】

次の英文を読み、以下の問いに答えなさい。

　World Heritage refers to cultural and natural sites — as well as sites that are mixed, both cultural and natural — with remarkable and universal value for all humanity. The sites themselves are chosen by the World Heritage Committee, according to terms spelled out in the "Convention for Protection of the World Cultural and Natural Heritage," which was adopted by UNESCO's 17th General Conference, in 1972. The goal of this convention is to stress to the world the importance of the World Heritage, and to promote international cooperation for its protection. This is rooted in the belief that World Heritage sites are not (A) the property of the country they are located in or of the people there. Rather, they are invaluable treasures belonging to all people who live on the earth, and their preservation is a task for all people. For this reason, it is the duty of the states party to the convention to protect not only the Heritage within their own borders, but also the Heritage within the borders of other countries.

　The World Heritage Committee has mainly three essential functions. The first is, basing its decision on (B) prepared criteria, to evaluate, review, and then decide which of the sites nominated by states party to the convention should be added to the World Heritage List. The second is to monitor the condition of preservation of the sites on the list. The third is to decide which sites are in serious danger and in urgent need of action, to include them on the "List of World Heritage in Danger", and to appeal to the world for help.

Behind World Heritage lies a new concept. For a long time, people had considered culture and nature to be in opposition to each other. One 《1》premise of World Heritage is, however, that culture and nature are (C) entwined and complement each other. The various cultural identities that peoples of the world have (ア) ⟨1⟩ all, ⟨2⟩ natural, ⟨3⟩ were, ⟨4⟩ peoples, ⟨5⟩ in, ⟨6⟩ lived, ⟨7⟩ environments, ⟨8⟩ those, ⟨9⟩ the, ⟨10⟩ where, ⟨11⟩ cultivated. And conversely, there are few natural environments that do not bear the mark of centuries upon centuries of human habitation.

Another new point is this: When people hear "heritage", they (D) think of "the great works of our ancestors" or "someplace spectacular", but World Heritage is not limited to just that. Along with such places as Peru's "Historic 《2》Sanctuary of Machu Picchu" and Australia's "Great Barrier Reef", places like Poland's "Auschwitz Birkenau German Nazi Concentration and Extermination Camp" and the "Genbaku Dome (Hiroshima Peace Memorial)" are also included on the list. The Genbaku Dome was the only left standing in line where the first atomic bomb exploded on 6 August 1945. Not only is it a stark and powerful symbol of the most destructive force ever created by humankinds: it also expresses the hope for world peace and the ultimate (イ) elimination of all nuclear weapons.

1–1 空欄(A)(B)(C)に入れる語の組み合わせとして、最も適切なものを1つ選びなさい。解答は、マークシートの 1 にマークする
① actually — usually — carefully — simply
② actually — carefully — usually — simply
③ simply — actually — usually — carefully
④ actually — usually — carefully — simply
⑤ usually — actually — simply — carefully
⑥ simply — carefully — actually — usually

1–2 下線部(ア)を意味が通じるように並べ換え、(3)番目、(7)番目、(10)番目に来る語を番号で答えなさい。解答はそれぞれマークシートの3番目は 2 に、7番目は 3 に、10番目は 4 にマークすること。

1–3 下線部(イ)の語と同じ意味を表す語を一つ選びなさい。解答はマークシー

トの 5 にマークすること。
① abolition.　② comprehension.　③ deletion.　④ justification.
⑤ privatization.　⑥ repression.

1–4 下線部《1》《2》の訳として最も適切なものを一つずつ選びなさい。解答は、それぞれマークシートの 6 と 7 にマークすること。
① 採決　　② 庇護　　③ 前提　　④ 合意
⑤ 居住区　⑥ 自治区　⑦ 保護区　⑧ 地区

1–5 本文の内容に一致しないものを一つ選びなさい。解答は、マークシートの 8 にマークすること。
(1) 世界遺産条約の目標は世界遺産の重要性を強調し、その保護に向けて国際協力を促進することである。
(2) 世界遺産委員会の役割は、登録される世界遺産の保護地区を推薦することである。
(3) 世界遺産には人類が犯した悲劇を二度と起こすことを戒める負の世界遺産もある。
(4) 世界遺産委員会の役割は、何らかの危機にさらされているか、もしくはその恐れがある物件を決定することである。

◇◇

【解答】

問題番号	1	2	3	4	5	6	7	8
正解	6	11	7	4	1	3	7	2

【解法】
1–1 1 —⑥ simply — carefully — actually — usually
[A]《主旨》…World Heritage Sites are not **simply** the property of the country they are located in or of the people there.
「世界遺産は単にその遺産を有する国や国民だけの財産ではない」
[B]《主旨》The first is, basing its decision on **carefully** prepared criteria, to evaluate, review, and then decide which of the sites nominated by states party to the convention should be added to the World Heritage List.
「第一に重要な役割は入念に準備された基準に基づいて評価すること、審査すること、そして締約国によって指名[推薦]されたどの遺跡が世界遺産に加えるかを決定することである」。☆**criteria**, criterions は criterion の複数形

108

で「(評価)基準、標準」の意味である。
[C] 《主旨》 … culture and nature are **actually** entwined and complement each other.
「文化と自然は現に密着に関連し、相互に補い合っている」 ☆**actually**「実際には、実質的に」(＝really; in fact)。**entwine**「からみ合う、巻きつく」密接に関係する状態を表す。
[D] 《主旨》 When people hear "heritage", they **usually** think of "the great works of our ancestors" or "someplace spectacular", but World Heritage is not limited to just that.
「世界遺産と聞けば、通常は祖先の傑作物またはどこかの壮観な観光地を想起するのだが、世界遺産はそのようなものとは限らない。」
☆**World Heritage Sites**「世界遺産」には、「文化遺産」(cultural heritage sites)、「自然遺産」(natural heritage sites)、「複合遺産」(mixed heritage sites)がある。

1–2 ☐2☐ ―⑪ **cultivated**　☐3☐ ―⑦ **environments**　☐4☐ ―④ **peoples**
《主旨》 The various cultural identities that people of the world have were all *cultivated* in the natural *environments* where those *peoples* lived.「世界の民族が保有する多様な文化の独自性は、その**民族**が居住する自**環境**の中で**培われて**きたものである」(番号順に並べると〈3〉〈1〉〈11〉〈5〉〈9〉〈2〉〈7〉〈10〉〈8〉〈4〉〈6〉の順となる)
《語句》 ▶**identity**「独自性、主体性、本性」。☆originality; individuality; uniqueness などともいう。▶**peoples of the world**「世界の民族」 ☆peoples の複数形に注意すること。文化的・社会的にみた人々の一集団としての民族[種族]。¶The French-speaking *peoples*「フランス語を話す民族」 ▶**cultivate**「(土を)耕す、(作物を)栽培する; (学問・訓練で)磨く」¶*cultivate* one's mind by reading many books「多読で精神を陶冶する」

1–3 ☐5☐ ―① **abolition**「廃絶、廃止、全廃」
《主旨》 It also expresses the hope for world peace and the ultimate elimination of all nuclear weapons.「原爆ドームは世界平和と全核兵器の最終廃絶の希望をも表している」
【参考】② comprehension「把握、理解; 包含」。③ deletion「削除、消去」。④ justification「正当化、正当性」。⑤ privatization「民営化」。⑥ repression「抑止、抑圧」。

1–4 ☐6☐ ―③「前提」(premise)　☐7☐ ―⑦「保護区」(sanctuary)

《1》**premise**「前提、根拠；考え方」。元来は哲学用語で、推論を行なうときに結論の基礎となる「前提」の意味である。三段論法で「小前提」(a minor premise)と「大前提」(a major premise)がある。¶ He acted on the *premise* that he was right.「彼は自分が正しいという考え方[前提]に立って行動した」

《2》**sanctuary**「保護区、保護地域」。マチュピチュの歴史保護区のこと。▶ bird *sanctuary*「鳥類保護区域」また animal *sanctuary*「動物保護区域」としてよく用いられる。

【参考】①「採決」verdict; judgment. ②「庇護」protection; patronage. ④「合意」consent; agreement. ⑤「居住区」residential area; living quarter. ⑥「自治区」autonomous region[area]. ⑧「地区」district; division; quarter.

1–5　**8**　—(2)

下記の(2)は「本文の内容に一致しないもの」である。(1)と(4)は「本文の内容に一致するもの」である。参考として原文の内容を列挙する。

(1) 《主旨》 The goal of this convention is to stress to the world the importance of the World Heritage, and to promote international cooperation for its protection.

(2) 《主旨》 The second is to monitor the condition of preservation of the sites on the list.「(世界遺産委員会の第2の役割は、登録される世界遺産の保全条件を監視することである)。「世界遺産の保護地区を推挙すること」ではない。

　☆**to monitor** は「モニターでチェックする」ことで、「絶えず監視[観察]する」という意味がある。▶monitor foreigners arriving in Japan「日本に到着する外国人を監視する」

(3) 本文に記載されている Poland's "Auschwitz Birkenau German Nazi Concentration and Extermination Camp" (アウシュビッツ・ビルケナウナチスドイツの強制絶滅収容所) and the "Genbaku Dome (Hiroshima Peace Memorial)" (原爆ドーム)は「負の世界遺産」である。

(4) 《主旨》 The third is to decide which sites are in serious danger and in urgent need of action, to include them on the "List of World Heritage in Danger", and to appeal to the world for help.

第5章　英文和訳問題

「通訳案内士試験問題」の冊子には、下記の注意事項がある。《受験者本人の参考用としての個人使用以外の行為を禁ずる。複製・転売を禁ずる》。したがってJNTO（日本政府観光局）の「通訳案内士試験」（「筆記試験過去問題」の項目）をインターネットで検索すると、「出典元よりのため引用された問題文」はすべて削除されている。しかし、その試験問題には「設問の形式」が記載されている。本書では出典元の許可を受けて設問の内容を記載し、その「形式」に沿って「類似問題」を提示する。

【1】　出題の形式
（1）　「主観式」に関する出題
前章の「英語読解問題」は客観式であるが、この章ではすべて「主観式」の英文和訳である。受験者の実力が問われている。
（2）　「部分訳」に関する出題
比較的短い文章があり、すべて「部分訳」となっている。設問は下記に設定されている。

【2】　出題の内容
受験者が受験後に試験問題を持ち帰ることができ、最近の出題内容は聞く限りでは下記のようなものである。
（1）　Edward T. Hall. *The Silent Language*『沈黙のことば』
（2）　Boye Lafayette De Mente. *Japan's Cultural Code Words.*『日本の文化規範の言語』
（3）　Otowa. R. *At Home in Japan.*『日本の家庭』
（4）　Joe Joseph. *The Japanese.*『日本人論』
（5）　R.H.P. Mason & J. G. Caiger. A History of Japan.『日本の歴史』
（6）　*Japan Unmasked*『素顔の日本人』

上記の内容に見られるように「**日本文化・日本事情**」に関する出題である。

要は「英文」を理解することが先決である。とは言え、内容が「日本文化・日本事情」であるだけにその固有な英語の学習は避けて通れない。

【推薦図書】
（1）『翻訳の基本― 原文どおりに日本語に』（研究社刊）
（2）『英文和訳講座』〈新装復刊〉（研究社刊）

類 似 問 題

【例題 1】

次の英文を読み以下の問に答えなさい。下線部（1）（2）を日本語に訳しなさい。

　One obvious influence of isolation on Japan has been the creation of a highly homogeneous race of people there and, what is more important, a very homogeneous culture. The Japanese as a race are primarily a Mongoloid people, as are all the major groups of that part of the world. (1) They differ no more from Koreans and Chinese than Englishmen differ from Frenchmen and Germans.

　(2) The Japanese, thus, like all other peoples, are a blend of many diverse elements, but their exact racial composition is, in fact, little known and makes less difference. What is important is that there have been no significant additions of blood to the Japanese race for well over a thousand years. They have had plenty of time to become thoroughly mixed together to form as unified a people as exist anywhere in the world.

（出典：Edwin O. Reichauer. *The United States and Japan*）

Credit Line: Reprinted by permission of the publisher from THE UNITED STATES AND JAPAN by Edwin O. Reischauer, pp. 101, 102, Cambridge, Mass.: Harvard University Press, Copyright ©1950, 1957, 1965 by the President and Fellows of Harvard College.

【和訳】
（1） 英国人がフランス人またはドイツ人と異なっていないと同様に、日本人は韓国人や中国人とあまり異なっていない。
（2） 日本人はかくして他の諸民族のように雑多な異質要素を混交しているが、実際のところその正確な人種構成については、ほとんど知られず、またそれほど問題ではない。

【解法】
（1） ▶**No more ～ than ...**「... ないのは～がないのと同様だ」「... と同じように～ではない」（＝Not ～ any more than...）。¶A whale is *no more* a fish *than* a horse (is).「鯨が魚でないのは馬が魚でないのと同様だ」（＝A whale is *not* a fish *any more than* a horse.）cf. **not more ～ than...**「～ほど...でない」¶I was *not more* surprised *than* he (was).「私は（驚くには驚いたが）彼ほど驚かなかった」no more ～ than... と違って両方を否定するわではない。

（2） ▶**make less difference**「あまり重要ではない」〈1〉make a difference「差異を生じる、重要である」¶make no difference「全然差を生じない、重要でない」

〈2〉litte, **less**, least「あまり［ほとんど］...しない」否定語である。¶It makes *little* difference to me whether it is large or small.「それが大きいか小さいかは（私には）どうでもよい」（＝It doesn't make any difference to me whether it is large or small.）

《語句》
（1） **differ from** ～ ～と違う。（2） **the Japanese** 日本人全体、日本民族。cf. a Japanese 一人の日本人。Japanese 名 日本語。形 日本語の / **blend** 混交、混合物 / **diverse** 多種の、多様な / **racial composition** 民族構成 / **in fact** 事実、実際は。

【例題 2】

次の英文を読み以下の問に答えなさい。下線部 (1) (2) を日本語に訳しなさい。

　Youth subcultures attract a lot of attention, both from the mass media and from academics. This is not surprising. (1)Members of youth subcultures tend to be highly visible, and occasionally engage in activities that most 'ordinary' people would find incomprehensible or worthy of censure.

第 5 章　英文和訳問題　　　　　　　　　　　　　113

Youth subcultures have tended to generate 'moral panics': successive subcultures have been identified as new 'folk devils' and media reaction has further ensured their prominence. (2)Moreover, the activities of members of subcultural groups, and developments in youth subcultures more generally, have always tended to make good 'copy' for journalists. Academics have been interested in subcultures because they have assumed a centrality in the so-called 'youth question' debate: they are taken to represent, albeit in extreme form, what 'youth of today are up to.'

〰〰〰〰〰〰〰〰〰〰〰〰〰〰〰〰〰〰〰〰〰〰〰〰〰〰〰〰〰〰

【和訳】
（1）　若者特有の文化に帰属する者は非常に目立つ傾向があり、往々にして世間一般の人々が理解に苦しむか、あるいは当然非難の的になると思われる行動に走る。
（2）　その上、若者文化集団の諸活動は、そしてさらにもっと広義に解釈すれば、若者文化に見られる現象は、決まって報道関係者にとってはまたとない格好の「報道材料」になることが多かった。多くの学者がこれまで若者文化に関心をよせてきた理由は、若者文化はいわゆる「若者が抱える諸問題」に関する議論の中心的存在の様相を帯びていたからである。つまり、極端な形であるとはいえ、若者文化は「若者が今日直面する問題」をいみじくも象徴しているのだと、考えられている。

【解法】
英文和訳に必要な重要語句を検討しよう。
　（1）　▶**subculture**「サブカルチャー、下位文化」　◇ある社会の中にあり、その価値基準を異にする一部の特定グループがもつ独自の文化のことである。ヒッピーなどの異文化集団をさす。cf. counterculture「反(体制)文化」（既成社会の価値観を打破した若者の文化）
　　▶**tend** (**to** do)「(～する)傾向がある、(～し)がちである」(＝be inclined [apt; liable] to (do))　cf. tendency 名「傾向」
　　▶**visible**「目に見える；目立った」(＝that can be seen)　cf. visibility 名「目に見えること[状態]」反 invisible「目に見えない；人目につかない」
　　▶**occasionally**「時折、往々にして」(＝now and then; from time to time)
　　▶**engage in**「従事する、携わる」¶He wants to *engage in* foreign trade.「彼は外国との貿易に携わりたがっている」

▶**incomprehensible**「理解できない」(＝that cannot be understood) cf. incomprehension 名「理解できないこと」。反 comprehensible「理解できる」

▶**worthy of**「値して、ふさわしい」(＝deserving of) ¶His deed is *worthy of* praise.「彼の行為は称賛に値する」(＝His deed is worthy to be praised.)

▶**censure**「はげしい非難、とがめ」(＝blame; condemnation) cf. censurable 形「(行為などが)非難すべき」

(2) ▶**make good copy**「いい新聞種になる」 ◇ 新聞・雑誌・テレビなどの関連で、copy の前に good, bad を置き「ニュース価値のあるもの[人]、ニュース性に富んだ題材」の意味がある。ここでは「格好の報道材料」のこと。

▶**academic** 名「学者、学術研究者」(＝professional scholar)。形「学術的な；大学の」(＝theoretical)

▶**centrality**「中心であること、中心的な位置[存在]」

▶**albeit**「〜であると同時に(＝although; though)；たとえ〜でも(＝even though; even if)」 ◇ 文語的な表現である。語句と語句を結びつけ、節を導くことはあまりない。¶He speaks firmly *albeit* pleasantly.「彼は愛想がいいが、きっぱりと話す」/ *Albeit* he has failed twice, he is not discouraged.「彼は2回失敗したが、落胆していない」

▶(be) **up to**「〜しようとしている、〜をもくろんでいる」¶I knew what he *was up to*.「彼が何をしようとしているか私にはわかっていた」

[B] 筆記(第1次)試験[日本地理・日本歴史・一般常識]の最新傾向

第1章 筆記(第1次)試験[日本地理・日本歴史・一般常識]の概略と最新傾向

1. 筆記(第1次)試験[日本地理等]の概略

　日本語による「日本地理等筆記試験」には、(1)「日本地理」、(2)「日本歴史」、(3)「一般常識」の3科目があり、全外国語に共通して実施されている。

　通訳ガイドは「語学力」が十分であると同時に、日本人としての深い教養と広い常識をもち、日本をよく理解し、「日本の姿と心」を外国人に正しく紹介できる能力が問われる。日本を案内する時、「**日本地理**」とその背後にある「**日本歴史**」の基盤の上に立って、日本の伝統文化と現代文化を正しく伝えると同時に、現代の国際情勢や日本情勢、また身近な海外事情や日本事象に関する「**一般常識**」を理解しながら正しく紹介することが求められる。

　通訳ガイドは「日本の昔の姿と今の姿」を外国人観光客に正しく伝える使命をもつ、まさしく民間外交官である。第1次試験では、そのような知織の有無をテストするのが目的である。

　「日本地理等筆記試験」に関する実施法は、冒頭の「通訳ガイド試験の新ガイドライン」(vii頁)の中で前述した。「日本地理」、「日本歴史」、「一般常識」に関する(1)「試験方法」と(2)「合否判定」が記載されている。特に「出題内容」と「対策」が記載されているので、再読してほしい。

2. 筆記(第1次)試験[日本地理等]の形式と内容における最新傾向

☆下記はJNTO(日本政府観光局)による解説に関する原文である。

【A】 [日本地理]
【傾向】
【1】 「出題の形式」
(1) 試験の方法は、「**多肢選択式**」(マークシート方式)とする。
(2) 問題の数は、「**40問**」程度とする。
(3) 「日本地理―1」～「日本地理―4」まで各設問に10題、**合計40問**である。

【2】 「出題の内容」
(1) 日本の地理についての主要な事柄(日本と世界との関わりを含む)のうち**外国人観光客の関心が高いもの**についての知識を問うものとする。
(2) 中学校及び高校の地理の教科書並びに地図帳をベースとし、地図や写真を使った問題を**3割程度**出題する。

【B】 [日本歴史]
【傾向】
【1】 「出題の形式」
(1) 試験の方法は、「**多肢選択式**」(マークシート方式)とする。
(2) 問題の数は、「**40問**」程度とする。
(3) 「日本歴史―1」から[日本歴史―4]まで各設問に10題、**合計40問**である。

【2】 「出題の内容」
(1) 日本の歴史についての主要な事柄(日本と世界との関わりを含む)のうち**外国人観光客の関心が高いもの**についての知識を問うものとする。
(2) 高校の**日本史Bの教科書**をベースとし、地図や写真を使った問題も出題する。

【C】 [一般常識](産業、経済、政治及び文化)
【傾向】
【1】 「出題の形式」

(1)　試験の方法は、「**多肢選択式**」(マークシート方式)とする。
　(2)　問題の数は、「**40 問**」程度とする。
　(3)　「一般常識—1」から「一般常識—4」まで各設問に 10 題、**合計 40 問**である。

【2】 「出題の内容」
　(1)　現代の日本の産業、経済、政治及び文化についての主要な事柄(日本と世界との関わりを含む)のうち、**外国人観光客の関心が高いもの**についての知識を問うものとする。
　(2)　高校の**現代社会の教科書**をベースとし、**新聞**(一般紙)に掲載されているような最近の時事問題を出題する。

第2章　筆記（第1次）試験［日本地理等］の出題例・その正解とミニ解説

1. 筆記（第1次）試験［日本地理等］の出題例

「日本地理等筆記試験」に関する**試験問題とその解答**は、JNTO（日本政府観光局）の公式サイトにある**「通訳案内士試験概要」**の原文を検索することができる。また毎年試験後に掲載されるため常に最新情報を無料で検索できる。是非参照すること。

本章では3科目（地理・歴史・一般常識）に関する最新の試験問題の「出題内容」に関する【設問】と【正解とミニ解説】を記載し、その傾向について分析・整理することに止め、その対策を講じながら受験者への一助としたい。そのため「出題形式」における「マークする解答欄」は省略した。

2. 筆記（第1次）試験［日本地理等］の出題例の分析

「口述（第2次）試験」の新ガイドライン（vii頁）に記載されているように、「筆記（第1次）試験」とは非常に深い関連性があるので、「どのような内容」であるかを分析する。要は、「英語」で語る前に不可欠な「知識・内容」の整理が問われる。なお、「筆記（第1次）試験」と「口述（第2次）試験」の対策、特に英語による日本紹介に役立つために、【正解とミニ解説】中には通訳ガイドまたは日本紹介者用の**必須キーワード**をかっこ内に記載した。また少々難解と思われる漢字には振り仮名を付記した。

【1】　日本地理

《1》　日本の地形に関する次の文章を読んで、各問いに答えなさい。
（各2点×10＝20点）

日本は、周囲を太平洋、東シナ海、(1)、オホーツク海に囲まれた弧状列島

である。日本列島は太平洋プレート、(2)、北アメリカプレート、ユーラシアプレートという4つのプレートが集まる世界のなかで地殻が最も不安定な地域の一つである。そのため、(3)地震、火山の噴火、(4)などの自然災害を受けやすい。プレートとプレートの境界には(5)やトラフという深さ1,000 mを超える細長い溝状の地形があり、その西側には火山が列状に連なっている。火山の中には(6)活火山も多い。

日本は山がちな国で、総面積の(7)を山地は占めている。日本列島は、新期造山帯の一つである(8)に位置しており、安定陸塊や古期造山帯と比べて山地の隆起する速度は大きい。また、年降水量が多く、短期間に集中する強い雨がみられるため、(9)河川によっては運搬・排出される土砂の量は多くなり、山地は浸食される。しかも、日本の国土が狭く山がちなため、(10)河川の勾配は急である。

[問1] (1)に入る海洋の名称として、最も適当なものはどれか、次の①〜④から選びなさい。
　①黄海　　②インド洋　　③日本海　　④北海　　　　　　　　　1

[問2] (2)に入るプレートの名称として適当なものはどれか。次の①〜④から選びなさい。
　①フィリピン海プレート　　　②インド・オーストラリアプレート
　③黄海プレート　　　　　　　④オホーツク海プレート　　　　　2

[問3] 下線(3)に関連して、プレートの境界で起こった地震として、最も適当なものとはどれか、次の①〜④から選びなさい。
　①鳥取県西部地震(2000年)　　②能登半島地震(2007年)
　③新潟県中越地震(2004年)　　④東北地方太平洋沖地震(2011年)　3

[問4] (4)に入る自然災害として、適当なものはどれか、次の①〜④から選びなさい。
　①台風　　②地すべり　　③洪水　　④高潮　　　　　　　　　　4

[問5] (5)に入る語句として、最も適当なものはどれか。次の①〜④から選びなさい。
　①海溝　　②大陸棚　　③V字谷　　④U字谷　　　　　　　　　　5

[問6] 下線(6)に関連して活火山として最も適当なものはどれ、次の①〜④から選びなさい。
　①高尾山(東京都)　　　②伊吹山(滋賀県・岐阜県)
　③三瓶山(島根県)　　　④石鎚山(愛媛県)　　　　　　　　　　　6

[問7] (7)に入る割合として、最も適当な数字はどれか。次の①〜④から選びなさい。
　①約 10%　　②約 25%　　③約 50%　　④約 75%　　　7

[問8] (8)に入る語句として、最も適当なものはどれか、次の①〜④から選びなさい。
　①環太平洋造山帯　　②アルプス・ヒマラヤ造山帯
　③シベリア楯状地　　④フォッサマグナ　　　8

[問9] 下線(9)に関連して、河川がつくる地形として、最も適当でないものはどれか、次の①〜④から選びなさい。
　①谷底平野　　②河岸段丘　　③自然堤防　　④裾礁　　　9

[問10] 下線(10)に関連して次の①〜④のうち河川の勾配が最も急なものはどれか。
　①常願寺川　　②淀川　　③北上川　　④石狩川　　　10

【正解とミニ解説】

[1]―③：**日本海**は弧状列島(こじょうれっとう)(＝a crescent-shaped archipelago; arcuate islands. 弓なりに膨らんだ面を向けて湾曲(わんきょく)している列島)にある。日本海は本州の北部に広がる。太平洋は本州の南部、東シナ海は九州の西部、オホーツク海は北海道の北部に広がる。☆「日本海」の英語は、朝鮮[韓国]では (the) Japan Sea, 朝鮮以外(特に外務省)では (the) Sea of Japan (1929年以降の呼称)。

[2]―①：**フィリピン海プレート**。南関東沖から東海・四国沖にかけて日本列島下に沈むプレート。小笠原諸島や伊豆諸島などがある。☆英語では the Philippine Sea Plate

[3]―④：**東北地方太平洋沖地震**(＝東日本大震災)は2011年3月11日(金)に太平洋三陸沖を震源として発生した地震。☆英語では the 2011 earthquake off the Pacific coast of Tohoku と言う。通称 the Great East Japan Earthquake (東日本大震災)

[4]―②：**地すべり**の原因には自然災害(豪雨・地下水位の変化等)であるが、(特に地殻変動(ちかくへんどう))プレート移動で発生する。他(台風・洪水・高潮)は天候・気候の問題である。☆「地すべり」は英語で landslide または landslip.

[5]―①：**海溝**(かいこう)は(本文記載の)「細長い溝状(みぞ)の(海底)地形」のこと。プレート間の境界では、一方が他方に沈み込む移動があるため浅いトラフと深い海溝が発生する。☆「海溝」は英語では (ocean) trench または deep. と言う。▶日本海溝 the Japan Deep.

第 2 章　筆記(第 1 次)試験[日本地理等]の出題例・その正解とミニ解説　121

[6]―③：三瓶山(さんべさん)は島根県にある活火山(2003 年に指定)。最高峰の男三瓶山(お さんべさん)(標高 1126 m)を中心に 4 峰が環状に連なる溶岩円頂丘(ようがんえんちょうきゅう)(lava dome)が形成されている。大山隠岐(だいせんおき)国立公園内にある。☆「活火山の定義」に関しては(18)「活火山と温泉」(216 頁)参照
[7]―④：日本統計年鑑によれば、日本の国土(＝日本政府が領有権を主張する領域)は約 **75%** が山岳地帯(＝mountain district [range])である。因みに、山地は 61%、丘陵地は約 12%、台地は約 11%、低地約 14% である。
[8]―①：日本は**環太平洋造山帯**(かんたいへいようぞうざんたい)(＝太平洋の周囲を取り巻く火山帯)の中にある。新期(しんき)造山帯とは中生代・新生代以降の造山運動で形成された山地の分布する地帯。環太平洋造山帯とアルプス・ヒマラヤ造山帯と二分される。☆「環太平洋造山帯(かんぞうざんたい)」は英語で circum-Pacific orogenic zone または the zone of mountain ranges that circle the Pacific (Ocean)．別称「環太平洋火山帯」(＝the circum-Pacific seismic belt)
[9]―④：裾礁(きょしょう)(＝洋島・大陸周囲の海岸を取り囲む形で、水中の浅い所の形成されるサンゴ礁)は河川がつくる地形ではない。☆「裾礁」は英語で shore reef(s).
[10]―①：常願寺川(じょうがんじかわ)は富山県の立山連峰南部を源流とし、富山平野東部を北流して富山湾に注ぐ世界屈指の急流河川(＝flashy [steep] stream; rapid [swift] current: 延長 56 km)。

《2》 a)から c)の写真とそれぞれに対応するガイドの説明文を参照しながら、各問いに答えなさい。(各 3 点×10＝30 点)
☆本問の写真は著作権の関係で、実際の試験問題に使用された写真ではありません。

a)　［原爆ドーム］

①第 2 次世界大戦末に投下された原子爆弾によって破壊されたこの建物は、②太田川の右岸に位置し、原爆ドームとして世界的に知られ、③世界遺産の一つとして、対岸の④平和記念公園とともに戦争の悲惨さを今に伝えています。

◀写真提供：広島市

[問11] 原爆ドームが位置する県として、最も適当なものはどれか。次の①〜④から選びなさい。
　①兵庫県　　　②広島県　　　③福岡県　　　④長崎県　　11

[問12] 原爆ドームとともにこの県で世界文化遺産の登録を受けている施設はどれか、次の①〜④から選びなさい。
　①姫路城　　　②太宰府天満宮　　　③グラバー園　　　④厳島神社　12

[問13] 原爆ドームに関するガイドの説明の中で、間違った説明が一つある。それはどれか、説明文の①〜④から選びなさい。　13

[問14] この写真の都市で味わう「ご当地グルメ」として、最も適当なものはどれか、次の①〜④から選びなさい。
　①お好み焼き　　②たこ焼き　　③ちゃんぽん　　④明太子　14

b) [大涌谷]

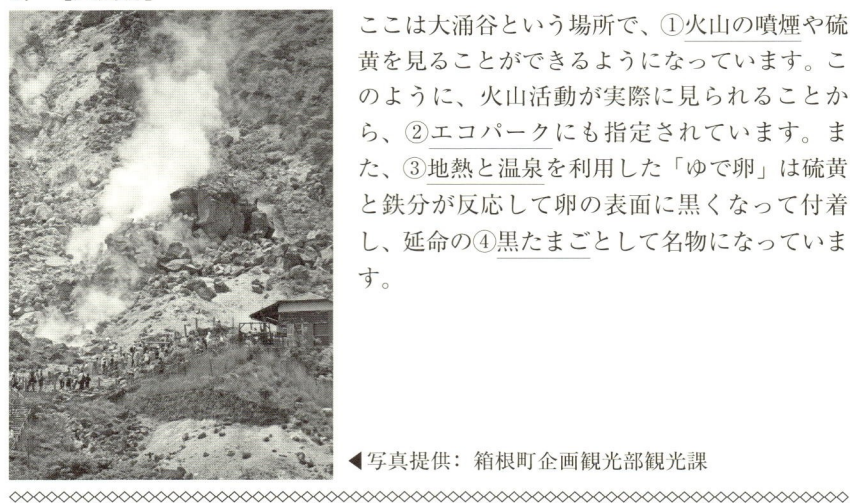

ここは大涌谷という場所で、①火山の噴煙や硫黄を見ることができるようになっています。このように、火山活動が実際に見られることから、②エコパークにも指定されています。また、③地熱と温泉を利用した「ゆで卵」は硫黄と鉄分が反応して卵の表面に黒くなって付着し、延命の④黒たまごとして名物になっています。

◀写真提供：箱根町企画観光部観光課

[問15] 大涌谷が位置する県として適当なものはどれか、次の①〜④から選びなさい。
　①静岡県　　　②山梨県　　　③長野県　　　④神奈川県　　15

[問16] 大涌谷に関するガイドの説明の中で、間違った説明が一つある。それはどれか、説明文の①〜④から選びなさい。　16

[問17] 大涌谷の近くに位置する火山性の湖として、最も適当なものはどれか、①〜④から選びなさい。

①中禅寺湖　　②河口湖　　③芦ノ湖　　④白樺湖　　17

c)　［山居倉庫］

酒田市の山居倉庫は、河川の河口に立地して①舟運の拠点となり、②海産物の倉庫としての役割を果たしてきました。③土蔵づくりや二重構造の屋根、あるいは建物の西側に植栽された④日よけや風よけのケヤキの樹木など、倉庫を低温管理をするための工夫が随所に施されています。

［問18］　山居倉庫が立地する県として、最も適当なものはどれか、①〜④から選びなさい。
　　　　①秋田県　　②山形県　　③新潟県　　④富山県　　18
［問19］　山居倉庫に関するガイドの説明の中で、間違った説明が一つある。それはどれか、説明文の①〜④から選びなさい。　　19
［問20］　山居倉庫が立地する河口の河川名として、最も適当なものはどれか、次の①〜④から選びなさい。
　　　　①雄物川　　②信濃川　　③神通川　　④最上川　　20

【正解とミニ解説】

[11]―②：原爆ドームの所在地は**広島県**広島市中区大手町1–10である。☆「原爆ドーム」は世界遺産の英名ではHiroshima Peace Memorial (Genbaku Dome)と言う。通称 Atomic Bomb Dome (that was the hypocenter of blast on August 6, 1945).

[12]―④：**厳島神社**は広島県廿日市(はつかいち)市宮島(みやじま)町の厳島(通称は宮島または安芸(あき)の宮島)にある神社。☆「厳島神社」は世界遺産の英名では Itsukushima Shinto Shrine と言う。この島は「日本三景」(the scenic trio [the three greatest views] of Japan 宮島・松島・天の橋立)の一つである。

[13]―②：原爆ドームは太田川(おおたがわ)の右岸ではなく「左岸」にある。太田川の支流のひとつである元安川(もとやすがわ)の東岸に位置する。☆「川の流れ」(the stream flow; the

flow of a river)の方向を見て右側が右岸、左側が左岸である。

[14]—①： **お好み焼き**（＝a Japanese-style savory pancake (fried with various ingredients)）には、広島風(小麦粉の生地を具材と混ぜずに焼き重ねる)と関西風(混ぜて焼く)の代表格がある。☆「たこ焼き」（＝griddle-cooked octopus dumplings [small balls wrapped in dough]）は大阪。「ちゃんぽん」（＝a Chinese-style hotchpotch dish (of boiled noodles with various ingredients)）は長崎県、「明太子」（＝salted cod roe spiced with chili peppers）は福岡県。

[15]—④： 大涌谷(おおわくだに)の所在地は**神奈川県**箱根町にある箱根火山の噴煙地(＝an area of volcanic fumes [smoke]：標高800～1150 m)である。

[16]—②： **エコパーク**ではなく「**ジオパーク**」である。☆「ユネスコエコパーク」は「生物圏保存地域」(Biosphere Reserve)のことで、保護・保全に加え、自然と人間社会の共生を重視する。「ジオパーク」(geopark)とはジオ(地球)の自然に親しみ、ジオツーリズムを楽しむ自然公園のこと。日本ジオパークは現在(2013年)33箇所があり、その一つが箱根大涌谷。

[17]—③： **芦ノ湖**(あしのこ)は神奈川県足柄下郡箱根町にあり、箱根火山の火口原湖(かこうげんこ)(＝crater lake)・堰止湖(せきとめこ)(＝dammed lake)。富士箱根伊豆国立公園に属するカルデラ湖である。☆「中禅寺湖」(ちゅうぜんじこ)は栃木県、「河口湖」は山梨県、「白樺湖」は長野県。

[18]—②： **山居倉庫**(さんきょそうこ)は**山形県酒田市**(さかた)にある米保管庫(＝rice granary; warehouse for stored rice)である。白壁・土蔵づくりの12棟から成る倉庫。1893年(明治26年)に最上川と新井田川(にいだがわ)に挟まれた通称「山居島」に建てられた米どころ庄内(しょうない)のシンボル。

[19]—②： **海産物**(＝marine products; seafood)でなく「**米穀**」(べいこく)倉庫(＝rice warehouse; warehouse for rice grain)である。

[20]—④： 山居倉庫近くにあるのは**最上川**(もがみがわ)で、山形県を流れる一級河川また日本急流の一つ。☆「日本三急流」(＝the three swiftest rapids in Japan)は富士川(長野県・静岡県・山梨県)、球磨川(熊本県)、最上川。「信濃川」(日本最長；367 km)は新潟県、長野県(別称：千曲川)・「雄物川」は秋田県、「神通川」は富山県・岐阜県(別称：宮川)にある。

《3》 **日本の都市と農村の諸問題**に関する次の文章を読んで、各問いに答えなさい。(各2点×10＝20点)

日本の(1)都市と農村は、いつの時代にも変革にさらされてきた。とりわけ第2次世界大戦後の変化は激しいもので、(2)には農山村から(3)大都会への人口移動が著しかった。この移動は、(4)都市部を中心とする経済復興と産業の高度化に伴って人出不足が顕著となり、農村から都市への人口移動が急速に広まったためであった。1950年から1975年の間に東京大都市圏と大阪大都市圏、および(5)大都市圏の社会増加は、1,100万人にのぼった。そのため、(6)農山村からの労働力の流出などによって過疎地域が生じ、出稼ぎ問題や(7)といった過疎問題がおきた。これに対して、農山村では土地改良事業や農作業の機械化とともに、(8)工場の誘致や道路建設、(9)過疎地域の振興対策などが進められた。一方、大都会では人口増加に社会資本の投入が追いつかず、(10)環境汚染や公害、地価の高騰、住宅難、交通の混雑といったさまざまな過密問題がおこった。そのため都市では、地方への工場分散や都市計画の実施などによって、課題を克服する努力が続けられた。

[問21] 下線(1)に関連して、城下町から発展した都市として、最も適当なものはどれか、次の①〜④から選びなさい。
①札幌市　　②新潟市　　③浜松市　　④神戸市　　21

[問22] (2)に入る語句として、適当なものはどれか、次の①〜④から選びなさい。
①高度経済成長期　　②経済低成長期　　③バブル経済期　　22
④バブル経済崩壊期

[問23] 下線(3)の現象によってもたらされた大都会の性格として、最も適当なものはどれか、次の①〜④から選びなさい。
①少子化　　②一極集中化　　③空洞化　　④多就業化　　23

[問24] 下線(4)に関連して、都市とそれを代表する産業の組み合わせとして、適当でないものはどれか、次の①〜④から選びなさい。
①豊田市―自動車工業　　②川口市―鋳物工業　　③堺市―製鉄業
④北九州市―醸造業　　24

[問25] (5)に入る大都会圏として、適当なものはどれか、次の①〜④から選びなさい。
①札幌　　②横浜　　③名古屋　　④広島　　25

[問26] 下線(6)に関連して、関東地方の過疎市町村として、適当でないものはどれか、次の①〜④から選びなさい。
①群馬県嬬恋村　　②茨城県大子町　　③栃木県那須町

④東京都奥多摩町

[問27] (7)に入る過疎問題として適当でないものはどれか次の①〜④から選びなさい。
①農離村　　②治安の悪化　　③限界集落化
④人口の高齢化

[問28] 下線(8)に関連して、農山村に立地した工業の組み合わせで、最も適当なものはどれか、次の①〜④から選びなさい。
①諏訪市―精密機械　　②鯖江市―織物　　③大和郡山市―食品
④米沢市―陶磁器

[問29] 下線(9)に関連して、過疎地域の地域振興策として、適当でないものはどれか、次の①〜④から選びなさい。
①生産調整政策　　②地産地消運動　　③一村一品運動
④観光拠点づくり

[問30] 下線(10)に関連して、過密問題を解消するために大都市の近郊にニュータウンが建設された。ニュータウンと場所の組み合わせとして、適当でないものはどれか、次の①〜④から選びなさい。
①多摩ニュータウン―東京大都市圏
②高蔵寺ニュータウン―名古屋大都市圏
③千里ニュータウン―大阪大都市圏
④港北ニュータウン―北九州大都市圏

【正解とミニ解説】

[21]―③：**浜松市**は、戦国時代に徳川家康が築いた浜松城の城下町(＝castle town)。江戸時代には浜松藩として東海道の宿場町(＝post [post-station] town)として繁栄した。

[22]―①：**高度経済成長期**(＝high economic growth period)は、第2次世界大戦後(1950年〜1970年)に日本経済が飛躍的に成長を遂げた経済成長を指す。1973年に原油価格が上昇してオイルショック[和製英語](＝oil crisis)に陥って高度経済成長が終わった。

[23]―②：周辺の農山村から大都会に人出が集中し、中心都市(特に東京)に政治・経済・文化等の活動・機能が**一極集中化**(＝overconcentration; heavy concentration)する。

[24]―④：**北九州市**の代表的な産業は、日本初(1901年)の八幡製鉄所が操業した工業都市(＝industrial city)から始まる。北九州は福岡県北部の都市。1963

年五市(八幡・戸畑・小倉・門司・若松)が合併して発足する。金属・化学・製鉄などの重化学工業(heavy and chemical industries)の中心地。現在は自動車関連の産業が展開する。

[25]—③: 日本三大都市圏(＝major metropolitan area [megapolis])は東京(首都圏)・大阪(近畿圏)・名古屋(中京圏)の総称である。「横浜」は首都圏(＝capital region)に入る。

[26]—③: 栃木県那須町には那須温泉郷(Nasu Spa [hot spring village])をはじめ、大リゾート地の那須高原(Nasu Plateau)や史跡等が多数あり、由緒ある観光地である。過去40年間人口はほぼ一定(約2万7千人程度)して推移する。

[27]—②: 治安の悪化は過疎地(＝underpopulated [depopulated rural] area)ではなく、主として都市部で起こる。過疎問題は、若者の流出による少子高齢化(declining [decreasing] birthrate and aging society [population])問題でもある。

[28]—①: (長野県)諏訪市は、明治から大正時代には製糸業が盛んであったが、その後セイコーエプソン本社があり精密機械工業(precision machinery industry)・電子工業(electronics industry)などハイテク産業へと発展した。諏訪湖に隣接する工業都市として時計・カメラ・レンズなどを生産し、「東洋のスイス」(the Oriental Switzerland)の異名がある。

[29]—①: 生産調整政策(policy of production adjustment)は農産物の需要が供給量を下回る時などに、余剰生産を抑制するために農家に援助する政策。主として米の減反政策(policy of reducing the rice production]＝米の供給過剰を緩和すること)を指す。この政策は人手がさらに不要となり、過疎化が一層進行し、地域振興には寄与しない。

[30]—④: 港北ニュータウンは横浜市都筑区茅ヶ崎を中心とするニュータウン(a new town [community]; a new housing development)である。北九州大都会圏に含まれていない。横浜大都市圏であり、横浜市における主要な生活拠点(旧副都心)に指定されている。

《4》 ☆「地形図」を見ながら、各問いに答えなさい。

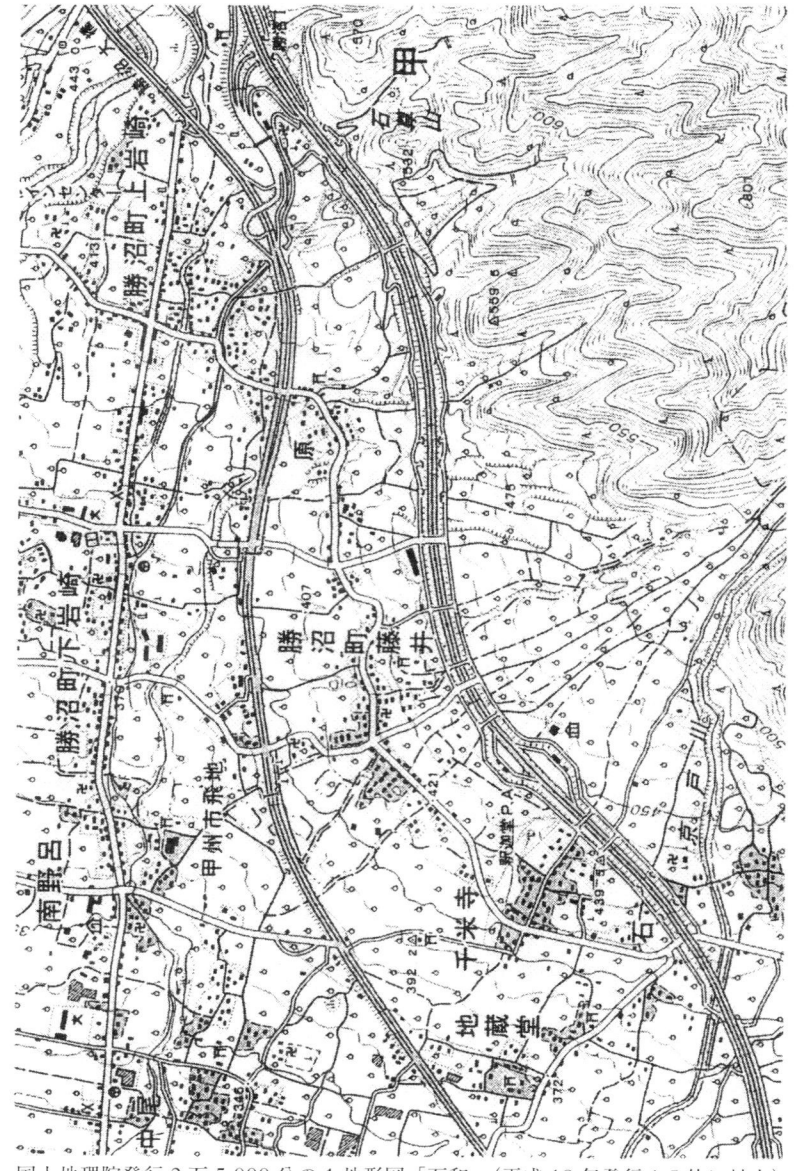

国土地理院発行2万5,000分の1地形図「石和」（平成18年発行1.5倍に拡大）

[問 31]　地図の中央に位置する勝沼町藤井の南に広がる地形として、最も適当なものはどれか、次の①〜④から選びなさい。
　　①河岸段丘　　②扇状地　　③火山斜面　　④自然堤防　　31

[問 32]　勝沼町藤井の地形上に広がる土地利用として、最も適当と考えられるものはどれか、次の①〜④から選びなさい。
　　①リンゴ園　　②ミカン園　　③梨園　　④ブドウ園　　32

[問 33]　勝沼町藤井を通る自動車道路の名称として、最も適当なものはどれか、次の①〜④から選びなさい。
　　①常磐自動車道　　②北関東自動車道　　③中央自動車道
　　④関越自動車道　　33

[問 34]　高速道路の釈迦堂 PA（パーキングエリア）の東に隣接した施設として、最も適当なものはどれか、次の①〜④から選びなさい。
　　①老人ホーム　　②図書館　　③病院　　④博物館　　34

[問 35]　釈迦堂 PA の位置から富士山の方向として、最も適当なものはどれか、次の①〜④から選びなさい。
　　①東　　②西　　③南　　④北　　35

[問 36]　釈迦堂 PA から勝沼町下岩崎の小学校まで散策した。散策距離として、最も適当なものはどれか、次の①〜④から選びなさい。なお、上の図は、2万5,000分の1地形図を1.5倍に拡大しています。
　　①約 2 km　　②約 4 km　　③約 6 km　　④約 8 km　　36

[問 37]　釈迦堂 PA と勝沼町下岩崎との比高として、最も適当なものはどれか、次の①〜④から選びなさい。
　　①約 20 m　　②約 80 m　　③約 140 m　　④約 200 m　　37

[問 38]　勝沼町下岩崎における地図記号卍が示すものとして、最も適当なものはどれか、次の①〜④から選びなさい。
　　①裁判所　　②警察所　　③神社　　④寺院　　38

[問 39]　勝沼町下岩崎を通る道路は江戸時代の旧街道である。その名称として、最も適当なものはどれか、次の①〜④から選びなさい。
　　①北国街道　　②中山道　　③甲州街道　　④三国街道　　39

[問 40]　勝沼町下岩崎の集落形態として、最も適当なものはどれか、次の①〜④から選びなさい。
　　①街村　　②散村　　③塊村　　④円村　　40

【正解とミニ解説】

[31]―②： 勝沼町藤井は山梨県にあり、その甲府盆地は日本の**扇状地**(＝alluvial fan)の代表例である。☆「扇状地」とは、河川が山地から平野(plain)や盆地(basin)の低地に移る所に見られ、土砂などが山側を頂点として扇状に堆積した地形(depositional landform)のこと。

[32]―④： 甲府市勝沼といえばブドウ園(＝vineyard)を連想し、多種多様な**ブドウ酒**(＝wine)がある。☆「ブドウの木」は(grape)vine,「ブドウの実」はgrape。

[33]―③： 東京都と山梨県(富士吉田市)を結ぶのは**中央自動車道**(＝Chuo Expressway: Chuo Free Way)である。

[34]―④： 釈迦堂PAには、縄文時代の出土品を展示する釈迦堂遺跡**博物館**([地名]Shakado Museum)がある。☆「(登呂)遺跡」(Toro)Ruins.

[35]―③： 山梨県は富士山の北部にあるので、釈迦堂PAから富士山は**南方向**に見える。

[36]―①： 1kmは4cmであるが、ここ(2万5,000分の1の地図)では1.5倍に拡大してあることから、1kmは6cmとなる。当該距離は12cmであるため**約2km**となる。

[37]―②：「比高」(＝relative height)とは近接する二地点間の高度差のこと。2万5千分の1の地図では**主曲線**(＝平均海面から高さ10mごとの曲線のこと)という等高線(＝同じ高さの点の集まった線、およびそれから一定の間隔でつらなる線群)は10mおきに引かれる。これは8本あるので比高は**約80m**である。☆ネットで「2万5千分1地形の読み方」を検索することができる。

[38]―④： 卍(まんじ)は日本では仏教の**寺院**の象徴として地図記号で使用されている。☆卍(＝the swastika; the fylfot; the gammadion＝lucky [auspicious] object)とは元来インドの国教であるヒンドゥー教(＝Hinduism)・仏教(＝Buddhism)の経典(＝sutra: scripture)で用いられる吉祥の印(＝神仏の体に発現する神聖な印)である。

[39]―③： **甲州街道**(＝Koshu Road [Highway])は、江戸の日本橋を起点として内藤新宿(＝新宿の古称)、八王子、甲府を経て、さらに下諏訪(長野県中部、諏訪郡の町)で中山道と合流する街道である。現在の東京都、神奈川県、山梨県を通り、長野県の下諏訪へ至る。☆江戸時代の「五街道」(東海道、**甲州街道**、中山道、日光街道、奥州街道)のひとつ。

[40]―①： **街村**(a street village; a village centered around a street)は、宿場町(a post town)・門前町(a temple town)・市場町(a market town)等の

街道に沿って、その両側または片側に、民家が密に立並んで帯状に発達した細長い集落である。

【2】 日本歴史

《1》 次の設問(1)〜(5)を読んで、正解をそれぞれの語群①〜⑤から一つ選び、また地図上の①〜⑳からその位置を一つで選んでマークしなさい。
(各2点×10=20点)

(1) （　）は、1465年に京都大谷の本願寺が比叡山衆徒の襲撃を受けると、近江国を経て、1471年に吉崎に移住し、ここを拠点に平易な消息文である「御文（おふみ）」を使って布教活動を行い、本願寺の教勢を拡大した。（　）にあてはまるのは誰か。吉崎が位置するのは地図上のどこにあたるか。
①法然　　②親鸞　　③蓮如　　④玄恵　　　　　　　人名 [1]
⑤一遍　　　　　　　　　　　　　　　　　　　　　　地図 [2]

(2) 陸奥国府と鎮守府が置かれた（　）は、724年には築城され、しだいに整備、拡張された。対蝦夷の軍事施設であるとともに律令国家の東北経営の中心政庁として機能した。（　）にあてはまる城はどれか。その城が位置するのは地図上のどこにあたるか。
①秋田城　　②徳丹城　　③志波城　　④多賀城　　　城名 [3]
⑤胆沢城　　　　　　　　　　　　　　　　　　　　　地図 [4]

(3) イタリア人のイエスズ会宣教師が、1708年にこの地に潜入した。捕えられて江戸に送られ、5年後に亡くなった。新井白石が尋問し、白石はそこで得た知識をもとに、『西洋紀聞』などを著した。この宣教師は次の中の誰か。また、この地とは地図上のどこにあたるか。
①ヴァリニャーニ　　②シーボルト　　③シドッチ　　人名 [5]
④フルベッキ　　⑤フロイス　　　　　　　　　　　　地図 [6]

(4) ロシアの使節であるラクスマンは、1792年にこの地に現れた。使節は漂流民を伴い通商を求めた。幕府は、漂流民を引き取ったが通商は拒否した。この時に送還された漂流民は次の中の誰か。また、この地とは地図上のどこにあたるか。
①大黒屋光太夫　　②高田屋嘉兵衛　　③茶屋四郎次郎　　人名 [7]
④淀屋辰五郎　　⑤饅頭屋宗二　　　　　　　　　　　　　地図 [8]

(5) かってこの地にあった炭鉱。1873年に官営となり、1888年に払下げ許可が出て三井に払い下げられた。1960年には激しい労働争議が起こったが、1997年に閉山となった。この炭鉱名は次の中のどれか。また、この地とは地図上のどこにあたるか。

第 2 章　筆記(第 1 次)試験[日本地理等]の出題例・その正解とミニ解説　133

①油戸炭鉱　　②宇部炭鉱　　③高島炭鉱　　　　　炭鉱名 ⑨
④帆内炭鉱　　⑤三池炭鉱　　　　　　　　　　　　地図 ⑩

《地図》　この地図は著作権の関係で、実際の試験問題に使用された地図ではありません。

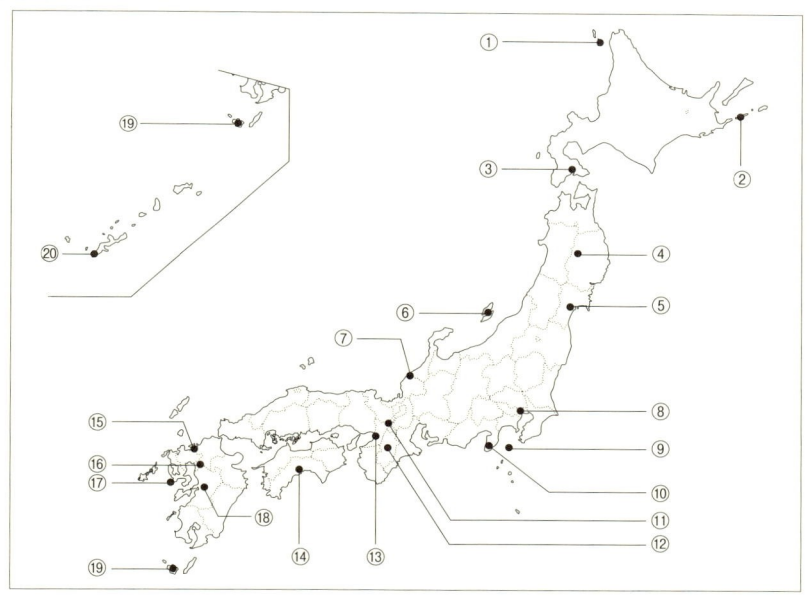

【正解とミニ解説】
[1] —③：蓮如(れんにょ)(1415–1499) は室町時代の浄土真宗(the Jodo-Shin sect of Buddhism)の仏僧(Buddhist priest)、本願寺中興(ちゅうこう)(the restoration of Hongan-ji Temple)の祖(そ)である。

[2] —⑦：蓮如は越前吉崎(えちぜんよしざき)(現在の福井県あわら市吉崎)に赴き、吉崎御坊(ごぼう)(monk's living quarters in Yoshizaki of Echizen Province)を建立した。本文では「近江国を経て…」と記載されている。近江国(おうみこく)(=滋賀県)近郊の「吉崎」は福井県と判明できる。

[3] —④：多賀城(たがじょう)は日本の律令(りつりょう)時代(=大化の改新後の 7 世紀から 10 世紀頃)に陸奥国(むつのくに)(=Mutsu Province；現在の東北地方)に鎮守府(ちんじゅふ)(=軍政を司る役所)として設置された城である。多賀城跡(the ruins of Taga-jo Castle)は国指定の特別史跡(Special Historic Site)。

[4] ―⑤：大和朝廷(the Yamato (Imperial) Court)は蝦夷討伐のため、多賀城を724年(神亀元年)松島丘陵の南東部にある塩釜丘陵(宮城県中部)上に創建した。

[5] ―③：シドッチ(Giovanni Battista Sidotti [1668–1714])は、イタリア人のカトリク司祭(Catholic priest)。江戸時代中期、禁教令(Edicts banning Christianity)下の日本に潜入したが逮捕され江戸に幽閉された。新井白石の「西洋紀聞」の名著が残存する。

[6] ―⑲：シドッチは1708年(宝永5年)屋久島(鹿児島県)に上陸するが、島人に通報されて逮捕され、長崎を経て江戸に送られ、その後小石川宗門改所にて監禁され5年後に牢死する。☆「屋久島」1993年ユネスコ世界遺産に登録。英名**Yakushima**.

[7] ―①：大黒屋光太夫(1751–1828)は江戸時代後期の廻船(cargo vessel)の船頭(boatman)。1782年伊勢から江戸へ向かう航行中駿河灘(the Sea of Suruga)で台風にあい、ロシアに漂着した。その後ロシアに約10年間滞留し1792年ラクスマンに連れられて根室港(Nemuro Port)に帰国した。

[8] ―②：ロシア初の遣日使節(envoy sent to Japan)アダム・ラクスマン(Adam Laksman: 1766–1806)は漂流者・大黒屋光太夫の保護と帰国に尽力し、1792年根室に到着する。翌年には箱館(＝函館)に廻航するが通商交渉(＝trade negotiation)は拒否されたが、長崎入港のみ許可され帰国した。

[9] ―⑤：戦国時代初期頃(1469年)福岡県の三池郡にある稲荷山で「燃ゆる石」(石炭)が発見され、江戸時代(1721年)には石炭採掘(＝the mining of coal)が始まり、1873年には官営(＝government enterprise)となる。1888年に三井財閥(the Mitsui *Zaibatsu* [financial combine])に落札されたが1997年に閉山となる。これは(三井)三池炭鉱(＝(Mitsui) Miike Coal Mine)であり、そこには江戸時代から採掘された炭鉱関連の産業遺産(industrial heritage)が多数残存する。

[10] ―⑯：三池炭鉱は福岡県大牟田市と熊本県荒尾市にまたがる日本最大の三井石炭鉱業の炭鉱である。

《2》 次の設問(1)～(5)を読んで、正解をそれぞれの語群①～⑤から一つ選んで、解答欄にマークしなさい。(各3点×5＝15点)

(1) 奈良時代の歌人で、貧窮問答歌の作者。702年遣唐使の一員として入唐。帰国後、筑前守赴任中に大宰帥の大伴旅人と親交があり、多くの作品を生んだ。この人物は誰か。

①大伴家持　　　②犬上御田鍬　　③柿本人麻呂　　④山部赤人
　　　⑤山上憶良　　　　　　　　　　　　　　　　　　　　　　　11

(2)　曹洞宗の開祖。13歳で出家して比叡山へ入り、その後栄西に禅を学び、1223年に入宋した。権威を嫌い、越前国に永平寺を建立した。この人物は誰か。
　　　①西行　　　②慈円　　　③道元　　　④高弁　　　⑤日蓮　　12

(3)　平安後期の武士。平正盛の長男。鳥羽院政期に山陽・南海の海賊鎮圧などに活躍し、昇殿も許されて平家繁栄の基礎をつくった。この人物は誰か。
　　　①平忠盛　　②平将門　　③平忠常　　④平忠正
　　　⑤平重盛　　　　　　　　　　　　　　　　　　　　　　　13

(4)　1878年に来日したアメリカ人。東京大学で哲学などを講義する一方、日本美術を高く評価した。岡倉天心と共に東京美術学校の創設に尽力した。この人物は誰か。
　　　①キヨソネ　　②ケーベル　　③モース　　④フェノロサ
　　　⑤フォンタネージ　　　　　　　　　　　　　　　　　　　14

(5)　東洋経済新報社の記者の時代に、「代議政治の論理」などを発表、後に同社の社長、第二次世界大戦後は1956年12月に首相になった(翌年2月病気のため辞任)人物は誰か。
　　　①石橋湛山　　②岸信介　　③幣原喜重郎　　④鳩山一郎
　　　⑤吉田茂　　　　　　　　　　　　　　　　　　　　　　　15

【正解とミニ解説】

[11]―⑤：山上憶良(660–733)。奈良時代初期の貴族・歌人。万葉集(＝the oldest Anthology of Japanese *waka* poems)に歌を多数(78首)残す。代表作は「貧窮問答歌」(＝貧しい生活の苦しみを問答形式で歌った長歌と短歌)

[12]―③：道元(禅師)(1200–1253)。鎌倉時代初期の禅僧。日本曹洞宗の開祖。越前(福井県)に永平寺を建立する。「只管打坐」(＝*Zen* meditation in which one focuses on sitting without actively seeking enlightenment.)の禅を伝道し、「正法眼蔵」(＝the Treasury of the Eye of the True Dharma)を著す。☆「只管打坐」とは、余念を交えず、ただひたすら坐禅すること。悟りを得ることを期待せず「ただひたすら(＝只管)」坐禅すること。

[13]―①：平忠盛(1096–1153)。平安時代末期の武将。平清盛の父。平正盛の長男。日宋貿易(＝the trade between Japan and the Song Dynasty in

China)により財力を得て平家一門(the Taira clan)繁栄の礎を築く。歌人でも有名で「平忠盛集」がある。

[**14**] —④：フェノロサ(Ernest Francisco Fenollosa. 1853–1908)。米国の東洋美術史家(art historian)・哲学者(philosopher)。1887年来日して東大で哲学を講じる。日本に関心を寄せ東京美術学校(the Tokyo School of Fine Arts)を創設し、浮世絵版画(an *Ukiyo-e*, a woodblock print and painting)の真価を世に高めた。帰国後ボストン美術館東洋部部長。

[**15**] —①：石橋湛山(1884–1973)。ジャーナリスト・政治家。東洋経済新報社(Toyo Keizai Inc.)の社長。第二次世界大戦後は自由民主党の総裁(第55代)。中国やソ連との交流促進に尽力する。1959年に訪中し、石橋・周恩来声明(Joint Communique)は日中国交正常化(the restoration of diplomatic ties between Japan and China; the normalization of Sino-Japanese diplomatic relations)の基礎を固めた。

《**3**》 次の設問(1)〜(5)を読んで、正解をそれぞれの語群①〜⑤から一つ選んで、解答欄にマークしなさい。(各3点×5＝15点)

(**1**) 源平の争乱から後醍醐天皇の京都帰還までの約150年間の歴史を公家の立場から記した、南北朝時代に書かれた歴史書はどれか。
①増鏡　　②水鏡　　③愚管抄　　④吾妻鏡
⑤保元物語　　　　　　　　　　　　　　　　　　　|16|

(**2**) 源信が985年に著した、地獄と極楽を対比させ、極楽往生のために念仏を勧めた作品はどれか。
①正法眼蔵　　②禁秘抄　　③方丈記　　④往生要集
⑤拾遺往生伝　　　　　　　　　　　　　　　　　　|17|

(**3**) 作者と作品との組み合わせで誤っているものはどれか。
①井原西鶴『世間胸算用』　　②河竹黙阿弥『菅原伝授手習鑑』
③近松半二『本朝廿四孝』　　④近松門左衛門『曽根崎心中』
⑤鶴屋南北(四世)『東海道四谷怪談』　　　　　　　　|18|

(**4**) 作者と作品との組み合わせで誤っているものはどれか。
①賀茂真淵『国意考』　　②北村季吟『源氏物語湖月抄』
③契沖『万葉代匠記』　　④関孝和『発微算法』
⑤塙保己一『塵劫記』　　　　　　　　　　　　　　　|19|

(**5**) 作者と作品との組み合わせで誤っているものはどれか。
①国木田独歩『病牀六尺』　　②田山花袋『田舎教師』

③長塚節『土』　　④樋口一葉『たけくらべ』
⑤二葉亭四迷『浮雲』
　　　　　　　　　　　　　　　　　　　　　　　　　　　　　20

【正解とミニ解説】

[16]—①：増鏡（＝the Clear Mirror）。南北朝時代の歴史物語（historical tale）。二条良基（1320–1388）の作と言われる。後鳥羽天皇即位から後醍醐天皇の隠岐（島根県）からの還幸（return of the Emperor）までの約150年間の事跡を編年体で（in chronological form [order]; in an annalistic style）記す。「四鏡」（＝〈成立順〉大鏡・今鏡・水鏡・増鏡）の最後の作品。

[17]—④：往生要集（＝the Essentials of the Rebirth in the Pure Land）。源信（942–1017. 平安中期の天台宗の仏僧）が985年（寛和元年）に著した仏教書（Buddhist text）。極楽往生（peaceful death; rebirth in paradise）の阿弥陀如来（Amida Buddha）の国に往生するために念仏を勧めた。日本の浄土教（＝Pure Land sect of Buddhism）に画期的な影響を与えた。

[18]—②：河竹黙阿弥（1816–1893）は幕末・明治の歌舞伎脚本・狂言作者である。江戸歌舞伎を大成し、近代の劇への橋渡しをした。代表作「蔦紅葉宇都谷峠」など多数残す。菅原伝授手習鑑（＝Sugawara's Secrets of Calligraphy）は人形浄瑠璃（Bunraku play）および歌舞伎（Kabuki drama）の演目（a program for the performance）のひとつである。江戸中期に初代竹田出雲・二代目竹田小出雲・三好松洛・並木千柳（宗輔）の合作。平安時代の学者・政治家である菅原道真（845–903）の失脚事件と彼の周辺の登場人物の生き様を描く作品である。1746年（延享3年）大阪竹本座で初演。

[19]—⑤：塙保己一（1746–1821）は江戸時代後期の国学者（a Japanese classical scholar）。1793年幕府の保護下で和学講談所（＝和学の教授や文献資料を収集・整理する学問所：institute of national learning）を設立するが、1868年に廃止する。代表作「群書類従」を編纂する。塵劫記（＝Japanese mathematical text）は江戸時代の数学書。1627年に江戸時代前期の和算家（a Japanese mathematician）吉田光由（1598–1673）が著した。絵を多用し、基礎から応用まで説いた数学入門の模範とされ高く評価されている。

[20]—①：国木田独歩（1871–1908）は明治時代の小説家（a novelist）、詩人（a poet）。自然主義文学（naturalism literature）の先駆者。代表作「武蔵野」などがある。病牀六尺（＝1.8 meter sickbed）は正岡子規の作。不治の病にたおれた病牀での様々な感想を死の二日前まで綴った凄絶な随筆集（＝a collection of essays）。

《4》 次の設問(1)〜(5)を読んで、正解をそれぞれの語群①〜⑤から一つ選んで、解答欄にマークしなさい。(各3点×5＝15点)

(1) 執権政治の大きな特徴として、源頼朝の死後に執権北条氏によって進められた、有力(　)による合議制の政治体制があげられる。(　)にあてはまる身分・職制はどれか。
　①地頭　　②守護　　③官領　　④受領　　⑤御家人　　21

(2) 594年には「仏教興隆の詔」が出され、仏教が政治の基本に据えられた。大王家や諸豪族は、古墳にかわってその権威を示し、氏の政治的結集の場とするために、きそって氏寺を建立した。蘇我馬子が発願し、朝廷の保護を受け、588年に建立が始まった飛鳥の飛鳥寺、厩戸王の発願によると伝えられ、593年に建立が始まった難波の(　)や、斑鳩の法隆寺などがその代表的な例である。(　)にあてはまる寺院はどれか。
　①矢田寺　　②当麻寺　　③山田寺　　④四天王寺
　⑤橘寺　　22

(3) 勘合貿易とは、割符である勘合を使用して行われた日本と(　)との貿易。貿易は室町幕府が主催し、実際の経営は守護大名や寺社・商人が関与した。(　)にあてはまる国はどれか。
　①元　　②清　　③明　　④宋　　⑤高麗　　23

(4) 江戸時代の将軍とその在任中の出来事との組み合わせで誤っているものはどれか。
　①徳川綱吉―赤穂浪士の吉良邸への討ち入り
　②徳川秀忠―禁中並公家諸法度の発布
　③徳川家斉―慶安の変(由井(比)正雪の乱)
　④徳川家茂―日米修好通商条約の調印
　⑤徳川家慶―蛮社の獄により渡辺崋山らの処罰　　24

(5) 1874年に政府に提出された民選議院設立の建白書は、提出翌日の新聞に掲載された。その新聞とはどれか。
　①『国民新聞』　　②『朝野新聞』　　③『郵便報知新聞』
　④『日新真事誌』　　⑤『万朝報』　　25

【正解とミニ解説】
[21]―⑤：御家人(＝a retainer serving the shogun)は鎌倉時代に源頼朝に見参して主従関係を結んだ将軍直属の武士。将軍に忠誠を尽くす代償に所領安堵・新恩給与などは保証された。☆江戸時代の御家人は旗本(＝a direct

retainer of the shogun)と共に(後年はその下位)の将軍直臣。☆「地頭」は荘園の管理者、「守護」は各国の警備・行政の担当者。

[22] —④： **四天王寺**は厩戸王(＝聖徳太子)の発願により593年(推古元年)には難波(＝現在の大阪市天王寺元町)に建立された。本尊(＝the principal Buddhist statue)は救世観音。聖徳太子が物部守屋(＝古代の豪族)の乱に際し、戦勝を祈願して四天王(＝仏教の四人の守護神)を安置したのが始まりである。☆「四天王」＝持国天(東方)、増長天(南方)、広目天(西方)、多聞天(北方)。

[23] —③： **勘合貿易**(＝a tally [licensed] trade between Japan and the Ming Dynasty)とは、日本の遣明船によって日本と**明**(Ming)との間に行われた日明貿易(＝Japan-Ming trade)。14世紀から16世紀に到って続行された公式の貿易である。

[24] —③： **徳川家斉**(1773–1841)は江戸幕府(the Tokugawa shogunate)第11代将軍。慶安の変(**由井正雪の乱**)(＝the Keian uprising [incident])。関ヶ原の戦い以降、江戸幕府は多数の大名(feudal lords)を減封したので多数の浪人(lordless wandering samurai)が発生した。1651年(慶安4年)4月から7月にかけて由井正雪を首謀とする浪人らによる幕政批判の陰謀事件である。当時の将軍は第4代徳川家綱(1641–1680)である。(家斉ではない)

[25] —④： **日新真事誌**は1872年(明治5年)英国人ブラック(John Reddie Black: 1826–1880)が東京で創刊した邦字の日刊新聞。明治初期の国会開設運動を支持し「民選議院設立建白書」を記載したことで有名。板垣退助(1837–1919)らが民選による議会の開設を求め、この新聞を通じて政府批判が公示された。その後、1875年政府の弾圧により廃刊となった。

《5》 次の設問(1)〜(5)を読んで、正解をそれぞれの語群①〜⑤から一つ選んで、解答欄にマークしなさい。(各3点×5＝15点)

(1) 戦国時代には、商品経済の発展によって城下町だけでなく、門前町も繁栄した。門前町としては伊勢神宮の宇治・山田、信濃善光寺の長野、延暦寺の門前町で琵琶湖岸の重要な港町でもあった(　)などが代表的である。(　)にあてはまる地名はどれか。
　①長浜　　②彦根　　③近江八幡　　④信楽　　⑤坂本　26

(2) (　)は、関東管領上杉憲実が15世紀の永享年間に快元を校長として再興され、以降上杉氏、北条氏の保護を受けた。禅僧によって管理され、儒学研究の場として関東の学問の拠点となり、戦国時代にはザビエルにより坂東の大学としてヨーロッパに紹介された。(　)にあてはまる学校は

どれか。
①足利学校　②金沢文庫　③昌平坂学問所　④開智学校
⑤閑谷学校　　　　　　　　　　　　　　　　　　　27

(3) 江戸時代に物資を輸送した廻船の中で、菱垣廻船が就航していたのはどれか。
①青森と江戸　②大阪と江戸　③酒田と青森　④下関と大阪
⑤長崎と鹿児島　　　　　　　　　　　　　　　　28

(4) 江戸時代には各藩において藩校が設立された。会津藩の藩校は次の中のどれか。
①弘道館　②時習館　③日新館　④明倫館
⑤養賢堂　　　　　　　　　　　　　　　　　　　29

(5) 次の事項と年の組み合わせで誤っているのはどれか。
①シャウプを団長とする使節団が来日して税制改革を勧告（シャウプ勧告）
　―1945年　　　　　　　　　　　　　　　　　30
②金融緊急措置令の公布―1946年
③過度経済力集中排除法の制定―1947年
④GHQ（連合国軍最高司令官総司令部）により第2次吉田茂内閣に経済安定九原則の実行を指令―1948年
⑤1ドル＝360円の単一為替レートを設定―1949年

【正解とミニ解説】

[26] ―⑤：坂本は滋賀県大津市琵琶湖西岸にあり、延暦寺及び日吉大社の門前町である。坂本の美しい町並みは「重要伝統的建造物群保存地区」（略称「重伝建地区」）（Important Preservation Districts for Groups of Traditional Buildings）また「歴史的風土保存区域」（Special Preservation Areas for Historic Landscape）に指定されている。☆長浜、彦根、近江八幡は琵琶湖東岸の城下町。信楽は滋賀県南部の陶磁器の町。

[27] ―①：足利学校は室町時代（1336–1573）に下野国足利庄（現・栃木県足利市昌平町）に漢学研修の施設として設立された学問所。寛永年間（1429–41）に中興した武将・関東管領（＝政治の総管者）の上杉憲実（1410–1466）が臨済僧の快元を初代校長とした。1872年（明治5年）に廃校になる。日本最古の学校で、1921年（大正10年）には国の史跡（National Historic Site）に指定された。☆昌平坂学問所と閑谷学校は江戸時代、開智学校は明治時代、金沢文庫（図書館）は鎌倉時代に開校する。

[28] —②：菱垣廻船(＝wicker-fenced cargo boat)は、江戸時代に**大阪**と**江戸**の間を定期的に航行し、消費地(consuming area [region])を結んで物資を輸送した廻船(＝cargo vessel: 貨物船)のこと。☆「菱垣」とは左右の舷側にヒノキの薄板が竹でさくのように菱形の垣を設けて積荷の落下防止したことから由来する。

[29] —③：日新館(Nisshinkan School of Aizu Domain)は陸奥会津藩の藩校(domain school)。1788年藩主松平容頌が創立した藩校を1799年には「日新館」と改称。1803年(享和3年)には新館改造の末、人材育成を目的に会津藩の最高学府として完成した。日本最古のプールと言われる水練場もある。☆弘道館は水戸藩、時習館は熊本藩、明倫館は長州藩、養賢堂は仙台藩である。

[30] —①：シャウプ勧告はGHQの要請により**1949年**(昭和24年)と翌50年に提出された日本税制に関する報告書である。日本の戦後税制に大きな影響を与えた。現在の税制の基本となった。1945年は間違い。☆「シャウプ(博士)」(Carl Sumner Shoup: 1902–2000)米国の財政学者、コロンビア大学教授。第2次世界大戦後の日本の税制改革案(Tax System Reform; Revision of Tax System)に関わり、シャウプ使節団の団長として来日する。☆「**GHQ**」(＝**G**eneral **H**ead**q**uarters 総司令部)。正式名称はGeneral Headquarters, the Supreme Commander for the Allied Powers (連合国軍最高司令官総司令部)である。

142

《6》 次の(1)〜(5)の絵画や写真について、各問いに答えなさい。
☆本問の写真は著作権の関係で、実際の試験問題に使用された写真ではありません。

世界美術図譜　日本編、第6集、
1944年11月発行、東京堂書店、
東京

Collected papers on Tōshōdai-ji temple,
KUWANA BUNSEIDO Books.,
1949-02-20, KYOTO, Japan

©Hashimoto Kenji /
JTB Photo
許可なく複製を禁ず

(公社)びわこビジターズビューロー
許可なく複製を禁ず

岸田劉生作、「麗子像」、
東京国立博物館所蔵、
Image: TNM Image Archives
許可なく複製を禁ず

第 2 章　筆記（第 1 次）試験［日本地理等］の出題例・その正解とミニ解説

(1) この絵画の名称を選びなさい。また、所蔵している社寺を選びなさい。
　　31　名称：①阿弥陀浄土図　　②釈迦説法図繡帳　　③絵因果経
　　　　　　　④当麻曼荼羅図　　⑤天寿国繡帳
　　32　社寺：①中宮寺　　②当麻寺　　③法隆寺　　④飛鳥寺
　　　　　　　⑤矢田寺

(2) この像の名称を選びなさい。また所蔵している社寺を選びなさい。
　　33　名称：①薬師如来像　　②盧舎那仏像　　③鑑真和上像
　　　　　　　④梵天像　　⑤塔本塑像
　　34　社寺：①薬師寺　　②東大寺　　③唐招提寺　　④興福寺
　　　　　　　⑤元興寺

(3) 庭園の名称を選びなさい。また所在する社寺を選びなさい。
　　35　名称：①依水園　　②大仙院庭園　　③玄宮園　　④仙巌園
　　　　　　　⑤養翠園
　　36　社寺：①龍安寺　　②西芳寺　　③天龍寺　　④大徳寺
　　　　　　　⑤仁和寺

(4) この写真の建築は伏見城の遺構と伝えられ、桃山文化を代表するものの一つである。建築の名称と所在する都道府県名を選びなさい。
　　37　名称：①伊勢神宮内宮正殿　　②醍醐寺三宝院表書院
　　　　　　　③都久夫須麻神社本殿　　④西本願寺鴻の間
　　　　　　　⑤妙喜庵待庵
　　38　所在地：①兵庫県　　②三重県　　③京都府　　④滋賀県
　　　　　　　　⑤大阪府

(5) この絵画の題名を選びなさい。またその作者を選びなさい。
　　39　題名：①立てる像　　②天平の面影　　③読書　　④悲母観音
　　　　　　　⑤麗子微笑
　　40　作者：①狩野芳崖　　②岸田劉生　　③黒田清輝
　　　　　　　④藤島武二　　⑤松本竣介

【正解とミニ解説】
[31] —⑤：**天寿国繡帳**（てんじゅこくしゅうちょう）（国宝）（＝Tapestries with Embroideries representing *Tenjukoku* Paradise (national treasure)）は飛鳥時代(あすか)（7世紀）につくられた日本最古の刺繡(ししゅう)・染織(せんしょく)工芸品。☆「天寿国」とは阿弥陀如来(あみだにょらい)（Amida Buddha; Amitabha）が住む西方極楽浄土(ごくらくじょうど)（the Western Paradise of the Pure Land）を指す。「天寿国繡帳」とは聖徳太子が往生(おうじょう)し、生まれ変わった様子を刺繡した帳(とばり)の意味である。別名「天寿国曼荼羅(まんだら)」（*Tenjukoku-Shucho* Mandara）

[32]—①：奈良県斑鳩町の法隆寺に隣接する**中宮寺**に所蔵されている。聖徳太子が621年(推古29年)に創建した聖徳宗(元は法相宗)の寺院(尼寺)。
[33]—③：**鑑真和上像**(国宝)は奈良時代の乾漆像(a dry-lacquered wooden image [statue])。753年来日した唐の高僧・鑑真(688–763)の日本最古の肖像彫刻(sculpture with portrait)であるとされる。奈良時代に鑑真は帰化し(=be naturalized as a Japanese citizen)、日本の律宗を開基する。
[34]—③：**唐招提寺**。759年奈良市五条町に鑑真和上が開山した寺で、日本における律宗の総本山。多数の国宝と重要文化財を収蔵する。1998年「古都奈良の文化財」(Historic Monuments of Ancient Nara)の一部としてユネスコ世界遺産の登録。
[35]—②：**大仙院庭園**は京都市北区紫野大徳寺町にある庭園。大仙院は大徳寺の中にある塔頭寺院(=sub-temple)で、1509年(永正6年)・古岳宗亘禅僧(Zen monk)(1465–1548 大聖国師)が開基した。庭園は大聖国師の作庭による室町時代を代表する禅院式の枯山水庭園(=the dry landscape garden)である。国指定の史跡(historic site)・特別名勝(special place of scenic beauty)。
☆「塔頭」とは塔(祖師や高僧の基塔)の頭(またはその敷地内)に建てた小院のこと。
[36]—④：**大徳寺**。京都市にある臨済宗(the Rinzai sect of Buddhism)大徳寺派の総本山。1315年(正和4年)宗峰妙超仏僧(1282–1338：大燈国師)による創建の禅宗寺院。正式には1325年(正中2年)に創立されている。有名な茶庭・茶室が多い。
[37]—③：**都久夫須麻神社本殿**(国宝)は、琵琶湖(Lake Biwa)の北部に浮かぶ竹生島にある神社。社名は「竹生島神社」とも言う。本殿は、豊臣秀吉が天皇を迎える施設として伏見城内に建設した「日暮御殿」(Sunset Palace)を、秀吉の三男・豊臣秀頼(1593–1615)が移建・寄進したものである。また京都の豊国廟(Toyokuni Mausoleum enshrining Toyotomi Hideyoshi)の一部を移建したものであるため、安土桃山時代(1573–1603)の文化を伝える貴重な建造物として国宝(national treasure)に指定されている。
[38]—④：滋賀県長浜市に鎮座する竹生島神社。
[39]—⑤：**麗子微笑**(=Smiling Reiko with a green fruit in her hand [英語表記])。5歳から16歳まで描き続けた愛娘「麗子」シリーズのうち満7歳像。国指定の重要文化財。東京国立博物館に所蔵されている。
[40]—②：**岸田劉生**(1891–1929)。大正から昭和初期にかけての近代日本を代表する洋画家。

【3】 一般常識

《1》 次の(1)〜(5)の各文章を読み、問1〜問6に答えなさい。(22点)
(1) 政府は2001年3月の月例経済報告で、日本の物価は持続的に下落しており、経済は「緩やかな(ア)状況にある」と宣言した。2013年1月、(A)日本銀行は(ア)からの脱却のため、物価安定の目標を消費者物価の前年比上昇率で(イ)％とすることを決めた。物価の動向を示す指標には、消費者物価指数や(ウ)などがある。(ウ)は一国全体の経済活動によって生み出されたモノとサービス全ての付加価値の価格の動向を示すもので、名目国内総生産を実質国内総生産で割って算出する。

[問1] 下線部(A)に関して、日本銀行の最高意思決定機関として正しいものを次の①〜⑤から一つ選び、番号で答えなさい。(3点)
①業務調整会議　②審議委員会　③政策委員会　④評議員会
⑤理事会　　　　　　　　　　　　　　　　　　　　　1

[問2] 空欄(ア)(イ)(ウ)にあてはまる最も適当なものを次の①〜⑫から一つずつ選び、番号で答えなさい。(各2点×3＝6点)
①インフレーション(インフレ)　②スタグフレーション
③デフレーション(デフレ)　　　④リフレーション(リフレ)
⑤0.5　⑥1　⑦2　⑧3　⑨GDPギャップ
⑩GDPデフレーター　⑪コンポジット・インデックス
⑫デフレギャップ　　　　　　　(ア) 2　(イ) 3　(ウ) 4

(2) 企業の経営権を取得したり、企業を買収・合併したりする場合に、買い付け期間や買い取り価格・株数などを公告し、不特定多数の株主から株式を買い集めることを(エ)という。相手企業の同意や協力を得て進める友好的(エ)と、相手企業の同意を得ずに行う敵対的(エ)がある。

[問3] 空欄(エ)にあてはまる適当なものを、次の①〜⑤から一つ選び、番号で答えなさい。(3点)
① LBO　② M&A　③ MBO　④ OEM
⑤ TOB　　　　　　　　　　　　　　　　　　　　　　5

(3) (オ)は18世紀の英国の経済学者で「経済学の父」とも呼ばれる。重商主義を批判し、1776年に『国富論』を著わした。

[問4] 空欄(オ)にあてはまる最も適当なものを、次の①〜⑤から一つ選び、

番号で答えなさい。(3点)
①ジョン・M・ケインズ　②アダム・スミス　③カール・マルクス
④アルフレッド・マーシャル　⑤デイヴィッド・リカード　6

(4) (カ)とは、自らが株主や消費者、従業員、地域住民など様々な利害関係者と環境に対して責任を負っているという考えに基づき、企業が利益を追求するだけでなく、法令を遵守し、社会的公正や人権、環境に配慮した責任ある行動を取ることである。

[問5] 空欄(カ)にあてはまる最も適当なものを、次の①～⑤から一つ選び、番号で答えなさい。(3点)
①企業の社会的責任(CSR)　②コーポレート・ガバナンス
③事業継続管理(BCM)　④ソーシャルビジネス　⑤メセナ　7

(5) 総務省の「通信利用動向調査」によれば、2011年にパソコンや携帯電話、スマートフォン、タブレット型端末、インターネット接続可能テレビ、家庭用ゲーム機などでインターネットを利用したことのある人は(キ)人と推定され、前年に比べ148万人増加した。また、同省が行った別の調査(2011年)で、ソーシャルメディアを利用していると答えた人は42.9%であった。ソーシャルメディアのうち、(ク)は、ウェブサイト上で職業や趣味、写真などを公開したりして、会員同士が交流できる機能を提供する会員制のインターネットサービスで、ミクシィやモバゲー、グリー、フェイスブックなどがある。

[問6] 空欄(キ)(ク)にあてはまる最も適当なものを、次の①～⑩から一つずつ選び、番号で答えなさい。(各2点×2＝4点)
①4,315万　②5,593万　③7,730万　④9,610万
⑤1億2,700万　⑥ソーシャルネットワーキングサービス(SNS)
⑦ツイッター　⑧ネット掲示板(BBS)　⑨ブログ
⑩ユーチューブ　　　　　　　　　　(キ) 8 　(ク) 9

【正解とミニ解説】

[1]―③：**政策委員会**(＝policy board)は、日本銀行の最高意思決定機関として公定歩合の決定(＝discount rate)などを行う。総裁、副総裁(2名)、審議委員(6名)の計9名の委員で構成される。いずれも国会にて衆議院と参議院の同意を得て内閣が任命する。一般企業での「取締役会」に相当。

[2](ア)―③：**デフレ**。貨幣の供給量が流通に必要な量を下回ること。継続的にモノの値段が下がり続け、経済全体が収縮する状況。☆「デフレ」はdeflation(通貨緊縮)の略語。対義語は「インフレ」(＝inflation)。

[3]（イ）—⑦：インフレ率2％。多少の幅はあるが、資本主義経済での物価上昇率は2％程度が適正と考えられている。☆当時ニュース等で報道された時事問題。

[4]（ウ）—⑩：**GDP デフレーター**。一定期間（1年）内に国内で新たに生み出された生産物やサービスの総和のこと。名目 GDP と実質 GDP との比があり、後者は物価変動の影響を排除したものであるため、この比の値は物質の動向を示す指標となる。☆日本銀行がデフレから脱却するため、物価安定の目標を消費者物価の前年比上昇率で2％とすることを決めた。物価の動向を示す指標には消費者物価指数や **GDP デフレーター**などがある。☆GDP「国民総生産」（＝**G**ross **D**omestic **P**roduct）。

[5]—⑤：**TOB**. Take-Over Bid（株式公開買付）の略語。企業経営陣の賛同を得ずに実施される敵対的 TOB は、友好的 TOB に比べ、株式の買付け価格は比較的高めに設定される。

[6]—②：**アダム・スミス**（Adam Simth. 1723–1790）。古典派経済学の始祖であるイギリスの経済学者。価格メカニズムによって需要と供給は自動的に調整され、社会全体は安定するとして、経済は自由放任な自由競争に任せること（別称「神の見えざる手」）を提唱した。主著に有名な「国富論」（経済学の体系的著作）がある。

[7]—①：企業の社会的責任（**CSR**）。**C**orporate **S**ocial **R**esponsibility の略語。企業は事業活動において利益を優先するだけでなく、従業員、顧客、取引先、株主、地域社会などへの適切な対応・配慮・貢献をしながら果たす社会的責任のこと。

[8]（キ）—④：**9,610 万**。☆幼児を除けばネット利用者は全人口の約8割程度[4分の3]。

[9]（ク）—⑥：**SNS**（＝Social Networking Service）。ネットを利用し、交友関係を構築するコミュニティ型の Web サービスのこと。設問中にある「会員同士の交流できる機能」という記載事項から正解と判断できる。別称「ソーシャルネットワーク」（＝Social Network）

《2》 有効求人倍率の記述として間違っているものを、次の①～④から一つ選び、番号で答えなさい。（3点）
　①有効求人倍率が1倍を下回れば、求職者数よりも求人数の方が少なく、仕事が不足していることになる。
　②有効求人倍率は、全国の公共職業安定所（ハローワーク）に登録された有

効求職者数(前月から繰り越された求職者と新規求職者との合計)に対する有効求人数(前月から繰り越された求人と新規求人との合計)の割合である。
　③有効求人倍率は、人手が不足しているか過剰であるかを示す統計で、景気の動向を判断する重要な指標の一つである。
　④有効求人倍率は、労働力人口に占める完全失業者の割合である。　10

【正解とミニ解説】
(10)—④：有効求人倍率(＝effective ratio of job offers to applicants)：有効求人率を有効求職者で徐した率のこと。1人あたりの求職者に対して、どれだけ求人数があるのかを示す指標としての用語である。④の記述は完全失業率の説明である。

《3》　次の(1)～(3)の各文章を読み。問1～問5に答えなさい。(16点)
(1)　「伝統的工芸品」とは、「伝統的工芸品産業の振興に関する法律」(伝産法)に掲げる(A)五つの要件のすべてを満たし、同法に基づく国の指定を受けた工芸品のことである。2013年3月現在、全都道府県のうち、「伝統的工芸品」の品目が最も多いのは京都府で、西陣織など17品目が指定されている。2位は小千谷縮や燕槌起銅器など16品目が指定されている(ア)で、3位は久米島紬や壺屋焼など14品目が指定されている(イ)である。また、業種別では、織物が最も多く34品目が指定されており、次いで多いのが陶磁器で、石川県の(ウ)など31品目が指定されている。

[問1]　下線(A)に関して、五つの要件として間違っているものを次の①～⑤から一つ選び、番号で答えなさい。(3点)
①一定の地域において少なくない数の者がその製造を行い、またその製造に従事しているものであること。
②主として観賞の用に供されるものであること。
③その製造過程の主要部分が手工業的であること。
④伝統的な技術または技法により製造されるものであること。
⑤伝統的に使用されてきた原材料が主たる原材料として用いられ、製造されるものであること。　11

[問2]　空欄(ア)(イ)にあてはまる最も適当なものを、次の①～⑩から一つずつ選び、番号で答ええなさい。(各2点×2＝4点)
①愛知県　　②大阪府　　③沖縄県　　④鹿児島県　　⑤東京都
⑥富山県　　⑦長野県　　⑧新潟県　　⑨兵庫県　　⑩福岡県

(ア) 12　(イ) 13

[問3]　空欄(ウ)にあてはまる最も適当なものを、次の①〜⑤から一つ選び、番号で答えなさい。(2点)
①伊万里・有田焼　②京焼・清水焼　③九谷焼　④信楽焼
⑤益子焼
14

(2)　二国間で(エ)が結ばれると、空港の発着枠に制約がない限り、両国の航空会社は政府を通さずに自由に路線開設や便数、運賃を決められるようになる。

[問4]　空欄(エ)にあてはまる最も適当なものを、次の①〜⑤から一つ選び、番号で答えなさい。(3点)
①オープンスカイ協定　　②国際航空運送協定
③国際航空業務通過協定　④シカゴ条約　⑤バミューダ協定
15

(3)　政府はすぐれた自然の風景地を自然公園法に基づき国立公園として指定している。2013年3月現在、(オ)ケ所が国立公園として指定されている。(カ)国立公園は日本で最初に指定された国立公園の一つである。

[問5]　空欄(オ)(カ)にあてはまる最も適当なものを、次の①〜⑩から一つずつ選び、番号で答えなさい。(各2点×2＝4点)
① 10　② 20　③ 30　④ 50　⑤ 80　⑥伊勢志摩
⑦小笠原　⑧支笏洞爺　⑨瀬戸内海　⑩富士箱根伊豆
(オ) 16　(カ) 17

【正解とミニ解説】

[11]─②：「伝産法」の第二条には、観賞用のものはない。伝統的工芸品は日常生活用品に供されるものである。

[12]─⑧：新潟県。「小千谷縮・越後上布」はユネスコ無形文化遺産(＝Intangible Cultural Heritage)また国指定の重要無形文化財(＝Important Intangible Cultural Asset)。⇨(172頁)　その他「塩沢紬」(絹織物)や「加茂桐箪笥」(木工品)などが有名である。

[13]─③：沖縄県。「久米島紬」(Kumejima pongee)は国指定の重要無形文化財。その他「宮古上布」(麻織物)や「読谷山ミンサー」(紋織物)などが有名である。

[14]─③：九谷焼(＝Kutani porcelain ware)。石川県南部(金沢市や加賀市など)で生産される色絵の磁器。☆他の選択肢も有名な陶磁器である。①は佐賀県。②は京都府。④は滋賀県。⑤は栃木県。

[15]─①：オープンスカイ協定(＝airline deregulation policy)。航空の自由

化を目的とする2国間協定(＝agreements of two countries towards aviation liberalization)。別称「航空自由化協定」。日本では2013年現在26ケ国と締結している。

[16]─③：2013年現在では全国30箇所の国立公園(national park)。2013年5月「陸中海岸国立公園」に種差海岸階上岳県立自然公園(青森県)が編入され「三陸復興国立公園」に改称された。☆2014年「慶良間諸島国立公園」が指定されたので31箇所である。(環境省)

[17]─⑨：1934年に指定された国立公園は、**瀬戸内海国立公園**、雲仙国立公園(現・雲仙天草国立公園)、霧島国立公園(現・霧島錦江湾国立公園)。

《4》 以下の記述のうち、間違っているものを、次の①〜⑦から三つ選び、番号で答えなさい。(各3点×3＝9点)

① 2012年に開業した東京スカイツリーは高さ634メートルで、自立式伝波塔としては世界一の高さである(2013年3月現在)。「天望回廊」と「天望デッキ」はあり、足元には店舗や水族館、プラネタリウムが入る「東京スカイツリータウン」が広がる。

② 観光庁の「訪日外国人消費動向調査」によれば、2011年の訪日外国人旅行客のうち、訪日旅行中の支出額に占める買物代の割合が最も高いのは米国からの旅行客であった。

③ 政府が2012年3月に新たに策定した「観光立国推進基本計画」では、2020年初めまでに年間の訪日外国人旅行客数を2,500万人とすることを念頭に、2016年までに1,800万人とすることを目標に掲げている。

④ 世界観光機関(UNWTO)の統計(暫定値)によれば、2011年に世界で来訪外国人旅行客が多かった国の1位は英国で、アジアでは中国とシンガポールが上位10カ国に入った。

⑤ 日本政府観光局(JNTO)の統計(暫定値)によれば、2012年の訪日外国人旅行客数は前年比34.6％増の約836万8千人で、過去最高を記録した2010年と比較しても2.8％減にまで回復した。

⑥ 日本に観光目的などで短期滞在するために査証(ビザ)が必要なのは、ビジット・ジャパン事業の対象となっている国・地域のうち、タイ人のみである(2013年3月現在)。

⑦ 日本の「国際会議観光都市」とは、国際会議施設や宿泊施設などのハード面と、コンベンション・ビューローなどのソフト面での体制が整備されており、国際会議の振興に適すると認められる市町村で、観光庁長官

が認定したものである。　　　　　　　　　　　　　　　18　19　20

【正解とミニ解説】

[18]―②：**2011年**の訪日旅行者の支出額の占める買い物代の最も高い順は、**中国**(第1位46.7%)・韓国・台湾・米国(約15%)・香港である。

[19]―④：2011年に世界で外国人旅行者が多数いた国の第1位は**英国**(約3,000人)ではなく**フランス**(約7,950人)である。アジアでは中国と**マレーシア**が上位10ヵ国に入った。シンガポールは22位である。

[20]―⑥：査証が必要なのは「**タイ人のみ**」は間違い。正しくは「**中国・インド・ロシア・タイ**」などの国々が列挙される。

《5》　国際連合に関する次の文章を読み、問1～問5に答えなさい。(12点)

　国際連合(以下、国連)は、第2次世界大戦後の1945年に51ヵ国の加盟国で設立され、日本は1956年に80番目に加盟した。2012年現在の加盟国数は(A)ヵ国となっている。国連の2012年の通常予算は約24億ドルであり、加盟国の支払い能力に応じて決められた割合に従って支払われる分担金によってまかなわれている。この分担金の負担割合は3年に一度の見直しがなされており、日本は2013年～2015年において(B)％となっている。国連の主要な機関の一つに安全保障理事会があり、拒否権を持つ5ヵ国の常任理事国、ならびに任期2年の非常任理事国10ヵ国から構成されている。この安全保障理事会の勧告に基づき、総会が5年の任期でC 事務総長を任命している。国連の専門機関の一つとして、1972年にD「世界遺産条約」を採択した国連教育科学文化機関(ユネスコ)がある。2003年10月のユネスコ総会では芸能や伝統工芸技術などを保護の対象とした「無形文化遺産保護条約」を採択し、2006年4月に発効した。日本は世界で3番目にこの条約を批准し、すでに21件が代表一覧表に記載されている。日本政府は2013年度に「(E)」、2014年度には「和紙、日本の手すき和紙技術」の代表一覧表への記載を目指すことを決定している。

[問1]　空欄Aに入るべき数値はどれか。下の選択肢①～⑤から一つ選び、記号で答えなさい。(2点)
　　①219　　②206　　③193　　④180　　⑤167　　21

[問2]　空欄Bに入るべき数値はどれか。下の選択肢①～⑤から一つ選び、記号で答えなさい。(3点)
　　①20.57　　②16.62　　③12.53　　④10.83　　⑤7.14　　22

152

[問3] 下線Cに関連して、現在の事務総長の出身国はどこか。下の選択肢①〜⑤から一つ選び、記号で答えなさい。（3点）
　①エジプト　　②オーストリア　　③ガーナ　　④大韓民国
　⑤ペルー　　　　　　　　　　　　　　　　　　　　　　23

[問4] 下線Dに関連して、2012年には「富士山」「武家の古都鎌倉」のリストへの記載の諮問に先立ち、専門機関による現地調査が行われた。この調査を実施した専門機関を何というか。下の選択肢①〜⑤から一つ選び、記号で答えなさい。（2点）
　① ICCROM　　② ICOMOS　　③ IICD　　④ ILO
　⑤ IUCN　　　　　　　　　　　　　　　　　　　　　24

[問5] 空欄Eに入るべき内容はどれか。選択肢①〜⑤から一つ選び、記号で答えなさい。（2点）
　①能楽　　②人形浄瑠璃文楽　　③京都祇園祭の山鉾行事
　④アイヌの古式舞踊　　⑤和食　日本人の伝統的な食文化　　25

【正解とミニ解説】

[21]—③: 現在、国連加盟国は193ヵ国。☆2014年時点。

[22]—④: 10.83％。日本の国連分担金は上限22％を負担する米国（22％）に次いで2番目である。☆以下ドイツ（7.14％）、フランス（5.59％）、英国（5.17％）、中国（5.14％）が続く。

[23]—④: **大韓民国**。第8代国連事務総長は藩基文（Ban Ki-moon）。☆前任者順は、③ガーナ（アナン）→①エジプト（ガリ）→⑤ペルー（デ・クエヤル）→②オーストリア（ヴァルトハイム）。

[24]—②: **ICOMOS**（＝International Council on Monuments and Sites）「国際記念物遺跡会議」。文化遺産保護に関わる国際的な非政府機関（NGO）である。日本語で「イコモス」とも呼ばれるユネスコの協力機関。1965年に設立。

[25]—⑤:「和食　日本人の伝統的な食文化」。(*Washoku*, Traditional Japanese Cuisine)　☆2013年（平成25年）日本のユネスコ無形文化遺産（Intangible Cultural Heritage）に登録された。⇨（172頁）

《6》　東日本大震災の動きに関する次の文章を読み、問1〜問4に答えなさい。（9点）

　2011年3月11日に東日本大震災が発生し、福島第一原子力発電所の事故が起きた。これを契機に国の原子力行政の体制のあり方が見直され、2012年9月

19 日に環境省の外局として(A)が発足し、災害やテロなどで B 原子力発電所に重大な事故が起きた場合の指揮権を集中させることになった。

また、被災地が一刻も早い復興を成し遂げられるように、復興事業を実施するための組織として、2012 年 2 月に内閣の直下に C 復興庁が設置された。ここは、復興に関する国の施策の企画・調整及び実施、ならびに地方公共団体への一元的な窓口と支援等を担っている。

観光に関連してみていくと、観光庁が中心となった官民一体の取り組みとして、2012 年 3 月から「東北観光博」が約 1 年間にわたって実施された。これは、D 東北地域への旅行需要を喚起し、地域が主体となった新しい観光スタイルを実現することを目標としている。このほか、WTTC (World Tourism and Travel Council) の第 12 回グロバールサミットが、2012 年 4 月に仙台及び東京で開催された。

[問 1] 空欄 A に入るべき語として適切なのはどれか。下の選択肢①〜⑤から一つ選び、記号で答えなさい。(3 点)
①資源エネルギー庁　　②原子力安全・保安院　　③原子力安全委員会
④原子力統制委員会　　⑤原子力規制委員会　　　　　　　　　　26

[問 2] 下線 B に関連して 2012 年 7 月には「大飯原発」は再稼働した。この原発はどの県にあるか。下の選択肢①〜⑤から一つ選び、記号で答えなさい。(2 点)
①長崎県　　②島根県　　③福井県　　④静岡県
⑤新潟県　　　　　　　　　　　　　　　　　　　　　　　　　　27

[問 3] 下線 C に関連して復興庁の設置時限として正しいものはどれか。下の選択肢①〜⑤から一つ選び、記号で答えなさい。(2 点)
①震災から 5 年後まで　　　②震災から 10 年後まで
③震災から 20 年後まで　　④震災から 30 年後まで
⑤時限は定められていない　　　　　　　　　　　　　　　　　　28

[問 4] 下線 D に関連して、東北(山形県の置賜地方)を「東洋のアルカデイア(理想郷)」と著書で称えた、明治時代に日本を旅したイギリス人は誰か。下の選択肢①〜⑤から一つ選び、記号で答えなさい。(2 点)
①イザベラ・バード　　　②アーネスト・フェノロサ
③エドワード・モース　　④アレキサンダー・クロフト・ショー
⑤ブルーノ・タウト　　　　　　　　　　　　　　　　　　　　　29

【正解とミニ解説】
[26]―⑤: **原子力規制委員会**(＝Nuclear Regulation Authority [NRA])。原子力利用における安全規制を一元的に確保する日本の行政機関(環境省の外局)。
[27]―③: **福井県**。大飯原発(Ohi Nuclear Power Plant [Station])は福井県大飯郡おおい町にある関西電力所有の原子力発電所(nuclear power plants of Kansai Electric Power Co, Inc.)。2012年関西電力大飯原発3・4号機が再稼働した。2014年にはすべて停止した。
[28]―②: 復興庁(the Reconstruction Agency)の設置期限は東日本「**震災から10年後まで**」(平成33年3月31日まで)の期限付きで発足された。
[29]―①: **イザベラ・バード**(Isabella Lucy Bird, 1831–1904)。英国の女性旅行家、紀行作家。1878年(明治11年)来日し、東北・北海道を旅行し、1880年「日本奥地紀行(*Unbeaten Tracks in Japan*)[日本未踏の土地]」を出版し、貴重な民俗資料になっている。

《7》 次の問1〜問3について、もっとも適当なものを、それぞれ①〜⑤(または⑥)から一つ選びなさい。(7点)

[問1] 新興5ヵ国の英語名の頭文字をつなぎ合わせた造語として「**BRICS**」があり、2011年より現在の表記となっている。2011年に「S」が頭文字の国が新たに加わったが、これは次のうちのどれか。(2点)
　①サウジアラビア　　②シンガポール　　③南アフリカ
　④大韓民国　　⑤スペイン　　　　　　　　　　　　　30

[問2] 2012年4月1日に「政令指定都市」に移行した都市はどれか。(2点)
　①浜松市　　②新潟市　　③相模原市　　④熊本市
　⑤岡山市　　　　　　　　　　　　　　　　　　　　31

[問3] 2013年9月のIOC総会において、2020年の夏季オリンピックの開催都市が決定される。東京のほかに候補となっている二つの都市の組み合わせとして適切なのはどれか。(3点)
　①イスタンブール　　②イスタンブール　　③イスタンブール
　　マドリード　　　　　ドーハ　　　　　　　ローマ
　④マドリード　　　　⑤マドリード　　　　⑥ローマ
　　ドーハ　　　　　　　ローマ　　　　　　　ドーハ　　32

【正解とミニ解説】
[30]―③: **南アフリカ**(共和国)。BRICs＝Brazil, Russia, India, China and South Africa. 地下資源に恵まれた新興国であるブラジル、ロシア、インド、中

国の総称。2011年この4か国の首脳会議に「南アフリカ共和国」が参加した。
[31]—④：熊本市(くまもとし)。2012年4月1日に「政令指定都市(せいれいしていとし)(政令で指定する人口50万以上の市)」になる。指定都市になった時期の古い順は、→①浜松市・②新潟県(2007年) → ⑤岡山市(2009年) → ③相模原市(2010年)。☆「政令指定都市」が英語では an ordinance-designated city または a city designated by government ordinance. ミニ解説では a city of 500,000 population or more granted special rights by government ordinance などと言える。
[32]—①：「イスタンブール」と「マドリード」。☆2013年9月7日第125次IOC総会において2020年夏季オリンピックの開催都市(＝the host city for the 2020 Summer Olympic Games)は「TOKYO」に決定された。

《8》 次の問1〜問2について、最も適当なものを、それぞれ①〜⑤から一つ選びなさい。(6点)
[問1] 平成24年度において国会で成立した法律に関する以下の記述の中で間違っているものはどれか。(3点)
①「著作権法」が改正され、有償著作物の海賊版と知りながら映像や音楽をインターネット上でダウンロードした場合、2年以下の懲役または200万円以下の罰金が科せられることになった。
②「社会保障・税一体改革」の関連法が成立し、消費税が2014年4月に8％、2017年10月に10％に引き上げられることになった。ただし、増税の実施時期については、法案が成立した後でも経済状況等を勘案して停止できることは法案の附則に盛り込まれた。
③「高年齢者雇用安定法」が改正され、65歳まで働くことを希望する人全員の雇用確保を企業に義務づけことになった。
④「大都市地域特別区設置法」が成立し、政令指定都市と隣接する自治体の総人口が200万人以上となる地域であれば、市町村を廃止して特別区を設置できるようになった。ただし、決定には関係する各議会の承認と住民投票による賛成が必要となる。
⑤「特例公債法」は、赤字国債を発行するための1年限りの法律である。しかし、2012年11月16日に成立した「特例公債法」では、2015年度までの赤字国債の自動発行を認めるようにした。 [33]
[問2] 日本の国政選挙に関する以下の記述の中で正しいものはどれか。(3点)
①選挙区制は死票が少ないが、比例代表制は死票が多いとされている。
②選挙区制では、有権者数が多い選挙区ほど1人の有権者が投じる1票の

価値が高くなるといった、選挙区間での1票の格差が存在する。
③衆議院の選挙では、小選挙区の立候補者が比例代表においても重複立候補することが認められている。ただし、小選挙区の落選者が比例代表で当選するには、小選挙区での得票が有効得票の10分の1を超える必要がある。
④衆議院の比例代表選挙の候補者名簿は「非拘束名簿式」となっている。同一順位とされた重複立候補者の名簿順位は、小選挙区における最多得票者の得票数に対する各重複候補者の得票率の大きさによって決まる。この比率を惨敗率と呼ぶ。
⑤参議院の比例代表選挙の候補者名簿は、「拘束名簿式」となっている。有権者は候補者名簿に登録されている候補者個人名を投票することになっており、政党名を投票することはできない。 34

【正解とミニ解説】
[33]—②：消費税増税（＝consumption tax increase）。消費税は2014年4月に8％（第1段階）、2015年10月に10％（第2段階）に引き上げられる。【注】これは平成25年度時点での試験問題である。しかし2014年11月安倍晋三首相は「2017年4月に消費税率10％引き上げ」を決定した。
[34]—③：☆消去法で解法すれば③以外はすべて間違いの内容である。ちなみに、下線は正しい内容である。
　①死票は選挙区制に**多く**、比例代表制で**少ない**。
　②選挙区制では、有権者が多い選挙区ほど1人の有権者が投じる1票の価値は**低くなる**。
　③正しい記述である。
　④正しくは、この比率を**惜敗率（せきはいりつ）**と呼ぶ。これは、小選挙区におけ最下位当選者の得票数に対する当該候補者の得票数の割合のことである。
　⑤個人名を投票または政党名を投票することが**できる**。

《9》 次の問1〜問6について、最も適当なものを、それぞれ①〜⑤から一つ選びなさい。（16点）
[問1]　2013年2月に国民栄誉賞を授与された大相撲の元力士は誰か。なお、選択肢は現役時代のしこ名を示している。（2点）
　①白鵬　　②貴乃花　　③千代の富士　　④高見山
　⑤大鵬 35
[問2]　大相撲に関する以下の記述の中で間違っているものはどれか。（3点）

第 2 章　筆記(第 1 次)試験[日本地理等]の出題例・その正解とミニ解説　157

①幕内の番付は上位から、横綱、大関、関脇、小結、前頭の順である。最高位の横綱土俵入りの形式は一つに定まっている。
②幕内ならびに十両以上のことを「関取」と呼び、幕下以下の力士とは待遇が大きく異なる。
③土俵の直径は、15 尺(4.55 メートル)、仕切り線の間隔は 70 センチである。正面から土俵に向かって左を東、右を西としている。
④力士が塩をまく所作の意味として、地中の邪気を払い土俵を清めることがあげられる。
⑤力士は相撲部屋に所属し稽古に励む。本場所においては、同じ相撲部屋に所属する力士同士の取り組みは、優勝決定線を除いて存在しない。36

[問 3]　伊勢神宮(三重県伊勢市)に関する以下の記述の中で正しいものはどれか。(3 点)
①伊勢神宮とは、内宮と外宮を中心に、周辺に鎮座する 125 の社の総称である。外宮の前には「おはらい町」と呼ばれる門前町がある。
②内宮の御祭神は衣食住の恵みを与えてくれる産業の守護神の「豊受大御神」、外宮の御祭神は皇室の御祖神の「天照大御神」である。
③一般参拝者は、内宮からお参りするのがしきたりである。また、外宮では左側通行、内宮では右側通行が基本となっている。
④御神体を祀るもっとも大切な建物を御正殿といい、外宮、内宮ともに「神明造」という形式で建てられている。ヒノキの木肌そのままの素木を用いており、色鮮やかな朱の柱や彫刻、装飾はない。
⑤伊勢神宮では 30 年に一度、式年遷宮が行われる。2013 年の式年遷宮は第 62 回目である。式年遷宮では、隣接する敷地に新しい正殿を建築し、これまで使用していた正殿は取り壊されることになる。37

[問 4]　歌舞伎に関する以下の記述の中で間違っているものはどれか。(3 点)
①客席から見て舞台の左を「上手」、右を「下手」と呼ぶ。下手から客席に伸びた通路のような舞台を「花道」という。
②黒、柿色、萌黄の 3 種が並んで引き幕を「定式幕」という。幕は舞台の始まりには下手から上手に、終りには上手から下手に引かれる。
③歌舞伎の出演者はすべて男性である。男性が演じる女性の役者を「女形(女方)」という。
④歌舞伎においては、物語の最初から最後までを上演する「通し」よりも、「時代物」「世話物」「所作事」の人気ある場面だけを組み合わせた「見取り」という方式による上演が主流である。

⑤歌舞伎において「時代物」とは江戸時代よりも古い時代を題材としており、一方で「世話物」は江戸時代の庶民生活を題材としている。　38

[問5]　江戸時代の浮世絵の風景画の作品『名所江戸百景』の作者は誰か。（2点）
①菱川師宣　　②鈴木春信　　③喜多川歌麿　　④葛飾北斎
⑤歌川広重　　39

[問6]　浮世絵はヨーロッパの絵画にも影響を与えたと言われている。浮世絵を「模写」したことで有名な画家は誰か。（3点）
①ウジェーヌ・ドラクロワ　　②フィンセント・ファン・ゴッホ
③ジャン＝フランソワ・ミレー　　④エドヴァルド・ムンク
⑤ピエール＝オーギュスト・ルノワール　　40

【正解とミニ解説】
[35]―⑤：**大鵬**（納谷幸喜）(1940–2013)。2013年授与される。2014年まで大相撲史上最多(32回)優勝回数記録保持者であったが、2015年1月場所、白鵬が33回目の優勝を遂げて、その記録は破られた。
☆1989年には千代の富士（秋元 貢）が授与されている。

[36]―①：**横綱土俵入り**は「**不知火型**」と「**雲龍型**」の2種がある。

[37]―④：**神明造**は日本の神社建築様式の一つである。☆④以外の内容を訂正する。
①「おはらい町」は**外宮**ではなく**内宮**の前にある。
②「御祭神」は、**外宮は豊受大御神、内宮は天照大御神**である。
③「一般参拝」のしきたりは内宮ではなく**外宮**からである。
⑤「式年遷宮」は**20年に一度**である。☆最新問題として、第1次筆記試験の「英文紹介問題」で「**式年遷宮**」について「英語で説明しなさい」という設問が出題された。

[38]―①：観客から見て舞台の**左**を「**下手**」、**右**を「**上手**」と言う。

[39]―⑤：**歌川広重**(1797–1858)。「名所江戸百景」は連作浮世絵名所絵(118枚)である。

[40]―②：フィンセント・ファン・ゴッホ(Vincent van Gogh 1853–1890)。オランダの印象派画家。約500点の浮世絵を収集し、固有の色彩と遠近法を用いたゴッホ浮世絵模写が多数残存する。浮世絵は「名所江戸百景」の一部を模写した。

第2部　口述(第2次)試験の最新傾向

第1章 口述(第2次)試験[英語]の特徴と最新傾向

1. 口述試験の特徴

　通訳ガイド試験の口述(第2次)試験の内容には3点の特徴がある。
　第1に、外国語(本書では英語)による「**英語表現力**」を試問することである。第1次試験では英語力を筆記の形式で試問され、第2次試験では口述の形式となる。
　第2は、第1次の筆記試験の内容となっている「日本地理」「日本歴史」「産業・経済・政治及び文化」に関する「**一般常識**」が第2次試験では口述の対象となっている。
　第3は人物の考査であり、語学力と一般常識をテストすると同時に、その人物の通訳ガイドとしての「適性」をも調べるのである。
　「英語表現力」及び「一般常識」を有し、しかも通訳ガイドとしての「適性」が備わって、はじめて合格への道が開けるのである。
　元来、通訳ガイドは、外国人観光客の接遇の第一線に立つ「民間外交官」である。国際観光を通じて相互理解に役立つためには、英語の「筆記力」はもちろん必要であるが、それにもまして言葉を職業とするため英語の「会話力」が必要条件である。『通訳案内士法』(第二条)に記載されている通訳ガイドの条件は、下記のとおりである。
　(1)　「外国人に付き添って案内すること」
　(2)　「外国語を用いて案内すること」
　(3)　「観光・旅行に関する案内をすること」
いずれも「**案内すること**」すなわち外国人に付き添って日本の観光・旅行に関する「知識」をもち、外国語(英語)で「話す」ことである。通訳ガイドの語るすべてが、日本を代表し、日本の姿と心を正しく紹介することに通じている。したがって、通訳ガイドが外国からの観光客に良い印象を与えることが国際親善のために重要であり、それにふさわしい人物を選ぶために口述(第2次)試験

第 1 章　口述(第 2 次)試験[英語]の特徴と最新傾向

が実施されていると言っても過言ではない。

2. 口述試験の最新傾向

　口述(第 2 次)試験は、通訳ガイドの実務に不可欠な要件である「英語による実践的コミュニケーション能力」と「適正な人物」を考査することである。前述した「通訳案内士(ガイド)試験の新ガイドライン」(vii 頁)における新しい傾向を再度想起してほしい。

以下 JNTO(日本政府観光局)が提示する原文の内容である。
☆『平成 25 年度から実施する口述試験について』
[形式と内容]
1. 試験時間は全体を通じて **8〜10 分程度**とする。
2. 口述試験の<u>進め方</u>は以下(3 点)のとおりである。
　①「通訳」
　受験者は、試験委員が**日本語**で話す内容を**英語**で 通訳する 。
　試験委員：(日本語で)「これから私が日本語で話す内容について、外国人観光客にガイドするつもりで英語を用いてお話しください。配布した用紙と筆記用具を用いてメモをとっても結構です」
　【例題】：「浅草は、江戸時代から演劇でにぎわう歓楽街でした。浅草寺は、雷門にぶらさがる提灯は有名ですが、仲見世と呼ばれる商店街と共に象徴的な観光地点となっています」
　②「ガイド」(＝2 分間プレゼンテーション)
　受験者は、日本語によりテーマが書かれた配布された 3 つのカードから、**30 秒以内に**テーマを 1 つ選択し、英語で**プレゼンテーションを行う**。つまり ガイド(案内)する 。
　試験委員：(日本語で)「配布されたカードの中から 1 つ選択し、そのテーマについて英語で 2 分間程度お話しください」
　【例題】：　1.　日本地理の観点より、京都の地理・地形・気候について。
　　　　　　2.　日本歴史の観点より、日本の首都(東京)について。
　　　　　　3.　一般常識の観点より、日本の人口構成について。
　③「英問英答」
　試験委員は②の内容について**英語で質問を行い、受験者は 1 題を選択し英**

語で回答する。つまり 英問英答する 。
3. 2①の試験委員が日本語で話す内容、2②の受験者がプレゼンテーションを行うテーマとは、通訳案内士試験ガイドラインにある、日本の地理、歴史並びに産業・経済・政治及び文化についてに主要な事柄のうち**外国人観光旅客の関心の高いものを題材**とする。

   ※上記の出題例は、あくまでも参考としての例題であり、実際の試験で出題される問題の形式等は、上記の出題例とは異なるものとなることがありうる。
4. 試験委員は2名(原則として、英語母語話者1名、日本語母語話者1名)とする。

■「試験の実施法」と「合否の判定」に関しては、「新ガイドライン：口述(第2次)試験について」(xi頁)を参照すること。

【推薦図書】
(1) 『和英：日本の文化・観光・歴史辞典』(三修社刊。日本図書館協会選定図書)。解説や例題が多数記載されている。「カシオ電子辞書(Ex-word)」にも収録されている。
(2) 『英語で伝える日本の文化・観光・世界遺産』(三修社刊)。特に第2部では「日本の世界遺産」に関する記載内容がある。第1次筆記試験(英語と社会科目)また第2次口述試験の対策に最適である。
(3) 『和英　日本文化表現辞典』(研究社刊)。「日本文化の紹介」に欠かせない重要なキーワードが豊富に記載されている。
(4) 『日本の観光』(研究社刊)
(5) 『英語スピーキング・クリニック』(研究社刊)
(6) 『英語のプレゼンテーション(スキルアップ術)』(研究社刊)

第2章 口述(第2次)試験[英語]の参考例と類似例

【1】 通訳

●通訳とは

　通訳に関する参考例に入る前に、「通訳とは」どのようなものかを簡単に復習しよう。通訳(interpretation)とは、C氏であるバイリンガルな人(bilingual)が、A氏が語る言語(例：日本語)からB氏が理解できる異なる言語(例：英語)へと変換して伝えることである。

　　　 A氏　⇨　C氏　⇨　B氏

そのプロセスは、「ある言語で語られる情報を聞き取り、理解し、記憶し、その内容を別の言語に換え、聞き手に伝えること」である。
- この場合、一番大事なことは「**聞き取り**」であり、音声を聞き分けること。
- 次に音声から単語や文を認識し、その意味内容を「**理解する**」こと。
- さらには聞き取った話題の趣旨を「**記憶する**」こと。
- 最後に聞き手の言語と異文化に合致させながらすばやく訳出して正しく「**伝達する**」ことである。

【1】　通訳(interpretation)の**形式**。大別すると下記の3形式がある。
　(1)　ウィスパリング通訳(whispering interpretation)：耳元でささやく程度の声で通訳する。
　(2)　逐次通訳(consecutive interpretation)：話者の語る内容を数秒～数分毎に区切って順次通訳する。
　(3)　同時通訳(simultaneous interpretation)：話者の語る内容を間髪を入れず、ほぼ同時に通訳する。

【2】　通訳者(interpreter)の**種類**。主として下記のような種類がある。
　(1)　会議通訳者(conference interpreter)：会議の場で通訳する。
　(2)　商談通訳者(business interpreter)：企業間での商談を通訳する。
　(3)　放送通訳者(broadcast interpreter)：テレビ報道などで通訳する。
　(4)　エスコート通訳者(escort interpreter)：記者会見やイベントなどで通

訳する。
　（5）　ガイド通訳者(licensed guide-interpreter)：正式名称は「通訳案内士」である。

「**ガイド通訳者**」は外国人観光客を観光地で<u>案内(**guide**)</u>しながら、時と場合によっては神社仏閣などで仏僧または宮司の説明を<u>通訳(**interpret**)</u>する。また観光地以外にも、国際会議やビジネス商談などの参加を目的とする旅行に同行したり、工場の見学や視察したりするなかで、簡単に「通訳」することが求められる場合が多い。

　口述（第2次）試験に関する新ガイドラインで説明されている「通訳」は、「**遂次通訳**」であり、しかも「**日本語⇨英語**」の形態である。後述するが、どちらかといえば「**口頭による翻訳**」（oral translation)に近い。
「**日本語⇨英語**」の逐次通訳に問われるものとは何か。
NHKなどで「放送通訳」する場合、同時通訳は別とし、放送前に準備として「日本語ニュースを英語に<u>翻訳する</u>」ことが多い。その場合の大原則は、「文章は短くシンプルなほどよい」「ポイントは明確におさえる」「わかりやすいことばで訳す」ということだと言われている。

【例題】

─────────────────────────────

一昨日、静岡県御殿場の国道で訪日外国人旅行者の一行を乗せた箱根高速バスが3メートル下の険しい土手斜面に転落し、運転手と乗客のうち1名は死亡し、10名が重軽傷を負いました。

─────────────────────────────

【解法】

「**英訳**」する場合、和文を翻訳するための時間が十分に取れ、しかも再考する余裕がある。「**通訳**」する場合、十分な時間が取れず、重要なポイントを押さえながら話し手のことばを即座に聞き手に伝える必要がある。
上記の日本文を「通訳」する場合、<u>重要なポイントは何かを即座に発見する</u>ことである。「御殿場の国道」なのか、「訪日外国人旅行者一行」なのか。そうではない。事故での死亡と重軽傷である。通訳の文は「シンプルなほどよい」(Simple is best!)というのが基本ポリシーである。したがって、「御殿場」や「国道」を省き、「箱根高速バス」は単に「バス」に、「重軽傷」は「負傷」として簡潔に対処することができる。聞く人にとってそのようなことは二次的である。原文の構文はあまり字句どおりに拘泥しないことである。つまり、原文どおりの内容を几帳面にすべて翻訳する必要はない。

下記の「英訳」と「通訳」を比較してみよう。

【英訳】 A Hakone Highway Express bus carrying a group of foreign travelers visiting Japan fell into a steep bankside three meters below on a Shizuoka national road in Gotenba City the day before yesterday, thus killing the bus driver and a passenger, and injuring 10 others slightly and seriously.

【通訳】 In Shizuoka Prefecture, two people died, and 10 others were injured the day before yesterday. Their bus fell into a bankside three meters below the road. One of the dead was the driver. The group was on a good-will tour.

「日本語⇨英語」の逐次通訳で、もうひとつ留意すべきことがある。「直訳は禁物！」、また「通訳は単なることばの置き換えではない」とよく言われる。つまり「**語句の背後にある意味を訳すこと**」である。

「歴史をかえた誤訳」（新潮文庫：鳥飼久美子）の書中に次のような主旨の記述がある。第二次世界大戦終盤の頃、連合軍から無条件降伏の勧告があった。日本軍はそれに対して「黙殺する」と発言し、英語で「**ignore**」（無視する）と誤訳された。そのため広島と長崎に原爆投下の悲劇が起きた。通訳における「文化的な発想の違い」が問われる。

「通訳する」ときに非常に重要な留意点（下記 2 点）に触れ、他は「通訳」に関する学習書に譲ることとする。

《1》 通訳における so what?

【例 1】 観光地で通訳ガイドが説明している場面を想起してみよう。
30 人ほどの団体客の中で、後方にいる 1 人の観光客が「ガイドさん、**声が低いですよ**」と言ったとする。この言葉をどのように通訳することができるだろうか。Your voice is low. または You speak low. あるいは You speak in a low voice. (Sorry, I can't hear you.) 辞書的・文法的には passable (まま合格) な「英訳」である。日本人にはその意味が理解できるかもしれないが、「はっきりものを言う」外国人の発想では通じない場合もあり得る。低い声で話すガイドさんは風邪でも引いているのだろうと解釈する人もいる。そこで必要なことは **so what?** (それがどうしたというのか？/ だから何よ？) である。正解は、Speak up, please! (もっと大きな声で話してください)、あるいは Please speak more clearly [loudly]. (大声ではっきりとお願いします) と「通訳」する必要がある。日本語と英語の発想転換である。要は通訳では「ことば」（日本語と英

語)そして「異文化の発想」が問われるのである。

【例2】　野外キャンプ場の清流で子どもが溺れている場面を想像してみよう。母親が回りにいる人に向かって「**あの子は泳げません**」と叫んでいる。この言葉をどのように通訳することができるだろうか。She can't swim at all. または She is poor at swimming. あるいは She swims like a brick. / She is like a stone in the water. (かなづち同然で泳げないのです)。どれも文法・語法上は正解である。しかしこと「通訳」になると、**so what?** (だから何よ!)の提言がよぎる。「泳げない」、だから「助ける」という発想転換が問われる。<u>Save her life, please.</u> または Everyone please, help her out (of a river). あるいは Please send for help. (助けを呼びにやる)という発想転換の通訳が問われるのである。

【例3】　ときには「直訳」を避け、英語固有の「慣用表現」を用いて発想転換するのも一法である。フーテンの寅さん(Tora-san, the Vagabond / Wandering Tora-san)の「男はつらいよ」(＝It's hard to be a man. / It's Tough Being a Man.)にある名セリフの1文をどのように通訳できるだろうか。
「それを言っちゃあ〜、おしまいだヨ」(直訳：Things will be over if you say that.)

▶It would be suicide to say a thing like that. (そのように言えば自殺行為だネ)
▶You'd be slitting your own throat if you said that. (それを言ってしまえば自分の首をかっ切るようなもんだよ)
▶You shouldn't say that. You've stepped over the line. (それを言っちゃいけないネ。一線を踏み越えているよ).

この寅さんの文言には、「それを言うのはルール違反だよ」という意味が言外に含まれ、「それは他の人たちもちゃんと分かっているよ。それを言わないで心の奥にしまっておくことだネ」という暗黙の了解が秘められている。古来、下町情緒を表す「人情の機微(きび)に触れる」(touch the subtleties of human nature [secrets of human feelings])内容の文言である。「はっきりものを言う」外国人には、発想転換しながらずばり英語の慣用表現を用いて理解させることも通訳者に問われる大事な一面であろう。

《2》　心を伝える通訳

【例1】　2011年3月には、観測史上最大の地震災害と津波被害、さらには福島原発事故の災害を被った「**東日本大震災**」があった。その後、日本では「**がん**

第2章　口述(第2次)試験[英語]の参考例と類似例　　　　167

ばれ、東北！」、海外では「がんばれ、日本！」のメッセージが目にとまった。
　「がんばれ！」の日本語を和英辞書で引くと、Do one's best. / Try hard. / Make an effort. などが記載されている。文法・語法上ではなんら問題はないが、震災被害者の人々には、このような言葉を使用する気にはなれない。
多少大きな和英辞書には、「人を励ます」表現として Take it easy. / Go for it. などが記載されている。**it** は「目標」の意味合いが含まれており、受験者の「合格」また選手の「優勝」に向けて「がんばること」を指している。さらには「幸運を祈る」という **Good luck!** などが日常的に用いられている。しかしながら、これらの言葉も震災被害者に対して述べる状況ではない。
日本語の「**がんばれ！**」に該当する英語を「**通訳する**」ときには、事情・事態により非常に難解である。思いきった「発想の転換」が問われる。下記は、その正解の見本である

▶英国の新聞で有名な『インディペンデント紙日曜版』の表紙のメッセージの一面に「日本語」で激励の言葉とその下に「英訳」が記載されていた。「**がんばれ、日本。がんばれ、東北。**」**Don't give up, Japan. Don't give up, Tohoku.**

▶2013年アメリカのボストンマラソンで「爆弾テロ」が勃発して多数の死傷者を出した。ボストンの街角やメディア、特にTシャツの胸に「**BOSTON STRONG**」という表現が多数あふれた。「がんばろう、ボストン」というよりは「負けないぞ、ボストン」（＝ Be strong, Boston.）に近い。次のメッセージが、そのボストンから届いた。**Please stay STRONG, people in Tohoku.**（がんばれ、東北の人達！）

▶イングランド・プレミアリーグのアーセナル（Arsenal FC）のサポーターたちが被災者に連帯する大きな横断幕を掲げた。**WE ARE WITH YOU, JAPAN.**（がんばれ、日本！）

▶欧米では「祈る」の意味合いが強い。次のような表現がよく目にとまる。**We pray for you, Tohoku.**（がんばれ、東北！）

【例2】　「竜安寺」（Ryoan-ji Temple）は臨済宗の禅寺である。この寺の「石庭」（the rock garden）は世界的にも有名で、15個の石が東から西へ7・5・3に配置され、美しい白砂が敷き詰められている。これは有名な「枯山水庭園」（the dry landscape garden）で、池や流れの水を用いず、主として石と砂で造られたものである。この石庭、どの視点から数えても石は14個で、1個の石が見えない。また見る者によっては「海の景色」または「親子のトラが大河を渡る景色」などに見えるらしい。昔の話だが、日本を訪問された英国のエリザベス女王が竜安寺の「石庭」を御覧になり、その意味を聞かれた。その時、寺の

168

住職さんが「石庭の美しさは "無" です」と説明し、通訳者が "無" を "God"（神）と訳した。「日本人の "無" の境地は、西洋人の考える "God" に近い」という名訳が話題になった。

出 題 例

前述した「口述試験の最新傾向」の提示内容を想起してほしい。
● 受験者は、試験委員が日本語で話す内容を英語で 通訳する 。
試験委員：「これから私が日本語で話す内容について、外国人観光客にガイドするつもりで英語を用いてお話しください。配布した用紙と筆記用具を用いてメモをとっても結構です」
《試験官》「では、これから始めます。メモを取ってもかまいません。1分以内で通訳してください。1分経過すれば1本指を出しますので時間の調整を測ってください」
メモ用紙と鉛筆が用意されている。通訳する日本文はかなり早く読まれる。下記の最新出題例日本文は試験場での「原文」ではなく、実際の受験者の報告を聴取して再編成した内容の趣旨である「見本（サンプル）」に過ぎない。

● 「通訳」の出題例
《1》 日本の観光・地理
【例題1】「秋葉原」について
「秋葉原は東京にある日本最大の電気製品商店街です。600店以上の電気専門店があり、国内外から大勢の人が訪れます。メイド服を着てメイドに扮した女性が働くメイドカフェもあり、人気を呼んでいます」
【例題2】「日本の温泉」について
「日本人の余暇の過ごし方で人気ある1つに温泉旅館に宿泊することがあります。温泉は病気を治療するためには効能があります。温泉地には露天風呂があり、周囲の美しい景色を見ながら入浴を楽しむことができます」
【例題3】「新幹線」について
「新幹線は東京オリンピックの1964年に開業しました。世界一の速度を誇り、世界中の注目を浴びました。現在、新幹線は8路線で運行され、主要都市に繋がっています。さらにこれからは、路線の延長が計画されています」
【例題4】「日本国土」について

「日本は四方が海で囲まれており、日本国土の 70％ が山地です。日本には 7 つの火山帯が走り、川幅は狭く急流です。河口付近に近づくと平野が広がっています」

《2》 日本の文化・歴史・世界遺産
【例題 5】「浮世絵」について
「浮世絵は江戸時代(17 世紀頃)に庶民の間で人気のあった風俗画です。浮世絵は複製可能な木版画で、大量に制作できます。19 世紀後半のヨーロッパではヴァン・ゴッホなどの印象派の画家に多大な影響を与えました」
【例題 6】「白川郷」について
「岐阜県にある白川郷には合掌造りといわれる固有の茅葺屋根を敷いた日本の民家があります。合掌造りにある急勾配の屋根は冬の豪雪の重さに耐え、屋根がつぶされないように建造されています」
【例題 7】「祇園祭り」について
「祇園祭りは八坂神社を祝って 7 月 1 日から 31 日まで行われます。その起源は京都に疫病が流行し大勢の人が死亡した 869 年にまでさかのぼります。祭りのハイライトは 33 基の豪華な山車の「山鉾巡行」で、祇園囃子で知られる楽士の音楽に合わせて若者たちが市内を練り歩きます」
その他「日本の祭り」、「日本の城(天守閣)」、「日本の交通機関で利用する IC カード」、「日本の表音文字(平仮名と片仮名)」などに関する出題例がある。

★【例題 7】「祇園祭り」に関する解答例を参考として通訳する。

【解答例 7】
The *Gion Festival* is held on July 1st through 31st in honor of Yasaka Shrine. It originated in 869 when an epidemic raged in Kyoto and killed many people. This festival is featured by the *Yama-boko junko* parade of the 33 elaborate festive floats which are carried by many young men through the city to the accompaniment of musicians playing music known as *Gion-bayashi*.

「祇園祭の概要」
祇園祭りは、千年余の伝統祭事で八坂神社を祝って 7 月 1 日から 31 日まで行われる。その起源は、京都に疫病が流行し大勢の人が死亡した 869 年にまでさ

かのぼる。神の御加護を求めて人々は全国の地方を表す 33 基の大きな槍(鉾)を建てた。今日では昔の槍(鉾)は同じ名前の「大きな山車」(「鉾」)に取り代わる。「小さい山車」(「山」)には有名な歴史上の人物の大きな等身大の人形がある。 祭りのハイライトは豪華な山車の「山鉾巡行」(ユネスコ無形文化遺産＝intangible cultural heritage ⇨(172 頁))で、「祇園囃子」で知られる楽士の音楽に合わせて若者たちが市内を練り歩く。山鉾の数は時代によって変化する。現在の山鉾の数は 33 基(鉾 9 基・前祭の山 14 基・後祭の山 10 基)。その中の 29 基は国指定・重要有形民俗文化財(1962 年)。「日本三大祭り」「京都三大祭り」のひとつである。

類 似 例

● 通訳の類似例
前述した「通訳に関する出題例」に準じた「類似例」を若干列挙する。
【類似例 1】

枯山水庭園は、庭園の全景に自然の景観を表すために、人工的に造形された樹木や岩石が配置されています。この庭園は、山や川あるいは大海を表現したり、大自然の多様性や広大さを象徴する石や砂から構成されています。京都にある龍安寺の石庭は、その見事な代表例で、禅宗の影響を漂わせています。龍安寺は「古都京都の文化財」としてユネスコ世界遺産に登録されています。

【解答例】
The dry landscape garden with rocks and gravel is arranged with trees and stones artificially shaped to make the entire garden represent a natural landscape. The garden is composed of rocks and sand, depicting mountains and rivers, or even the great oceans, symbolizing the multiplicity and vastness of nature. The rock garden of Ryoan-ji Temple in Kyoto is the representative example, showing the influence of Zen Buddhism. Ryoan-ji Temple is registered as one of the Historic Monuments of Ancient Kyoto of a UNESCO World Heritage Site.

《語句》
枯山水庭園 a dry landscape garden with rocks and gravel / **表す** represent;

depict / 構成する be composed of; consist of / 象徴する symbolize / 多様性 multiplicity / 広大さ vastness / 代表(的な)例 representative example.

★「日本のユネスコ世界遺産」 UNESCO World Heritage Sites in Japan.

【A】 文化遺産 Cultural Heritage

《1》 「法隆寺地域の仏教建造物」 **Buddhist Monuments in the Horyu-ji Area** 〈1993年〉
《2》 「姫路城」 **Himeji-jo** 〈1993年〉
《3》 「古都京都の文化財」 **Historic Monuments of Ancient Kyoto (Kyoto, Uji and Otsu Cities)** 〈1994年〉
《4》 「白川郷・五箇山の合掌造り集落」 **Historic Villages of Shirakawa-go and Gokayama** 〈1995年〉
《5》 「広島平和記念碑(原爆ドーム)」 Hiroshima Peace Memorial **(Genbaku Dome)** 〈1996年〉
《6》 「厳島神社」 **Itsukushima Shinto Shrine** 〈1996年〉
《7》 「古都奈良の文化財」 **Historic Monuments of Ancient Nara** 〈1998年〉
《8》 「日光の社寺」 **Shrines and Temples of Nikko** 〈1999年〉
《9》 「琉球王国のグスク及び関連遺産群」 **Gusuku Sites and Related Properties of the Kingdom of Ryukyu** 〈2000年〉
《10》 「紀伊山地の霊場と参詣道」 **Sacred Sites and Pilgrimage Routes in the Kii Mountain Range** 〈2004年〉
《11》 「石見銀山遺跡とその文化的景観」 **Iwami Ginzan Silver Mine and its Cultural Landscape** 〈2007年〉
《12》 「平泉―仏国土(浄土)を表す建築・庭園及び考古学的遺跡群」 **Hiraizumi―Temples, Gardens and Archaeological Sites Representing the Buddhist Pure Land** 〈2011年〉
《13》 「富士山―信仰の対象と芸術の源泉」 **Fujisan, sacred place and source of artistic inspiration** 〈2013年〉
《14》 「富岡製糸場と絹産業遺産群」 **The Tomioka Silk Mill and Related Industrial Heritage** 〈2014年〉

【B】 自然遺産 Natural Heritage

《15》 「屋久島」 **Yakushima** 〈1993年〉
《16》 「白神山地」 **Shirakami-Sanchi** 〈1993年〉
《17》 「知床」 **Shiretoko** 〈2005年〉
《18》 「小笠原諸島」 **Ogasawara Islands** 〈2011年〉

【C】 複合遺産 Mixed Heritage なし

【類似例 2】

「和食」がユネスコ重要無形文化財に登録されました。世界各国から日本を訪れる外国人旅行者にとって、「食べる」ことは何ものにもかえがたい旅の楽しみの一つです。「和食」は日本を代表する日本文化であり、外国人旅行者にとっては、日本各地の様々な郷土料理を飲食することが、日本を体験し、理解するための旅行の大切な要素であり、楽しみとなっています。

【解答例】

Japanese traditional cuisine and food culture was listed on UNESCO Intangible Cultural Heritage. For the foreign travelers visiting Japan from every country in the world, "food" is one of the travel pleasures unequalled by anything else. Food represents the culture of Japan. In this sense, enjoying a variety of local dishes in various districts in Japan is the important element and pleasure of experiencing Japan and understanding the country for the foreign travelers.

《語句》

日本を訪れる外国人旅行者 a foreign traveler visiting Japan; a foreign visitor [tourist] who visits [comes to] Japan / **世界各国から** from every country in the world; from all over the world / **食べること** food. ☆food には飲食する (eat and drink)〈日英語の語順は要注意〉が含まれている / **郷土料理** local dishes [food]; local cuisine.

★**「ユネスコ無形文化遺産」UNESCO Intangible Cultural Heritage**

【2008 年】《1》能楽(社団法人日本能楽会)。《2》人形浄瑠璃文楽(人形浄瑠璃文楽座)。《3》歌舞伎(社団法人伝統歌舞伎保存会)。

【2009 年】《4》雅楽(宮内庁式部職楽部)。《5》京都祇園祭の山鉾行事(京都府)。《6》アイヌ古式舞踊(北海道)。《7》日立風流物(茨城県)。《8》チャッキラコ(神奈川県)。《9》奥能登のあえのこと(石川県)。《10》甑島のトシドン(鹿児島県)。《11》小千谷縮・越後上布(新潟県)。《12》石州半紙(島根県)。《13》早池峰神楽(岩手県)。《14》秋保の田植踊(宮城県)。《15》大日堂舞楽(秋田県)。《16》題目立(奈良県)。

【2010 年】《17》組踊(沖縄県)。《18》結城紬(茨城県・栃木県)。

【2011年】　《19》壬生の花田植(広島県)。《20》佐陀神能(島根県)。
【2012年】　《21》那智の田楽(和歌山県)。
【2013年】　《22》和食 日本人の伝統的な食文化。
【2014年】　《23》和紙・日本の手漉和紙技術。☆(1)「石州半紙」(島根県)、(2)「本美濃紙」(岐阜県)、(3)「細川紙」(埼玉県)。

【類似例 3】

京王電鉄では、午後11時以降の新宿発の電車に「女性専用車」を設けました。混雑時に痴漢や酔客の迷惑行為から女性を守るためです。女性には大いに好評で、利用者へのアンケートで全体の8割近くが賛成しました。しかし男性の一部からは「差別だ」という反対意見がありました。しかし7割近くは賛成で、「痴漢の誤解を受けなくてすむ」と言っています。

【解答例】

Keio Electric Railway Company started to provide "female passengers only" carriages on trains leaving Shinjuku at 11 p.m. or later. This is for the purpose of protecting women from the offensive behavior of sexual molesters or drunken passengers on crowded trains. Women were very much pleased with the service. A survey of passengers riding on the railway also showed that nearly 80 percent of the total approved of the service. Some male passengers oppose it, saying it is a discrimatory policy, but about 70 percent of men approved of it. Some men are glad that they will be spared misunderstandings about sexual molestation.

《語句》
女性専用車 a women-only carriage; a car female passengers only. ⇨英文紹介問題(48頁) / **痴漢** (sexual) molester; sexual assault / **迷惑行為** offensive behavior [act] / **差別** discrimination.
☆列車内に掲示されたステッカーには「女性専用車」(Women Only)または「婦人専用車」(Ladies Only)の英語に関して下記のように記されている。WOMEN ONLY は共通する用語である。
《例1》「東京都交通局」(Bureau of Transportation Tokyo Metropolitan Government) The front carriage of trains leaving Motoyawata between 7:15 and 9:00 on weekdays is for the exclusive use of women as far as

Shinjuku. This car may be used men with physical disabilities and their caretakers as well as children of elementary school age or under.

本八幡を 7 時 15 分〜9 時 00 分に出発する列車は最前線の車両が新宿まで女性専用車両となります。小学生以下とお身体の不自由な男性のお客様、その介護者もご利用いただけます。

《例 2》「京王線」(Keio Line)

Elementary school age and younger children as well as the physically-challenged and their caretakers may also use this car.

小学生以下とお身体の不自由な男性のお客様、その介護者に利用いただけます。

[Weekdays]

[**Morning Hours**] The Semi-Special Express, Express and Commuter Rapid trains that arrive at Shinjuku Station or Keio New Line Shinjuku Station between 7:30 and 9:00 (all stations).

[**Night Hours**] The Special Express and Semi-Special Express trains that leave Shinjuku Station between 18:00 and 22:40 (Between Shinjuku and Chofu stations).

[**Midnight Hours**] The Express, Commuter Rapid and Rapid trains that leave Shinjuku Station after 22:50 (Between Shinjuku and Chofu stations).

平日

[和訳][朝時]新宿・新線新宿駅に 7 時 30 分〜9 時 00 分に到着する準急行・急行・通勤快速(全区間)。[夕夜間]新宿駅を 18 時 00 分〜22 時 40 分に発車する特急・準特急(新宿駅〜調布駅間)。[深夜]新宿駅から 22 時 50 分以降に発車する急行・通勤快速・快速(新宿駅〜調布駅間)

【2】 ガイド《(＝2分間プレゼンテーション)と「英問英答」》

●ガイドとは

　元来(通訳)ガイドとは、訪日外国人の観光客・旅行者に対して、日本の文化・観光・歴史に関する「知識」を有し、それを「外国語(英語)」で正しく紹介できる者、同時に日本特有の「おもてなし」そして「真心のこもったサービス」を提供する者である。

　今では、外国人が訪日する「目的」が非常に多様化している。従来の主流であった「団体ツアー」は家族連れや友人同志の「個人ツアー」に変わり、しかも急増している。高値の「ホテル」から素泊まりの安値な「日本旅館」へと移行している。最近では、東京や京都などにある外国語の案内が充実する小さな日本旅館はいつも満席状況である。由緒ある「観光地」や「建造物」への関心だけでなく、茶道や華道・和食や和紙など「伝統文化」、さらには「アニメ」や「ゆるキャラ」などのポップカルチャーなど幅広い「現代文化」への人気が高い。

　最近では従来の観光名所をバスで巡る sightseeing tour から小さなグループによる walking tour (散策ツアー) が非常に人気を集めている。東京を例にあげれば、「築地市場」「アメ横」「かっぱ橋道具街」等での「散策ツアー」、あるいは日暮里の有名な「谷中銀座商店街」や東京スカイツリーに近い下町人情「キラキラ橘商店街」等の eating food with one's fingers tour (つまみ食いウォーク)、さらには電車や田舎のバスを乗り次いで訪れる山村で陶磁器、染物、和紙造り、忍者体験などの実際の経験を楽しむような study tour (体験ツアー) 等に外国人観光客の関心が高まり、人気の的となっている。

●ガイドにおける prerequisite

　初めて来日する外国人(観光客)に東京を半日だけ観光案内をすることを想定しよう。

　東京といえば、「浅草寺」や「明治神宮」などの神社仏閣はおきまりコースである。たとえば、「靖国神社」を10分、あるいは5分でもよいので、外国から訪日する人に案内・説明する場合に問われる大事なことは「神社」に関する特有の「外国語(英語)」である。しかしさらに大事なことは、その話す「内容(一般常識)」がなければ、ガイドは務まらない。「靖国神社の参拝」が、なぜ中国・韓国から問題視されているのか、といった「知識・教養」なども問われることがある。

さらには神社仏閣の違いだけでなく、歌舞伎や文楽、和食や和装（着物等）、相撲や柔道、風俗習慣などに日本固有の伝統文化や現代文化をガイドする機会は無数にある。そのような場合、英米に10年以上滞在し、英語が流暢だとしても、先立つものが問われるのである。要は、「外国語（英語）」(**English**) 以前に求められる「知識・教養」(**general knowledge**) こそが **prerequisite**（必修条件）である。

出　題　例

　口述（第2次）試験に関する「新ガイドライン」に記載されている内容(161頁とvii頁)を想起してほしい。
(1)　「知識内容」
　　【例題】(日本語で)：「配布されたカードの中から1つ選択し、そのテーマについて英語で2分間程度お話しください」
(2)　「英問英答」（英語での質疑応答）
　　試験委員は、上記の内容について英語で質問を行い、受験者は英語で回答する。
(3)　「合格の判定」下記の評価基準が記載されている。
　　《1》　プレゼンテーション　　《2》　コミュニケーション
　　《3》　文法及び語彙　　　　　《4》　発音及び発声
特に新ガイドラインで記載された留意点は、「訪日外国人の視点に立って日本事情を紹介すること」である。日本人には当然すぎて何ら不思議に思わないこと、またガイドブックに記載されていないことなど日本事情に訪日外国人は非常に興味・関心を持っている。高度な専門知識をもつことは大事である。しかしその高度な知識内容を「やさしく、しかも分かりやすく」話すことは、さらに大事であろう。高度な知識内容を colloquial（口語的）に対処することが通訳ガイドに求められている。

●「ガイド」の出題例
「第1次筆記試験」において、《**A**》「英語」面では文法・語法・スペリングなど、《**B**》「地理・歴史・一般常識」では日本語による知識・教養などが問われる。
「第2次口述試験」においては、訪日外国人観光客との会話時に必要な口語表

現が問われる。

《試験官》「日本語で書かれた**3枚のカード中から1つを選び、2分間以内に英語で話してください**」

《1》「出題例」
「文化」「観光」「歴史」に関する内容を記載した3枚のカードから1枚を選び、「ガイド」（2分間プレゼンテーション）を行う。

《2》「英問英答」
アルファベット記号(a,b,c...)は受験者が選択して「**ガイド(2分間プレゼンテーション)**」を行ったテーマに関連する「**英問英答**」（英語での質疑応答）に課せられる「**質問事項**」である。

30秒間で下記の【出題例(1)】から【出題例(6)】の中にある《3題》から1題を選ぶ。それに続くかっこ内のアルファベット記号(a,b,c...)は「出題例」に関する「**質問事項**」（English Questions）である。2問あるいは3問程度で英問される。
下記は、実際の受験者の報告を聴取して再編成した**見本**（サンプル）に過ぎない。著書が若干脚色した提示もあるが、参考程度に列挙する。この「質問事項」は受験対策だけでなく通訳ガイドまた日本文化紹介者としてもつべき教養・一般常識であることを強調したい。

【出題例1】

《1》「日本の温泉の効能・入浴時の留意点」について
 (a) 推薦できる代表的な温泉地はどこですか。(b) 砂風呂はどの温泉地にありますか。(c) 入浴の温度と時間はどれくらいですか。(d) 水風呂があるのは何故ですか。(e) 入浴前に何をすべきですか。

《2》「日本の宗教」について
 (a) 日本人は多神教ですか。(b) 神道と仏教の違いは何ですか。(c) 神棚また仏壇とはどのようなものですか。(d) お盆とは何ですか。(e) 鳥居の役割は何ですか。(f) 拝殿で為すべきことは何ですか。(g) おみくじとは何ですか。(h) お神輿とは何ですか。「わっしょい、わっしょい」の意味は何ですか。

《3》「日本の四季の草花」について
 (a) 日本人は桜の花見が好きなのは何故ですか。(b) 日本で有名な紅葉狩りの場所はどこですか。(c) 菊人形とはどのようなものですか。

【出題例 2】
《1》「日本の旅館」について
　(a) 旅館での留意点は何ですか。(b) チップはすべきですか。(心付け)。(c) 食事はどこでとりますか。(朝食・昼食・夕食・会席料理)。(d) 風呂はどこで入りますか。(個室・公共・露天など)。(e) 浴衣と着物の違いは何ですか。(f) 旅館でのお勧めの土産物は何ですか。(g) 旅館とホテルの宿泊料金の違いはどのようになっていますか。(h) 旅館と民宿との違いはありますか。

《2》「日本の浮世絵」について
　(a) 製作開始の時代はいつ頃ですか。(b) 代表的な作者は誰ですか。(c) 浮世絵の代表作は何ですか。(d) 浮世絵が購入できる場所はどこですか。

《3》「東京が他府県と異なる点」について
　(a) 東京と大阪の人口はどれくらいですか。(b) 東京と大阪の代表的な祭りは何ですか。(c) 江戸城と大阪城の違いは何ですか。(d) 東京の観光スポットはどこですか。(e) 江戸東京三大祭りは何ですか。

【出題例 3】
《1》「日本の伝統芸能」について
　(a) 歌舞伎と能の違いは何ですか。(b) 能楽と狂言の違いは何ですか。(c) 能楽が鑑賞できる場所はどこですか。(d) 歌舞伎の花道・回り舞台とは何ですか。

《2》「日本の居酒屋」について
　(a) どのような食べ物・飲み物が出されますか。(b) どのような人が利用しますか。(c) どれくらいの値段・料金・予算で利用できますか。

《3》「2011 年 3 月東日本大震災後の復興状況」について
　(a) 三陸海岸地区の復興状況はどのようになっていますか。(b) 日本三景の松島地区は復興していますか。

【出題例 4】
《1》「新幹線」について
　(a) 現在の新幹線の路線は何本ですか。(b) 東京と大阪間の料金で、新幹線と飛行機のどちらが安いですか。(c) 新幹線にはどのような車名がありますか。

《2》「江戸時代」について
　(a) 江戸時代からの古典演劇とは何がありますか。(b) 江戸時代の参勤交代とは何ですか。(c) 江戸時代の鎖国はどのような状況でしたか。(d) 江戸時代の最後の将軍は誰ですか。(e) 江戸東京博物館に何がありますか。

《3》「東北の魅力的な観光スポット」について
(a) 東北の代表的な観光スポットはどこですか。(b) 東北で有名な土産物は何ですか。(c) 松島はなぜ日本三景の一つですか。(d) 平泉はなぜ世界遺産になりましたか。

【出題例 5】
《1》「日本の侍」について
(a) 武士道とは何ですか。(b) 侍魂・剣道とは何ですか。(c) 忍者とは何ですか。(d) 海外で侍の人気が高い理由は何故ですか。

《2》「日本の年末年始の過ごし方」について
(a) 年末行事には何がありますか。(年越しそば・除夜の鐘など)。(b) 年始行事には何がありますか。(門松・初詣など)。(c) 御節料理とは何ですか。

《3》「日本の有名なスキー場」について
(a) 日本三大有名スキー場はどこですか。(志賀高原・ニセコ・白馬)。(b) 温泉場を兼ねた有名なスキー場はどこですか。

【出題例 6】
《1》「富士山」については⇨次頁の「解答例」を参照すること。

《2》「絵馬」について
(a) 絵馬の由来は何ですか。(b) 絵馬の目的は何ですか。

《3》「19世紀の日本で起きた歴史的出来事」について
(a) 江戸時代末期から明治時代の主な出来事は何ですか。(b) 黒船の到来とは何ですか。(c) 戊辰戦争と大政奉還とは何ですか。(d) 東京遷都と版籍奉還とは何ですか。

その他下記のような出題例がある。
《1》 (1) 日本アルプス。(2) 明治維新。(3) 初詣。
《2》 (1) 東海道五十三次。(2) 草津温泉の特徴と行き方。(3) 福袋。
《3》 (1) 日本の自然災害。(2) 古墳。(3) 風鈴。
《4》 (1) 北陸新幹線。(2) 黒船。(3) ハッピーマンデー。
《5》 (1) 日本三景。(2) 鎖国。(3) 宝くじ。
《6》 (1) 高野山。(2) 日本最古最大の木造建築。(3) 厄年。

★本書では、「出題例6」にある《1》「富士山」を選んで、その解答例を記載する。2013年「富士山─信仰の対象と芸術の源泉」が世界文化遺産に登録された。多数の受験者は「富士山」を選んでプレゼンテーション(ガイド)したことが想像される。下記はその「解答例」の一つに過ぎない。

【1】 「ガイド（2分間プレゼンテーション）」

【解答例】

　Mt. Fuji is the highest and most beautiful mountain in Japan. Mt. Fuji boasts an elegant and superb conical form which has become famous throughout the world as a symbol of Japan.

　The beauty of the mountain with its nearly perfect profile and wide-flowing skirts is striking at any time but especially so in winter when its upper half is covered with snow. This beautiful mountain has been portrayed in countless poems and paintings since ancient times. A number of poets and artists have tried to outdo each other in best depicting the beauty and charm of this matchless mountain. During the climbing season, a climber may enjoy *goraiko* or the name given to the ever-changing phenomenon of the beautiful sunrise.

　There is no doubt that Mt. Fuji has long been venerated as a sacred object since ancient times in Japan. Today, many Japanese climb Mt. Fuji for pilgrimage and/or pleasure every summer. Some of them climb the mountain as part of a religious practice.

【解法と概要】

日本人であればだれでもがよく知っている富士山であるが、いざ説明となるとどこから導入するかが課題である。説明する段階で述べたいことは多数あるが、ここでは便宜上「3つの視点」《富士山の (1)「定義」、(2)「魅力・美しさ」、(3)「日本人の抱く感情・信仰心」》にしぼって検討してみよう。

外国から訪日する観光客に対して富士山の「魅力・美しさ」、それに「日本人がもつ富士山に対する感情・信仰心」などを説明する機会は常に巡ってくる。

(1)　「富士山とは」

富士山(3,776 m or 12,388 ft.)は「日本の最高峰かつ秀峰」(the highest and most beautiful mountain in Japan) である。富士山が「誇りとする」(boast 通例人物は主語にならない。「人物」が主語の場合は be proud of を用いる)ものには、「優雅で壮大な円錐形」(an elegant and superb conical form) を持ち、しかも「日本のシンボルとして」(as a symbol of Japan)「世界に冠たる名をもつ」(become famous (mountain) throughout the world) ことである。

(2)　「富士山の魅力・美しさ」

「富士山の美観」(the beauty of the mountain) は「ほぼ完全な輪郭となだら

かな裾野」(the nearly perfect profile and wide-flowing skirts) があることで、それは「実に見事だ」(striking; excellent; splendid) というほかはない。なかでも「上半分が積雪する」(its upper half is covered with snow)「冬季の風景」(in winter) はまさに壮観である。「古来」(since ancient times)、この美しい山が「描かれた数知れぬ詩や絵画」(be portrayed in countless poems and paintings) をみることができる。「この比類なき富士山の美観と魅力」(the beauty of charm of the matchless mountain) を「競って最高のものを描写しようする」(outdo each other in best depicting)「詩人や芸術家」(poets and artists) が多数現れる。「登山のシーズン中」(during the climbing seasons) は、「御来光」(the ever-changing phenomenon of the beautiful sunrise; the beautiful view of the sunrise from a mountaintop; the first sunrise seen from the top [summit] of the high mountain.〈高山から拝む日の出、またその美しい景観。「御来迎」とも言う〉) を楽しみに登山する人の数は絶えることがない。

(3) 「富士山への信仰心」
富士山は日本「古来」(since ancient times)「聖なるもの」(a sacred object [mountain]) として「長く畏敬の念をこめて崇められてきた」(has long been venerated)ことは「確か」(no doubt)である。今では毎年夏が訪れると「巡礼（あるいは楽しみ）のために登山する」(climb Mt.Fuji for pilgrimage and/or pleasure) 日本人の数は多い。「宗教行事の一環として」(as part of a religious practice) 登山する人も少なくない。

【2】「英問英答」
(1) 「富士山が世界文化遺産の指定された理由」について。

Q: **When was Mt.Fuji registered as a World Heritage site? Why was Mt.Fuji designated a "cultural" rather than "natural site?"**
富士山が世界遺産に登録されたのはいつですか。「自然遺産」ではなく「文化遺産」として登録されたのは何故ですか。

A: Mt.Fuji was officially designated as a World Heritage site in 2013. Mt.Fuji was registered under the title "Fujisan, sacred place and source of artistic inspiration." Since ancient times, the majestic mountain has been viewed by the Japanese as a religious site and as a sacred symbol of the nation. It has been depicted in *ukiyo-e* paintings by such great artists as the painter Hokusai and also helped nurture Japan's unique culture.

Japan had earlier tried to register Mt.Fuji as a natural World Heritage site, but was prevented in doing so by the illegal dumping of garbage in the area. Therefore Japan decided to add Mt.Fuji to the list of cultural World Heritage sites in consideration of its religious significance and repeated depictions in works of art. Mt.Fuji is truly a national symbol of Japan, blending religious and artistic traditions.

【主旨】 富士山の世界遺産に関する正式登録年は 2013 年です。富士山の登録名は「富士山―信仰の対象と芸術の源泉」です。この崇高な山は、日本人からは宗教的な聖地であり、国の聖なる象徴として古来崇められてきました。

富士山は画家北斎といった偉大な芸術家たちによる浮世絵に描かれ、また日本のユニークな文化を育むのにも大きく貢献してきました。日本では当初世界自然遺産の登録を目指していましたが、裾野へのゴミ不当廃棄のため阻まれました。そこで宗教的意義やたび重なる芸術品を鑑みて世界文化遺産の登録を決意しました。富士山は宗教的かつ芸術的な伝統を融合するまぎれもない日本国のシンボルです。

(2) 「東京から富士山までの所要時間と頂上までのアクセス」について。

Q: How long will it take me to reach the Mt.Fuji area from Tokyo or Shinjuku? And tell me how to get to the top of Mt.Fuji, please.
東京または新宿から富士山へ行くにはどれくらいかかりますか。また頂上までどのようにして行きますか。

A: You can reach Mt.Fuji in about two and a half hours from Tokyo Station or Shinjuku. To get there from Tokyo Station, you can take the JR Tokaido Line, through Odawara to Kozu and change for the JR Gotenba. From Gotenba Station, you can take a bus in order to reach the climbing routes. However, the easiest way to Mt.Fuji is to take the Keio express bus from Shinjuku.

The direct bus makes a beeline to the start of the climb at the 5th Station. There is a resting place and information center at the 5th Station.

Most people take between five and seven hours to climb from the 5th Station level to the top of Mt.Fuji.
【主旨】　東京駅または新宿から富士山までの所要時間は約2時間半です。東京駅からのアクセスは、JR 東海道線を利用し、小田原を経由して国府津まで行き、JR 御殿場線に乗り換えます。御殿場駅から登山口まではバスを利用します。しかし最も簡単な行き方は新宿から京王高速バスを利用することです。
　直行バスは富士山五合目まで一直線に運行されています。五合目には休憩施設と案内所があります。多くの人は五合目から富士山頂まで5時間から7時間かけて登山します。

☆「2時間半」two and a half hours; two hours and a half /「2時半［2時30分］」two and half an hour; a half past two; two thirty.

類 似 例

実際の試験では、前述したように「配布されたカードの中から1つ選択する」ことになっている。各3項目の出題内容(地理・歴史・一般常識)が提示されている。
◆ 口述試験の全体の所要時間帯は「**8〜10分**」である。
◆ その配分で考えられるのは、「**通訳**」は**約3〜5分**である。
◆ 「**ガイド**」は**約5分**である。そのうち「**ガイド(プレゼンテーション)**」は「**2分**」と指定されている。したがって、それに続く「**英問英答**」(Question and Answer)があり、「**英答**」(English answer)の内容にもよるが所要時間は「**約3分**」だと想定される。
　「プレゼンテーション」における「2分」の目安としては、実験の結果ネイティブが natural speed (普通の速度)で英文を読む場合「**約15〜20行の英文**」であることが判明した。したがって、下記の類似例は約15〜20行の英文で列挙する。
(1)「**観光**」、(2)「**歴史**」、(3)「**文化**」の「類似例」、そして各「類似例」に関する「**英問英答**」を列挙する。

【類似例1】「観光」

《試験官》　「日本語で書かれた3枚のカードの中から1つを選び、2分間以内に

英語で話してください」
(1)「日本の古都京都」　(2)「東北三大祭り」
(3)「古都奈良の法隆寺」

☆(1)「日本の古都京都」を選択してガイドする。

【1】「ガイド（2分間プレゼンテーション）」

Kyoto was the capital of Japan and the center of the nation's culture for more than 10 centuries, from 794 to 1868. Imposing shrines, temples, palaces and castles with elaborately designed gardens reflect the past glory of Kyoto. In all, the city has over 200 Shinto shrines and some 1500 Buddhist temples. "Historic Monuments of Ancient Kyoto (Kyoto, Uji and Otsu Cities)" were registered as UNESCO World Heritage Sites in 1994. Although Kyoto was ravaged by wars, fires and earthquakes during its eleven centuries as the Imperial capital, the city was spared from much of the destruction of World War II. Present-day Kyoto has advanced in many ways. Now, new leading industries and scientific institutions make important contributions around the world. Kyoto is also the home of the Kyoto Protocol to the United Nations Framework Convention on Climate Change which encourages international efforts made towards the preservations of the Earth's environment. Kyoto is not the kind of city that is simply content to remain as it is. Instead, it continues to strive toward change and development adjusting itself to meet the needs of each new generation.

【主旨】　京都は794年から1868年までに及ぶ10世紀以上に渡って日本の首都またその文化の中心地でした。人目を引く堂々とした神社仏閣また優雅な設計を施した宮廷や城は京都の栄光を反映しています。市中には合計200以上の神社と約1500に及ぶ仏閣が点在しています。「古都京都の文化財（京都、宇治及び大津）」は1994年にユネスコ世界遺産として登録されています。

京都は皇都として11世紀もの間、戦禍や火災また地震に見舞われてきましたが、第二次世界大戦（＝the Second World War）の幾多の破壊から逃れることができました。現在の京都は多方面に渡り進歩を遂げてきました。今では、最新の非常に優れた産業や科学施設が世界中で重要な貢献を果たしています。気候変動に関する国際連合枠組条約の京都議定書の発祥地である京都は、地球

第 2 章 口述(第 2 次)試験[英語]の参考例と類似例　　185

環境の保存に向けての奨励(しょうれい)的な国際尽力を果たしています。京都は、単に現状に留まることに満足するような都市ではなく、むしろどの新しい世代(せだい)の要請(ようせい)にも対応しながら変化と発展に向けて懸命に尽力し続けているのです。

《語句》
imposing 形 人目を引く(＝majesty) ▶large *imposing* building 人目を引く壮大な建物 / **ravage** 動 荒廃させる / **hardship**(s) 名 困窮(＝difficulties) / **Kyoto Protocol** 名 (京都)議定書。☆1997 年に京都市の国立京都国際会館で開かれた第 3 回地球温暖化防止京都会議(COP3)で採択された「気候変動枠組条約」に関する義定書である。

【2】「英問英答」
(1) 古都京都の世界遺産の「数とその所在地」について。

Q: **How many properties are there in the *Historic Monuments of Ancient Kyoto*?**
「古都京都の文化財」にはいくつの遺産がありますか。

A: The historic monuments encompass 17 locations in three cities: Kyoto and Uji in Kyoto Prefecture, and Otsu in Shiga Prefecture. Of the monuments, 13 are Buddhist temples, 3 are Shinto shrines and one is a castle. The 17 properties of the World Heritage Site originate from a period between the 10th century and the 18th century, and each is representative of the period in which it was built.

　Let me talk about Toji Temple, one of World Heritage Sites in Kyoto. Within the temple precincts stands the five-story pagoda of Toji Temple, which can be seen from the bullet train seat windows on the JR Tokaido Shinkansen Line. The original pagoda was founded by Kobo Daishi (Kukai) in 826. It has actually burned down four times as a result of being struck by lightning. The present five-story pagoda dates from the Edo period, when it was reconstructed with donations from Tokugawa Iemitsu in 1644. The five-story pagoda, Kyoto's landmark, is the tallest wooden pagoda in Japan at a height of 54.8 meters.

【主旨】　文化財には三都市(京都市・京都府の宇治・滋賀県の大津市)の 17 件の指定地が含まれています。文化財の中には、13 件の寺院、3 件の神社、そし

て1件の城が含まれています。世界遺産の17件の起源は10世紀から18世紀に及び、各々はその建造された時代を代表しています。

　京都の世界遺産の1例として東寺についてお話しいたします。寺院の境内には、新幹線の列車の車窓からも見える東寺の「五重塔」が聳えています。元の塔は826年(天長3年)に弘法大師空海によって創建され、落雷の火事で4回焼失しています。現在の五重塔は江戸時代に遡り、1644年に徳川家光の寄進によって再建されたものです。京都の歴史的建造物である五重塔は54.8メートルで木造塔としては日本一の高さを誇っています。

(2)　「鹿苑寺」通称「金閣寺」について。

Q: **Please tell us briefly about one example of the Kyoto's World Heritage Sites.**
京都の世界遺産の一つの実例について簡単にお話しください。

A: Let me talk about Rokuon-ji Temple, which is the formal name of *Kinkaku-ji*, the Golden Pavilion in Kyoto. It is famous for its three-story pavilion covered in gold leaf and topped with a bronze statue of phoenix. It was originally built in 1397 to serve as a villa for Shogun Ashikaga Yoshimitsu, as part of his estate then known as *kitayama-dono*. His son converted the building into a Zen Temple of Buddhism. The pavilion functions as *shariden*, housing relics of the Buddha. This temple belongs to the Rinzai sect of Buddhism. In 1950, the pavilion was burned down by a young Buddhist monk, who then attempted suicide on the hill behind the building. The present structure was rebuilt in 1955 following the original design. The pavilion reflected in the calm waters of the pond is a beautiful sight to see.

【主旨】　京都にある金閣寺の正式名称「鹿苑寺」についてお話しいたします。鹿苑寺は金箔を貼り、鳳凰の銅像をいただく三層の楼閣でよく知られています。創設起源は1397年で、当時は足利義満将軍の北山殿山荘として使用されていました。義満の子どもはこの建物を禅寺に改造しました。楼閣は舎利(仏陀の遺骨を納めた塔)として機能し、臨済宗に属していました。1950年には、建物の背後にある丘で自殺を図った若い仏僧の放火によって消失しました。1955年には原形の設計に基づいて現在の建物が再建されました。静寂な池の水面に映

る楼閣は実に壮観です。

(3) 京都三大祭りのひとつ「葵祭り」について。

Q: **Please tell me about the festival of the shrine which is registered as one of the UNESCO World Heritage Sites in Kyoto.**
京都のユネスコ世界遺産登録のひとつである神社の祭りについてお話しください。

A: I'll tell you about the Aoi Festival or Hollyhock Festival which is held on May 15 at both Shimo-gamo and Kami-gamo shrines. Its name derives from the leaves of *hollyhock*, the sacred crest of the two shrines, which festoon all the participants, ox-drawn carriages and palanquins that take part in the festival parade. The festival features a lively procession of an Imperial messenger in an ox-cart, his suite of courtiers and court ladies, all elegantly dressed in the Heian period. The gorgeous Imperial procession (which paid homage to the shrines in ancient times) starts from the Kyoto Imperial Palace and ends at both shrines of Shimo-gamo and Kami-gamgo. This Aoi Festival is one of the Three Biggest Festivals in Kyoto, along with the Gion Festival (at Yasaka Shrine) and the Festival of the Ages (at Heian Shrine).

【主旨】 この祭りは、下鴨神社と上賀茂神社で5月15日に行われます。葵祭りと言われる由来は、両社の神紋(＝神社の紋章)である「葵」の葉と関連し、祭りの行列に参加する参列者、牛車それに御輿などのまわりに葵が花綱状に飾られていることから来ています。祭りの特徴は御所車に乗った勅使と男女従者の一行が全員平安時代(794–1185)の優雅な衣装を身に着けていることです。この豪華な朝廷行列(昔神社に参詣した優雅な宮廷行列の再現)は京都御所を出発し、下鴨・上賀茂の両神社に到着します。葵祭りは祇園祭り(八坂神社)と時代祭り(平安神宮)と並ぶ京都三大祭りの一つです。☆平安の優雅な古典行列は平安貴族そのままの姿で列を作り、京の都を風流に練り歩く。

【類似例2】 「歴史」

《試験官》 「日本語でか書かれた3枚のカードの中から1つを選び、2分間以内

に英語で話してください」
(1)「姫路城」 (2)「首里城」 (3)「小笠原諸島」

☆(3)「小笠原諸島」を選択してガイドする。
【1】「ガイド(2分間プレゼンテーション)」

Tokyo is generally recognized as a vast metropolis full of modern skyscrapers. However, a group of subtropical islands blessed with nature for the south sea, called the Ogasawara Islands, is a part of the capital of Japan as well.

The Ogasawara Islands, also known in English as the Bonin Islands, are located in the Pacific Ocean lying 1,000 km southeast of Tokyo. The Ogasawara Islands were named after Ogasawara Sadayori, a lord of Shinano Province (presently, Nagano Prefecture), who is said to have discovered the islands in 1593. The islands remained largely uninhabited until 1830 when Pacific Islanders and Westerners established a colony on Chichi-jima. The islands officially became Japanese territory in 1876, and were transferred to the administration of Tokyo in 1880. Later the island chain was placed under the administration of the U.S. military forces after the end of the Second World War in 1945. After the war, the Ogasawara Islands were restored to Japanese administration in 1968. The Islands belong to the Tokyo Metropolis and are now under a common administration with the village government of Ogasawara.

All of the islands were designated as the Ogasawara National Park in 1972. The Ogasawara Islands, a habitat for rare animals and plants in the western Pacific, were registered by UNESCO as a World Heritage Site in 2011. It contains a wealth of the ecosystem of the islands which reflect a wide range of evolutionary processes in the flora and fauna. In the Ogasawara Islands, many plants and animals have evolved endemically, creating unique ecosystems. This remarkable feature was recognized as a perfect example of an evolutionary process due to species isolation on each small island. This adds an outstanding universal value to its listing as a World Natural Heritage Site.

第2章　口述（第2次）試験［英語］の参考例と類似例　　189

【主旨】　東京といえば、通常は近代的な超高層ビルが林立する広大な首都だと認識されがちです。しかし南部の海上に浮かぶ自然に恵まれた亜熱帯群島の小笠原諸島があり、日本の首都の一部でもあります。

　小笠原諸島は、英語で Bonin Islands としてもよく知られ、東京都心から南東約 1000 km の距離にある太平洋上に浮かんでいます。小笠原諸島は、1593年諸島を発見したと言われる信濃（現・長野県）国主の小笠原貞頼（安土桃山時代の武士。徳川家の家臣）の名に因んで命名されました。諸島は太平洋島民と西洋人が父島に入植した 1830 年まではほとんど無人状態でした。1876 年には小笠原諸島は正式に日本領土となり 1880 年には東京に移管されました。1945 年第二次世界大戦後はアメリカ軍施政下に置かれました。戦後の 1968 年には小笠原諸島は日本統治として返還されました。諸島は東京都に属し、現在小笠原村役場の行政下にあります。

　1972 年諸島全土は小笠原国立公園に指定されました。2011 年には西太平洋における希少な動植物の生息地である小笠原諸島はユネスコ世界遺産に登録されました。その特色は動植物の広範囲に及ぶ進化過程を反映する諸島にある豊富な生態系です。小笠原諸島には固有種に進化する動植物が多数現存し、ユニークな生態系を造り出しています。この注目すべき特徴が、小さな島々でありながら種の分離のために生じる生物進化過程の完全な事例として認定されました。このことが世界自然遺産の一部として顕著で普遍的な価値を有しています。

《語句》　**subtropical island** 亜熱帯の島 / **the Bonin Islands** 小笠原諸島。☆「ボニン」とは江戸時代の「無人島」（ぶにんしま / ぶにんじま）という呼び名である。その起源から一度も大陸続きになったことがない島から由来する / **uninhabited** 形 無人の / **territory** 名 領土 / **restore** 動 返還する / **habitat** 名 生息地 / **ecosystem** 名 生態系 / **evolutionary process** 進化過程 / **endemically**（動植物が）固有種に / **isolation** 名 隔離、分離。

【2】「英問英答」
（1）　小笠原列島の「島の数」について。

Q: **How many islands are there in the Ogasawara Islands? What islands do people live in?**
　　小笠原諸島にはいくつの島がありますか。どの島に人が住んでいますか。

A: The Ogasawara island chain consists of about 30 islands, none of which are inhabited except Chichi-jima and Haha-jima islands. Chichi-jima, the largest of the entire group of islands, is noted for its white sand beaches, subtropical forest and steep rock cliffs. Scuba-diving can be enjoyed at many locations where divers can swim with many fantastically colored tropical fish. Haha-jima, the slender island, is home to some unique animal and plant species. To protect the natural environment, visitors must refrain from collecting the local plants and wildlife.

【主旨】 小笠原列島は 30 余の島々から成り、父島と母島を除けばすべて無人島です。諸島全土最大の島である父島は白い砂浜、亜熱帯森林そして険しい岸壁でよく知られています。幻想的な色彩を帯びた熱帯魚といっしょに泳げるため多くの場所でスキューバダイビングが楽しめます。細長い母島はユニークな動植物の宝庫です。自然環境を保護するために、観光客は地元の植物や野生動物を取りに来るのを慎むべきです。

(2) 小笠原諸島が「東洋のガラパゴス」と呼ばれる理由について。

Q: **Why are the Ogasawara Islands dubbed "the Galapagos of the Orient"?**
小笠原諸島が「東洋のガラパゴス」と呼ばれるのは何故ですか。

A: The island chain has never been connected with the Japanese mainland or any continent, allowing its ecosystem to evolve independent of outside influences. Therefore, the region is rich in unique plant and animal species. There are over 440 species of indigenous plants and more than 100 kinds of animals that are native to the islands. This situation is similar to that of wildlife in the Galapagos Islands, Ecuador. Ogasawara has been dubbed "the Galapagos of the Orient" for its rich and distinctive natural assets.

【主旨】 小笠原列島は、これまで日本の本州などの大陸とも一度もつながったことがなく、そのおかげで島々の生態系は外からの影響を受けずに進化しました。したがって、その地域では固有種（＝endemic）の動植物が豊富です。440種以上の固有種の植物、それに 100 種以上の当島固有の動物が生息します。これはエクアドル領ガラパゴス島の野生生物と似た状況です。この豊富な固有性を有する自然遺産のおかげで小笠原諸島は「東洋のガラパゴス」の異名で呼ば

れています。

【類似例3】 「文化」

《試験官》 「日本語で書かれた3枚のカード中から1つを選び、2分間以内に英語で話してください」
(1) 「オタク文化の発祥地・秋葉原地区」
(2) 「ブティックの街・原宿」
(3) 「世界一の自立式塔・東京スカイツリー」

☆(3)「東京スカイツリー」を選択してガイドする。
【1】「ガイド(2分間プレゼンテーション)」

> Tokyo Skytree is located about 1 km east of Asakusa, a town filled with the cordial atmosphere of the old commercial and residential districts of Tokyo (called *Shitamachi*) that extends from Taito, Chiyoda and Chuo wards east to the Sumida River, and about 2 km northeast of Ryogoku, a town famous for *sumo* wrestling.
> 　The Skytree houses many shops and restaurants at its base along with an aquarium and a planetarium. The main attractions of the Skytree are two observation decks which are located at a height of 350 meters and 450 meters above ground. The first 350 meters observation deck offers visitors restaurants, stores and other facilities, while enjoying a panoramic view of the whole Kanto area. The second 450 meters observation deck (called TEMBO GALLERY) sets up a skywalk covered in glass around the observatory lobby, enabling visitors to enjoy the world's highest walkway.
> 　The external appearance of the Skytree is designed to have graceful curves (called *sori* and *mukuri*) similar to a samurai sword in the aesthetic way of traditional Japanese buildings so that it does not detract from the surrounding scenery.
> 　Tokyo Skytree employs cutting-edge Japanese technology in reproducing the traditional architectural know-how of the "Shinbashira-Seishin" (Central Column Vibration Control for mitigation of seismic motion) used in the five-story pagoda. This structure is said to help

minimize the size of tremors in the case of an earthquake and during strong winds. The quake-proof tower withstood damage from the devastating earthquake that hit Japan (The Great Eastern Japan Earthquake) in March 2011 during its construction.

　Drawing international attention, Tokyo Skytree debuted as the tallest free-standing tower in the world. The tower surely provides an invaluable opportunity to introduce the culture and technology of Japan to people around the world.

【主旨】　東京スカイツリーは、東京の下町人情の漂う台東区、千代田区、中央区から隅田川に広がっている浅草東部から約1km、そして相撲でよく知られる町両国の北東約2kmに位置しています。

　東京スカイツリーには水族館やプラネタリウムをはじめ店舗やレストランが多数設けられています。東京スカイツリーの主要な目玉は、地上350mと450mにある2ヶ所の展望台(「天望回廊」と命名)です。高さ350mの第1展望デッキでは全関東地域の景観を展望しながらグルメの食べ物や買い物また娯楽が楽しめます。高さ450mの第2展望デッキでは展望ロビー周辺にガラス張りの展望回廊が設けられ、世界最高地の散策が満喫できます。

　東京スカイツリーの外観は、伝統的な日本の建造物に見られる美的様式で日本刀に似た(「そり」「むくり」と呼ばれる)優雅な曲線が設計されていて、周囲の景観を損なうことがないのです。

　東京スカイツリーは、五重塔を参考にして「心柱制震構造」(＝地震動を緩和するために中央にある柱の振動を制御すること)の伝統的な建築上の専門知識を再現させる日本最先端の技術を採用しています。この構造は地震の場合また強風の場合、その間での揺れを最小限に抑えるのに役立つと言われています。この耐震性のあるタワーは、2011年3月日本(東日本大震災)を襲った破壊的な地震の被害に耐えることができました。

　国際的な注目を浴びながら、東京スカイツリーは世界最高の自立式タワーとして披露されました。当タワーは世界中の人々に日本の文化と技術を紹介する比類なき機会を間違いなく提示しています。

《語句》

curve 名 曲線。☆東京スカイツリーの断面は日本刀の緩やかな「反り」(線または面が上方に凹状に湾曲していること)と「起り」(線または面が上方に凸状に湾曲していること)の曲線を生かしている。**aesthetic** 形 耽美的な、景観に

配慮した / **detract** 動 損なう、減じる / **cutting-edge** 形 最先端の、最新鋭の / **reproduce** 動 再現[再生]する / **minimize** 動 最小限に抑える / **quake-proof** 形 耐震の / **devastate** 動 荒廃[壊滅]させる / **free-standing tower** 自立式タワー。

【2】 「英問英答」
（1） 東京スカイツリーの「役割」について。

Q: **What is the main role of Tokyo Skytree?**
東京スカイツリーの主たる役割は何ですか。

A: Tokyo Skytree operates as a new base for Japan's six main television networks and radio broadcasters as well as one of the city's tourist attractions. Analog broadcasts ended in 2011 and a complete transition was made to Digital Terrestrial Television Broadcasting. Five commercial TV stations as well as NHK utilize the new tower to broadcast digital TV signals from a height of around 600 meters. Tokyo Skytree replaced the 333-meter-tall Tokyo Tower, a symbol of Japan's capital since 1958.

【主旨】 東京スカイツリーは日本でえり抜きのテレビ・ラジオ放送局の新拠点また東京の観光名所として開業されています。2011年にはアナログ放送の役割は完了し、地上デジタルテレビ放送の電波塔に移行されました。NHKと在京民放5社（日本テレビ、TBSテレビ、フジテレビ、テレビ朝日、テレビ東京）は約600m級の高さから新しい電波塔を利用しています。東京スカイツリーは、1958年以降日本の首都のシンボルであった333メートルの東京タワーからバトンタッチされました。

《語句》
digital terrestrial television［**DTTV, DTT**］地上デジタル・テレビジョン / **commercial TV station** 民放テレビ局 / **utilize** 動 利用[活用]する。

（2） 東京スカイツリーの「高さとその数字の意味」について。

Q: **Please tell us briefly how high Tokyo Skytree is.**
東京スカイツリーの高さについて簡単に話してください。

|A|: Tokyo Skytree, the tallest tower used as a broadcasting transmitter in the world, has a height of 634 meters. 6–3–4 is *Mu-sa-shi* in Japanese wordplay (*goroawase*). *Musashi*(*no kuni*) was an old province of Japan, which used to cover a large area, including the Capital Tokyo, most of Saitama Prefecture and part of Kanagawa Prefecture (mainly Kawasaki and Yokohama). Tokyo Skytree was recognized by the Guinness World Records Company as the tallest broadcasting tower in the world in 2011.

【主旨】 東京スカイツリーの高さは634メートルです。6–3–4は日本語の語呂合わせで「ムーサーシ」です。「武蔵(の国)」とは日本古代の州で、首都東京、埼玉県の大部分と神奈川県の一部(主として川崎と横浜)を含む広大な地域に広がっていました。東京スカイツリーは、2011年には世界一高い放送塔としてギネス世界記録会社により認定されました。

最後に

口述試験は次のような形式で終わる。

試験委員： All right. Time's up. Thank you. That's all for today.
試験委員： That's about all for today. We enjoyed talking to you. Thank you for coming.
受験者 ： Thank you very much. Good-by.

★退場時には "Thank you so much." または "Thank you for giving me this opportunity." などの感謝のことばを忘れないこと。そして出口では試験委員に向かって一礼することを勧めたい。

第3章　Tell Me About Japan!（日本の文化・観光・地理・日本人論に関する英問英答）

《「筆記（第1次）試験」と「口述（第2次）試験」の対策に向けて》

　口述（第2次）試験における「合否判定基準」の評価項目に「コミュニケーション」と「発声」がある。「コミュニケーション」は試験官と受験者が直接英語で交わす重要な評価項目であり、臨機応変な反応力また会話継続への意欲等は肝要である。さらに肝要なことがある。それは「**発声**」である。受験者が試験官の「英問」内容を正確に聞き取ること、そして受験者が小声で細々とした発声ではなく明快に毅然として「英答」することが問われる。通訳ガイドの人物適性の中では筆頭にあがるのが「発声」である。英語が堪能で、語る知識内容が優秀であったとしても、「発声」が乏しければ無意味である。本章「英問英答」の音声は vi 頁に掲載されたユーザー名とパスワードを入力して研究社ホームページから無料ダウンロードできるのでその内容をしっかりと聞き取り、そして声を出して明快な「発声」訓練を実践してみるとよいだろう。

　「ガイド」関連の「**2分間プレゼンテーション**」が終われば、受験者が返答する内容に関して約 2〜3 問（a few questions）の「**英問英答**」がある。下記の実例は、「2分間プレゼンテーション」後に交わされそうな「形式」で、海外から訪日する観光客が関心をもちそうな「内容」である。返答内容としては1分以内で返答することが望ましい。因みに、この内容は「筆記（第1次）試験」の第2章「**英文紹介問題**」との関連性が非常に深い。特に下記の「英問英答」は単に受験対策だけではなく、実際に海外から訪日する人々に対してすぐに活用できる「ことば（**英語**）」と「文化（**知識**）」であることを強調しておこう。

【1】　日本の文化・観光・地理：**Q&A（20 選）**
　《1》　現代文化：(1) クールジャパンの正体 / (2) メイドカフェとマンガ喫茶 / (3) ゆるキャラ / (4) B-1 グルメ祭り / (5) 介護ロボット
　《2》　伝統文化：(6) 歌舞伎と能楽 / (7) 浄瑠璃と文楽 / (8) 舞楽と雅楽 / (9) 茶道の歴史と普及 / (10) 懐石料理と会席料理

《3》　観光事情：(11) 1 週間の国内旅行 /(12) 観光産業の目玉 /(13) 土産物・こけし /(14) 富士五湖と樹海 /(15) 富士箱根伊豆国立公園
　《4》　地理事情：(16) 日本の四季 /(17) 地震と津波 /(18) 火山と温泉 /(19) 日本三名泉 /(20) 日本三名山
【2】　日本事情・日本人論：**Q&A(20 選)**
　《5》　家庭生活：(21) 平均的な家族構成 /(22) 見合い結婚 /(23) 贈り物好き(中元・歳暮) /(24) 家庭内の多神教
　《6》　学校生活：(25) 教育制度とその変遷 /(26) 学習塾と予備校 /(27) 受験地獄 /(28) いじめと不登校
　《7》　企業生活：(29) 企業の特色 /(30) 単身赴任 /(31) 稟議制 /(32) 根回し
　《8》　社会事情：(33) 銭湯事情 /(34) 戸籍謄本 /(35) 家賃事情 /(36) 国民健康保険
　《9》　日本人論：(37) タテ社会 /(38) ノミニケーション /(39) ホンネとタテマエ /(40) イエスとノー

■本書の「**出題例**」と「**類似例**」における **Q&A(25 選)**をも参考にすること。
　《1》　第 1 次筆記試験：「第 2 章：英文紹介問題」⇨(34 頁)
　　【出題例 1】　(1) お年玉　　　　　(2) 風呂敷
　　【出題例 2】　(3) 和歌と俳句　　　(4) (祝祭日の)振替休日
　　【出題例 3】　(5) 電車の女性専用車　(6) こいのぼり
　　【類似例 1】　(7) 除夜の鐘　　　　(8) 精進料理
　　【類似例 2】　(9) 七五三　　　　　(10) 角隠し
　　【類似例 3】　(11) 人間国宝　　　　(12) だるま
　《2》　第 2 次口述試験：「ガイド」(＝2 分間プレゼンテーション)⇨(175 頁)
　　【出題例】　(13) 富士山 →(14) 富士山が世界文化遺産の指定された理由 (15) 東京から富士山までの所要時間
　　【類似例 1】　(16) 古都京都 →(17) 古都京都の世界遺産の数とその所在地 (18) 「鹿苑寺」通称「金閣寺」(19) 京都三大祭りのひとつ「葵祭り」
　　【類似例 2】　(20) 小笠原諸島 →(21) 小笠原列島の島の数 (22) 小笠原諸島が「東洋のガラパゴス」と呼ばれる理由
　　【類似例 3】　(23) 東京スカイツリー →(24) 東京スカイツリーの役割 (25) 東京スカイツリーの高さとその数字の意味

第3章　Tell Me About Japan!

【1】 日本の文化・観光・地理

《1》 現代文化

🔊 **DOWNLOAD 1** （朗読音声のダウンロード方法 ⇨ vi 頁）

（1）　日本政府が推薦する「クールジャパンの正体」

Q: **Please tell me about "Cool Japan" in brief.**
「クールジャパン」について手短にお話しください。

A: "Cool Japan" is a phrase used to describe Japanese commodities, contents and cultural products that are considered "cool" by non-Japanese people. What makes Japan "cool" is not just the usual aspects of *anime* and *manga* but also fashion, music, tourism and even traditional arts and crafts. "Washoku", which was designated by UNESCO as an Intangible Cultural Heritage in 2014, is a good example of "Cool Japan".

NHK broadcast a series of television show *"Cool Japan Hakkutsu: Kakkoii Nippon"* [Discovering Cool Japan] some years ago. Pop culture products like *anime*, *manga* and computer games became huge hits overseas, and people started to think of Japan as 'cool'. Each episode focused on a particular aspect of Japanese culture.

Then the Ministry of Economy, Trade and Industry [METI] announced that Japanese pop culture including *anime*, idols and B-class gourmet is one of the key elements for "Cool Japan". Presently the Japanese government is turning to Japan's cultural aspects to promote Japan's "soft power" in a PR strategy called "COOL JAPAN."

Japan reached the goal of 10 million overseas visitors in 2013. Foreign tourists find the coexistence of old and new in Japan wonderful. The Japanese are requested to have greater knowledge of "Cool Japan" before they introduce what is cool about Japan to people from other countries.

【主旨】　Cool Japan とは外国の人たちが「カッコいい」(cool)と思う日本の商品、コンテンツ、文化製品などを表現するための用語です。日本を "cool" とされるものは、アニメやマンガといった通常の側面だけではなくファッション、音楽、観光また伝統的な美術工芸のことをも指します。2014年ユネスコ無形文化遺産に登録された「和食」は Cool Japan の典型です。

数年前 NHK で「Cool Japan 発掘！ かっこいいニッポン」のシリーズ物の

テレビ番組が放映されました。アニメ、マンガまたコンピューターゲームといったポップカルチャー製品は海外でも大ヒットし、日本をかっこいい国だと考え始める人々が増えました。どの放映(ほうえい)も日本文化の特殊な側面に焦点(しょうてん)が当てられていました。

経済産業省はアニメ、アイドル、B級グルメなどを含む日本のポップカルチャーは Cool Japan にとっては大事な要素であると宣言しました。現在、日本政府は COOL JAPAN と呼ばれる宣伝戦略における日本の「ソフトパワー」を促進するため日本の文化的な側面に取り組んでいます。

2013年、日本は1千万人の海外訪日者を迎えることができました。訪日観光客は日本に共存する新旧現象の素晴らしさを感じています。日本のかっこ良さを海外からの人々に正しく紹介する前に、日本人は Cool Japan の知識をさらに深めることが問われています。

【参考】 soft power とは「国家が軍事力・経済力などによらず、その国が有する固有の文化や価値観などを通して支持・理解・共感を得ることにより、国際社会から信頼や発信力を獲得し得る力のこと」(ハーバード大学のジョセフ・ナイ(Joseph Nye)教授の提言)

🔊 DOWNLOAD 2

(2) 現代日本に見るサブカルチャーの「メイドカフェとマンガ喫茶」

Q: Could you tell me about *Maid Café* and *Manga Kissa*?
「メイドカフェ」と「マンガ喫茶」についてお話しください。

A: A *maid café* is a kind of cosplay coffee shop, which first originated in the Akihabara district in Tokyo. In a maid café teenage girls are dressed as elegant maids and treat the customers as masters or mistresses of a private home rather than as normal café customers. Customers can also sometimes play cards or video games with maids on a friendly basis. However, customers are expected to follow basic rules in a maid café. For example, customers are forbidden to touch maid or ask for her personal contact information.

Next, I'll tell you about the 24-hour *comic book café* with extensive *manga* [comic book] libraries called a *manga kissa*. These cafés are a combination of a comic book library and a coffee shop where you can get a snack while reading comics. Recently the phenomenon of Internet café refugees can be seen at these businesses. Without a permanent address,

第 3 章　Tell Me About Japan!

people regularly seek refuge and spend their nights at 24-hour Internet cafés or at *manga* cafés.

【主旨】　メイドカフェは、東京の秋葉原を発祥地とする一種のコスプレ喫茶店です。そこに入れば可愛いメイド服に着飾った十代の少女が来店者に対して、喫茶店というよりは個人の家庭における殿方や奥方のように接客します。顧客は時としてメイドと親しくトランプやビデオゲームをすることができますが、メイドカフェでは基本ルールを守らなくてはいけません。例えばメイドの身体に触れたり個人情報を訪ねたりすることはできません。

　次に、24時間経営のマンガ喫茶［マン喫］をのぞいてみます。多数の漫画本と喫茶店の合成語で、漫画を読みながら軽食がとれます。最近ではこのような業界ではネットカフェ難民（略称「ネカフェ難民」＝net-café refugee）の現象として見られます。定住所を持たず，いつも24時間営業のネットカフェまたは漫画喫茶の避難所を徘徊し、夜間をしのぐことがあります。

【参考】　2006年に開館した「京都国際マンガミュージアム」は現代の国内マンガを中心に世界各国のマンガ資料を有する世界最大規模の約30万点が収蔵されています。建物は旧・龍池小学校（明治2年開校―平成7年廃校；平成20年国の登録有形文化財）の校舎を改築・再利用したものです。

🔊 **DOWNLOAD 3**

(3)　観光誘致を目指す地方自治体の名物「ゆるキャラ」

Q : **Please tell me about "*Yuru-kyara*" in brief.**
　「ゆるキャラ」について手短にお話しください。

A : "*Yuru-kyara*" are the unique mascot characters sponsored by certain municipalities and other groups to promote local products and tourism in that area. "*Yuru-kyara*" usually may turn out a little odd-looking and some can appear childish to some onlookers. However, they can also be a great way for getting people to know about and become interested in the municipalities.

　Among hundreds of "*yuru-kyara*", "Hiko-nyan", a cat-like mascot wearing an ancient looking samurai helmet, was created in 2007 to mark the 400th anniversary of the construction of Hikone Castle, a national treasure. Recently "Kumamon", a bear character of Kumamoto Prefecture that has big round eyes and red cheeks, has been very popular.

【主旨】　ゆるキャラは、その地域の地元特産品や観光誘致を目指して地方自治

体（＝municipal governments）や他の団体によって発案されたマスコットキャラクターです。「ゆるキャラ」は見た目が少し奇妙に装うことがあり、見る人には少々幼稚と映るかもしれません。しかしその地方自治体について知るようになり、興味を抱くきっかけとなることがあります。

　数百ともいわれるゆるキャラの中でも、有名な「ひこにゃん」（＝武士の兜を装う猫のようなマスコット）は国宝彦根城築城400年記念祭を祝賀するために2007年イベント用に作られました。最近では、大きな丸い目と赤い頬をもつ熊本県の熊のキャラクター「くまモン」は人気を博しています。

【参考】「ゆる」は「ゆるい」（loose）または「心温まる」（heartwarming）という意味があります。「キャラ」は英語の"character"の略語です。「ゆるキャラ」は「ご当地キャラ」（local character）とも言われます。単なるマスコットと違う点は、都道府県や市町村など地方自治体の広報・宣伝用に作られています。それぞれの「お国柄」をユーモラスに表現し日本の地域活性化（the regional revitalization in Japan）を促進し、「郷土愛」に満ちたメッセージ性を持っています。2007年には「ひこにゃん」が登場し、「ゆるキャラブーム」の火付け役となりました。

DOWNLOAD 4

(4)　地方の活性化を目指す「**B級グルメとB-1グランプリ**」

Q: **Please tell me about the "B-class Gourmet" and the "B-1 Grand Prix"**
　「B級グルメ」と「B-1グランプリ」についてお話しください。

A: "**B-class**" denotes things that are reasonably priced in short. "**B-class gourmet**" includes ordinary yet tasty foods, such as *ramen* noodles, grilled *yakitori* chicken kabobs, and so on. By the way, "A-class gourmet cuisine" refers to higher priced food.

　The Festival for B-class Local Specialties promotes localities by showcasing cheap and delicious dishes that are loved by the locals. Participants in the festival aim to introduce popular local cuisine and to deepen knowledge of their town at a nationwide level. Visitors also must wait in long line to taste their desired dish.

　This festival also has the element of the **B-1 Grand Prix** competition. When deciding a winner, voters must not only take into account the hospitality and overall performances of the exhibitors but also the quality of the food. The voters put disposable chopsticks used to eat at the festival into ballot boxes. The weight of each box determines the winner. B-1 Grand Prix is not simply a place to compete for the participants. It is rather an event to promote their own town and strengthen the ties between regions.

【主旨】「B級」(＝B-Grade)とは手頃な値段を略した表示です。「B級グルメ」にはラーメンまた焼鳥などのような、どこにでもある美味な食物があります。因みに、A級グルメ料理とはかなり高価な食物のことを指します。

　B級ご当地グルメ祭典は、ご当地の住民が愛好する安価で美味な食物を展示しながら、その地域を促進することです。この祭典に参加する目的は、ご当地の人気食物を紹介し、全国的に町起こし情報を深めることです。来訪者は好みの食物を味わうための長い列をなして待機します。

　この祭典には「**B-1グランプリ**」競争の一面もあります。勝者を決める場合、投票者は展示者の接客や演技全体だけでなく食物の品質をも考慮に入れます。投票者は祭典で食する際に使用した割り箸を投票箱に入れます。箱の重量で勝者が決まります。B-1グランプリは単に参加者間で競う場ではありません。むしろご当地を促進する場、なおかつ地域間の絆を強化する場でもあります。

【参考】「B-1グランプリ」の正式名称は「ご当地グルメまちおこしの祭典！B-1グランプリ」です。2013年以降「B-1グランプリ」の「B」は地域BRAND(ブランド)の「B」と定義されました。「町おこし」の英語は town [community] renewal project または project in revitalizing the town [community] と言えるでしょう。

🔊 DOWNLOAD 5

(5)　日本の次世代を担うハイパーカルチャーの「**介護ロボット**」

Q: **Please tell me about the "nursing-care robot" as hyperculture.**
　　ハイパーカルチャーとしての「介護ロボット」についてお話しください。

A: *Hyperculture* refers to the staggering rate of change in modern technological societies. At the forefront of *hyperculture*, Japan's robots, specifically **nursing-care robots**, are at once amazing works of art and fantastic feats of engineering.

With one in five citizens now over the age of 65, Japan is fast becoming a super-aging society. More and more people require nursing care, but as a result of the declining birthrate there are not enough carers to lend a helping hand. In order to prepare for upcoming problems such as a labor shortage of caregivers, the Japanese government plans to extend financial assistance to help firms to develop nursing care robots. Such robots are designed to assist elderly people with daily activities and reduce the burden on nursing care workers. On the other hand, the use of nursing care robots remains limited because of a deeply-rooted belief at nursing homes that human workers provide the best care.

【主旨】　ハイパーカルチャーとは、現代の技術社会における信じがたいほどの変化のことだと言及されています。その先端(せんたん)を行くのが日本のロボット、特に「介護ロボット」であり、驚異的な芸術作品であると同時に素晴らしい工学技術の傑作です。

　現在65歳以上の市民が5人に1人の割合で、日本は急速に超高齢化しています。介護を必要とする人は多数いますが、少子化の結果として手助けする人が足りません。介護士の労働不足としてやがて来る課題に備え、日本政府は企業に対する介護ロボット開発を助長(じょちょう)するために財政支援の拡張を計画しています。介護ロボットは高齢者の活動を支援し、介護士の現場負担を軽減(けいげん)してくれるのです。他方、人間の労働者こそが最良の介護を提供することができるという信念が介護施設側に根深くあるため介護ロボットの使用には限界があります。

【参考】　「介護者支援ロボット」は robot for nursing care support または care-worker support robot,「被介護者用ロボット」は robot service for care recipient などとも言います。

《2》 伝統文化

🔊 DOWNLOAD 6

(6)　日本の伝統文化の粋を極める「歌舞伎と能の違い」

Q: **What is the difference between *Kabuki* and *Noh*? Please tell me about it briefly.**
歌舞伎と能の違いはどのようなものですか。手短にお話しください。

A: *Kabuki* originated in the 17th century, while *Noh* in the 14th century. *Kabuki* costumes and stage-settings are gorgeous while those of *Noh* are more simplified. *Kabuki* music is played with the *shamisen* (three-stringed musical instrument) and flutes, while *Noh* uses *utai* (dramatic chant) and *hayashi* (drums and chant). Movement in *Kabuki* is very dynamic while in *Noh* it is quite static. In particular, *Kabuki* is performed exclusively by men, which means female roles are impersonated by men. *Both Kabuki and Noh* were designated by UNESCO as an Intangible Cultural Heritage in 2008.

【主旨】 歌舞伎の起源は17世紀ですが、能は14世紀です。歌舞伎の衣装と舞台設定は豪華ですが、能は簡素です。歌舞伎の音楽は三味線と笛の演奏ですが、能は謡と囃子です。歌舞伎の仕草は動的ですが、能は静的です。特に歌舞伎は「女形」(＝female impersonator) つまり男性のみによる上演です。2008年歌舞伎と能楽はユネスコ無形文化遺産に登録されました。

【参考】「日本五大芸能」は歌舞伎・文楽・能・狂言・雅楽です。2009年「雅楽」(＝an ancient court music and dance native to Japan in the Heian period)はユネスコ無形文化遺産に登録されました。⇨「無形文化遺産」(172頁)

🔊 **DOWNLOAD 7**

(7) 文楽における華麗な「3人の人形遣い」

Q: **How many people are required to manipulate a *Bunraku* puppet, and what are their chief respective jobs in manipulating the puppet?**

「文楽人形」は何名で操りますか。人形を操る際の相互の仕草はどのように対応しますか。

A: ***Bunraku*** is a Japanese classical *puppet* performance created through the narrative reciting of the *tayu* [narrator] and *shamisen* accompaniment. *Bunraku* features large costumed puppets which are manipulated by puppeteers on stage, three puppeteers who manipulate the dolls on stage, and a narrator who speaks all the lines to the accompaniment of the *shamisen*.

The chief puppeteer manipulates the movement of the upper portion of the head and the right arm of the puppet. The first assistant handles the left arm of the puppet, while the second assistant operates the puppet's legs. The chief puppeteer appears with his face uncovered while the other two wear black hoods to cover their heads and faces. Three puppeteers are on stage to manipulate one puppet, but audience members are not conscious of the puppeteers because of the skill of their movements.

Bunraku is technically known as *ningyo-joruri*, which was registered by UNESCO as an Intangible Cultural Heritage in 2008. The formal registration name is the Joruri Bunraku Puppet Theatre.

【主旨】 文楽とは「太夫」の語りと「三味線」の伴奏によって演出される「操り人形」に関する日本古来の芝居です。その特徴は衣装を装った大型の「操り人形」、舞台上での「3人の人形遣い」そして全台詞を語る「太夫」（＝a chanter who recite the story）の三業の見事な調和です。

「主遣い[面遣い]」（＝the head puppeteer）は人形の頭と右腕、「左遣い」（＝the left-arm puppeteer）は人形の左腕、「足遣い」（＝the leg puppeteer）は人形の足を受けもちます。主遣いは顔を見せながら登場しますが、他の2人は黒の頭巾で頭と顔を隠します。三人の人形遣いは舞台で1体の人形を操るのですが、絶妙に動くあまり観客は人形遣いをそれほど意識しないのです。

文楽は「人形浄瑠璃」とも言い、2008年にはユネスコ無形文化遺産に登録されました。登録名称は「人形浄瑠璃文楽」です。

【参考】 「人形浄瑠璃」は義太夫節の創始者である竹本義太夫(1651–1714)によって大成され、浄瑠璃・歌舞伎作者である近松門左衛門(1653–1724)によって現在の形になりました。⇨「無形文化遺産」（172頁）

DOWNLOAD 8

(8) おもてなしの粋を集めた「茶道の歴史と普及」

Q: **When and how was the tea ceremony introduced into Japan? Why is the tea ceremony so widespread in Japan?**

「茶道」はいつ頃またどのようにして日本に導入されましたか。茶道が国内に広く普及したのは何故ですか。

A: Tea leaves were introduced into Japan from China in the 8th century. However, the origin of the present tea ceremony dates from the 15th century, when Japanese Buddhist monks, who had been studying in China, brought the tea ceremony to Japan. It reached perfection, both spiritually and aesthetically in the 16th century under the great tea master, Sen no Rikyu. Today, the tea ceremony is considered a discipline for mental composure as well as for elegant manners and etiquette. Many parents encourage their daughters to learn discipline and etiquette through practicing tea ceremony.

The tea ceremony is a traditional etiquette of preparing and drinking tea when entertaining guests. In the tea ceremony, first of all a little powdered green tea (*matcha*) is put into a tea bowl. Then hot water is poured over it. The tea is then whipped with a bamboo whisk (*chasen*) until it is frothy. Lastly the guests drink it with gratitude. In the tea ceremony, it is very important to have a spiritual exchange between the host and the guests. The host is totally devoted to serving the guests, and the guests express their gratitude toward the host's warm hospitality.

【主旨】　茶葉は 8 世紀に中国から日本に渡来しました。しかし現在の茶道の起源は 15 世紀にさかのぼり、その頃中国に留学していた日本の仏僧が茶道を日本へ持ち帰ったのです。茶道は、16 世紀になれば茶道の師匠千利休（1522–1591）のもとで精神的また審美的にその粋を極めました。今日、茶道は優雅な礼儀作法だけでなく心の平静を養うためのしつけだと考えられています。そのため茶道を行うことによって自分の娘に規律と作法を学ぶように鼓舞する両親が多数いるのです。

　茶道は、来客の際に茶の入れ方と飲み方を教える伝統的な作法です。茶道では、まずは茶碗に抹茶を少し入れます。それからお湯を注ぎ、お茶が泡立つまで茶筅でかき回します。最後に客は、感謝をこめてお茶をいただきます。茶道での大事なことは、主人と客人との心の交流です。主人は心を込めて客人をもてなし、客人は主人の暖かいもてなしに対して心から感謝の気持ちを表します。

⇨躙り口（72 頁）

【参考】　「著名な三千家」は表千家、裏千家、武者小路千家です。いずれも千利休の子孫によって開始されました。

🔊 **DOWNLOAD 9**

(9)　ユネスコ無形文化遺産に登録された和食の粋を極める「**懐石料理**」

Q: **What is the *Kaiseki* or tea ceremony meal? Please tell me about it briefly.**
　「懐石料理」とはどのようなものですか。手短にお話しください。

A: ***Kaiseki-ryori*** is a simple and light meal served to entertain guests at a formal tea ceremony before serving thick pasty tea (*koicha*). It is prepared with the best and freshest ingredients in dishes expressive of the season. The term *kaiseki* derives from the small heated stone that Zen monks held against their empty stomachs during long hours of fasting while meditating. The guests are expected to enjoy the simple quality of the food and appreciate the beauty of the tableware in which the food is served. Lately, however, some Japanese restaurants exclusively serve *kaiseki* courses, without putting much emphasis on the tea ceremony elements.

The best *kaiseki* cuisine these days is neither a simple nor a light meal, although it is still vegetarian.

By the way, "***Kaiseki-ryori***" (a homophone) or Japanese banquet-style full-course cuisine are Japanese party-style dishes served with *sake* when entertaining guests. It is a Japanese traditional full course meal, with each dish served on individual lacquered trays. Diners eat several kinds of courses in a relaxed atmosphere while pouring *sake* for each other.

【主旨】 懐石料理とは正式の茶道の席で、濃茶を出す前に客に出される素朴な料理です。季節感のある新鮮な食材を盛り付けられます。「懐石」という言葉は、禅宗の僧侶が胸に石を当てて瞑想しながら長い断食をしたという「熱した石」という由来があります。それ以来、接待客らは料理の素朴な味わいを賞味し、料理が盛られた食器類を鑑賞することが求められていました。しかし近年では、茶道の要素にはあまり重きを置かず、懐石料理だけを専門に出す日本料理店もあります。最近では、本格的な懐石料理は、従来の菜食であっても、素朴でも軽い食事でもありません。

因みに、「**会席料理**」(同音異議語)は日本の宴会式フルコース料理馳走で接客するときに酒でもてなす会食です。宴会では伝統的な和食がフルコースで盛りつけた漆器塗りの盆が各人に出されます。会食者は相互に酒を交わしながらいろいろな料理をくつろいだ雰囲気で食します。

【参考】 会席料理は「**本膳料理**」の略式化した料理で、「**一汁三菜**」(one soup and three dishes)が基調となっています。元来「会席」とは連歌や俳諧を興行する歌会の席のことです。

◆) DOWNLOAD 10

(10) 日本古来の国技「**相撲**」

Q: What is the national sport of Japan? Please tell me about it briefly.
日本の国技は何ですか。手短にお話しください。

A: ***Sumo*** is the traditional national sport of Japan in which two *sumo* wrestlers, with their hair tied in a topknot and wearing only a loincloth, enter the ring to perform pre-bout rituals and then wrestle each other. The *sumo* wrestler is defeated when he steps out of the ring or when he touches the ground with any part of his body except the soles of his feet. Each tournament runs for 15 days and each *sumo* wrestler has one match a day.

A wrestler's rank for the next tournament will go up or down, depending on how many matches he wins. There are more and more non-Japanese *sumo* wrestlers these days.

This form of *sumo* wrestling is said to have originated in ancient times and become a professional sport during the Edo period. Six tournaments are held annually; three in Tokyo in January, May and September, one in Osaka in March, one in Nagoya in July and one in Fukuoka in November.

【主旨】　相撲は日本の国技で、ちょんまげをし回し［褌］のみをまとった２人の力士が試合前の儀式を行うために土俵に入り、それから相互に戦います。力士は土俵から足が出た時、あるいは足の裏以外に身体のどの部分をも地面についた時は負けになります。本場所は、それぞれ15日間行われ、力士は１日１回の取り組みがあります。力士の次の場所の番付は、当場所の15日間の勝率次第で上下します。最近では、外国人力士がますます増加しています。

このような相撲の起源は古いのですが、江戸時代になって職業とするスポーツになりました。現在では年に６回行われ、１月と５月そして９月には東京で３回、３月には大阪で１回、７月には名古屋で１回そして11月には福岡で１回実施されます。

【参考】　「相撲の番付」の順番は次の通りです。「幕内」（横綱 ⇨ 大関 ⇨ 関脇 ⇨ 小結 ⇨ 前頭）→「十両」→「幕下」→「三段目」→「序二段」→「序ノ口」。

《3》　観光事情

🔊 DOWNLOAD 11

(11)　外国人に推薦する「一週間の国内旅行」

Q: If foreign tourists are to stay in Japan for one week, what places do you recommend they visit?

海外観光客が「１週間の日本滞在」する場合、推薦できる観光地はどこですか。

A: First of all, I would recommend tourists should go sightseeing in Tokyo, the capital of Japan, for two days (Monday and Tuesday). In particular they should not miss visiting the Asakusa and Akihabara districts where they can find both traditional and modern Japanese culture.

Next they should visit the well-known Toshogu Shrine in Nikko National Park as a one-day trip (Wednesday). Here, Tokugawa Ieyasu and Iemitsu are enshrined at the mausoleum. In addition to the most gorgeous shrine in Japan, they will find the magnificent Kegon waterfall and beautiful Lake Chuzenji-ko. Japanese people often say, "Never say *kekko* [excellent] until you see *Nikko*" which means you will be really happy just after you visit Nikko.

Then they should go to Kyoto and Nara to see the sights for three days (Thursday through Saturday) by bullet train. There are many spots of historical interest and scenic beauty in these places, in particular the famous shrines and temples. Finally (on Sunday) they can return home by plane from Osaka.

【主旨】　先ずは2日間(月曜日・火曜日)日本の首都である東京の観光をお勧めします。特に新旧両文化が発見できる浅草と秋葉原の地区を見落とさないことです。

次に日光国立公園にある東照宮への日帰り観光(水曜日)を薦めます。霊廟に徳川家康と家光が祀られています。日本で最も豪華な神社であるだけでなく、勇壮な華厳の滝や美しい中禅寺湖があります。日本人は「日光見ずして結構と言うな」(＝See Nikko and then die. / Never say WONDERFUL until you've seen NIKKO.)と言います。その意味は日光を観光し終えてはじめて真の幸福感にひたることがきるということです。

それから新幹線で京都や奈良へ向かい3日間(木曜日から土曜日)観光することです。当地には名所旧跡や美しい自然の風景、特に有名な神社仏閣を多数観光することができます。最後(日曜日)には大阪から飛行機で帰国できます。

🔊 DOWNLOAD 12

(12)　明日を見つめる日本の「観光産業」

Q: What are the selling points of tourism in Japan?
　　日本での「観光産業」におけるセールスポイントとはどのようなものですか。

A: In olden times foreign tourists were inclined to associate Japan with Mt. Fuji, *geisha* (female entertainers, professionally trained in traditional dance and music) and cherry blossoms. However today they associate Japan with the modern culture of Japan such as economic power, the electronics industry and advanced technology. On the other hand we have the traditional culture of Japan such as Japanese festivals and traditional arts and crafts which foreign tourists can appreciate as well. Moreover we are proud of many places of historical interest and the natural beauty of our country.

In particular, there is now a big increase in the number of both UNESCO World Heritage Sites and UNESCO Intangible Cultural Heritage of Japan. They are really the main attractions and essential selling points of tourism in Japan.

【主旨】 ひところ外国人観光客は日本といえば「富士山、芸者それに桜」を連想する傾向がありました。しかし今では日本といえば経済大国、電子産業それにハイテクといった「現代文化」を連想します。他面、日本には外国人観光客が高く評価する日本の祭りや美術工芸品といった「伝統文化」があります。さらには日本が誇りとする数々の史跡や大自然の景観美があります。特に現在では日本のユネスコ世界遺産（⇨171頁）またユネスコ無形文化遺産（⇨172頁）が非常に増加しています。これらはまさに日本での本質的な観光産業におけるセールスポイントの目玉です。

DOWNLOAD 13

(13) 海外観光客にとって人気商品である「**土産物・こけし**」

Q: What are *kokeshi* dolls, the popular Japanese souvenirs in Japan?

日本の庶民的な土産物「こけし」とは、どのようなものですか。

A: *Kokeshi* dolls are the wooden folk dolls with a round ball-shaped head attached to a limbless cylindrically-shaped body. *Kokeshi* dolls are usually painted by hand with floral or other bright designs on the body and a girl's or boy's face. There are many kinds of *kokeshi* dolls: some are handmade from a single piece of wood, while others have a detachable head. The value of *kokeshi* dolls is said to be decided by how delicately the face is painted.

Kokeshi dolls were originally made in the Tohoku region, northeastern Honshu, as indoor work during the severe winter season during the Edo period. *Kokeshi* dolls were sold as gifts to people who visited the hot springs in the Tohoku region. Narugo *kokeshi* dolls are typical specialties of the regions around the Narugo Spa in Miyagi Prefecture. The head is not fixed but simply inserted into the torso, and squeaks when turned.

Today many types of creative *kokeshi* dolls are modernized and differ from traditional *kokesi* dolls. They are made in a variety of designs and sizes, with many different facial expressions. They are designed and manufactured in distinctive local forms to be sold as souvenirs for tourists.

【主旨】 こけしは手足のない円筒形(えんとうけい)の胴体(どうたい)(＝a cylindrical torso without arms or legs)に丸顔の付いた木製人形のことです。こけし人形は、通常少女または少年の顔をしており、花柄または明るい色彩模様が胴体に手で絵付(え)けされています。こけし人形にはいろいろな種類があり、1本の木から作られているものもあれば、頭の取り出し可能なものもあります。こけしの価値は、繊細(せんさい)な顔の描き方によって決まるらしいです。

　元来、こけし人形は、江戸時代(1603–1868)に厳しい冬の間の室内作業として本州の東北地方で作られていました。こけし人形は東北地方の温泉に来る人に手土産とし売られていました。鳴子系コケシは宮城県にある鳴子温泉周辺の特産品です。首は固定せず、単に胴体に挿入し、回すとキイキイ音がします。

　今日では、多種多様な新型こけし人形が伝統型こけしとは異なり現代化されています。いろいろな種類や大きさで製作され、顔の表情にも多様性が見られます。その土地固有の形態でデザインされ製作されており、観光客用の土産物として売られています。

【参考】「こけしの語源・由来」。こけしの単語構成が「コ(子)＋ケシ(芥子)」で、頭部だけに髪を残した子供の髪型が芥子(opium poppy)の実に似ていることから由来したと言われています。(諸説あり)

🔊 DOWNLOAD 14

(14) 世界文化遺産の一部である「**富士五湖と樹海**」

Q: **Please tell me about the Fuji-Five Lakes and the Aokigahara Jukai.**

「富士五湖」と「青木ケ原樹海」についてお話しください。

A: The **Fuji-Five Lakes** region is located on the northern slopes of Mt. Fuji including the lakes of Yamanaka-ko, Kawaguchi-ko, Sai-ko, Shoji-ko and Motosu-ko from east to west. The Fuji Five Lakes were registered as UNESCO World Heritage Sites in 2013 along with Mt. Fuji. The Fuji-Five Lakes region is one of the best places to view Mt. Fuji from a close distance. In particular Lake Kawaguchi-ko, the longest of the five lakes, is well-known for the phenomenon of Double-Fuji, which means the inverted reflection of Mt. Fuji seen on its surface. Lake Yamanaka-ko is noted for a green ball-shaped moss-weed (alga) called *Marimo*.

第 3 章　Tell Me About Japan!　　　　　　　　　　　　　　　　211

Near the five lakes of Mt. Fuji is the ***Aokigahara Jukai***, an expansive forest which is situated between Sai-ko and Shoji-ko lakes. This is a vast forest extending 16 kilometers in circumference in which people sometimes get lost and unfortunately some have died. Several caves such as the Ice Cave and the Wind Cave (natural monuments) can be found around the *Aokigahara Jukai* in the vicinity of the mysterious Lake Saiko. These were formed by lava flows after past eruptions of Mt. Fuji.

【主旨】富士山の北部山麓にある富士五湖は、東部から西部に向けて山中湖、河口湖、西湖、精進湖そして本栖湖が広がっています。2013年、富士五湖は富士山とともにユネスコ世界遺産に登録されました。富士五湖地域は富士山を真近に見られる格好の場所です。五湖中最大の河口湖は、水面に富士山を逆さに映すという「逆さ富士」(an inverted [upside-down] image of Mt. Fuji reflected on [in] the water)の現象でよく知られています。山中湖はマリモがあることでも有名です。

富士五湖の近くには西湖と精進湖の間に広大な青木ケ原樹海が広がっています。この広い森林は外周が16キロに延び、この中にいったん足を踏み入れると時として迷いこみ、不幸にも生命を落とす人もいます。最も神秘的な西湖近くの樹海の周辺には、鳴沢氷穴、富岳風穴(天然記念物)といったような洞窟があり、富士山の有史以前の噴火によって溶岩流出で形成されたものです。

【参考】「富士山」は「信仰の対象」と「芸術の源泉」の名山としてユネスコ世界遺産に登録されました。成層火山(stratovolcano)の「富士山」そのものだけでなく、その周辺に点在する「富士山域」(特に標高約1500m以上の重要地域)、「登山道」(4箇所の登山道)、「周辺神社」(8箇所の浅間神社)、「沼湖」(富士五湖と忍野八海)、「胎内樹型」(2か所)、「御師(おし/おんし)住宅」、「遺跡」、「瀑布(白糸の滝)」、「海岸(美保の松原)」など25物件の構成資産が含まれています。

🔊 **DOWNLOAD 15**

(15) 訪日観光客に勧める筆頭の観光地である「富士箱根伊豆国立公園」

Q: **Please tell me about the Fuji-Hakone-Izu National Park.**
「富士箱根伊豆国立公園」についてご紹介ください。

A: There are 31 national parks in Japan scattered across the country from the northern tip of Hokkaido to the southernmost islands of Okinawa. Above all, I suggest you should visit the **Fuji-Hakone-Izu National Park** which is easily accessible from Tokyo.

This national park consists of four general areas: (1) Mount Fuji area (including Mt. Fuji, Fuji Five Lakes, etc.), (2) Hakone Areas (including Lake Ashino-ko, Owaku-dani [Great Boiling] Valley, etc.), (3) the Izu Peninsula (including Atami Spa, Jogasaki coast, etc.), and (4) the Izu Islands (including Oshima, Hachijo-jima, etc.). Both the Hakone District and the Izu Peninsula are well-known for their hot-spring resorts and beautiful scenery. One of the most noted mountain in the world as well as in Japan is the cone-shaped Mt. Fuji, Japan's highest mountain, which is well-known for its beauty. The best view of Mt. Fuji can be seen from Hakone and also from the Fuji Five Lakes. In Japan, Mt. Fuji is worshipped by many Japanese as a sacred object and is widely considered a symbol of Japan.

【主旨】 日本には31の国立公園があり、北海道の北端から沖縄の最南端に到る国中に散在しています。何はさておき、お勧めできる観光地は「富士箱根伊豆国立公園」で、東京からは難なく足をのばすことができます。

この国立公園は4か所の総括地域 (1) 富士山地域(富士山、富士五湖等含む)、(2) 箱根地域(芦ノ湖、大涌谷等含む)、(3) 伊豆半島(熱海温泉、城ケ崎海岸等含む)、(4) 伊豆諸島(大島、八丈島等含む)から構成されています。箱根地域や伊豆半島のいずれも温泉リゾートと美しい景観でよく知られています。日本また世界中で最も有名な山は円錐形(えんすいけい)の富士山であり、絶景で名高いこの山は日本の最高峰でもあります。富士山の一番美しい景色は箱根と富士五湖から見ることができます。多くの日本人は富士山を聖なるものとして崇拝(すうはい)し、また日本のシンボルと考えています。

【参考】 富士山は「日本三名山」、「日本三霊山」、「日本百名山」、「富士箱根伊豆国立公園」(1936年)に指定、その後「特別名勝」(1952年)、「史跡」(2011年)、そして「ユネスコ世界文化遺産」(2013年)に登録されました。⇨「富士山」(180頁)

《4》 地理事情

🔊 DOWNLOAD 16

(16) 地理事情で見る美しい「日本の四季」

Q: Could you tell me when the best season is to make a trip to Japan?

第3章　Tell Me About Japan!

日本で旅行するいちばんよい季節についてお話しください。

A: Visiting Japan can be enjoyable at any time of the year. It depends solely on your personal interest, but I suggest you should visit Japan in spring and autumn. Spring and autumn are the most popular seasons for travel in Japan. In spring (between late March and mid-April) the cherry blossoms are in full bloom. In autumn (between late September and mid-November) the leaves of the trees change into beautiful colors.

As you know, the climate of Japan is characterized by four distinct seasons. Spring months are generally from March to May, summer months are from June to August, autumn from September to November, and winter from December to February. The difference between the two temperatures in summer and winter can be more than 30 degrees Celsius. Summer may be uncomfortable due to high temperatures and heavy humidity, while winter can be cold in some area resulting in heavy snowfall. All areas except Hokkaido have a very humid rainy season (called *baiu* or *tsuyu*) at the beginning of summer which usually lasts from early June to mid-July. Between August and October, the southwest part of the Japanese archipelago is hit by typhoons which bring considerable rainfall. However, the warm and mild weather in spring and autumn is pleasant allowing tourists to fully enjoy traveling in Japan.

【主旨】　日本の観光は年内いつ来られても楽しむことができます。個人の好みにもよりますが、春季と秋季に日本を旅行されることをお勧めします。春季と秋季は日本を旅する最も人気のある季節です。春季(3月下旬から4月中旬まで)には桜の花が満開になります。秋季(9月下旬から11月中旬まで)には木葉が美しく色づきます。

ご承知のように、日本の気候の特徴は、はっきりと四季が識別できることです。春季は通常3月から5月、夏季は6月から8月、秋季は9月から11月、そして冬季は12月から2月です。夏季と冬季との気温差は30度を超えます。冬季は厳しい積雪のため寒いですが、夏季は高温多湿のため不快です。北海道を除く全地域では通常6月から7月中旬まで続く初夏には湿気を帯びた雨期(梅雨)があります。8月と10月に日本列島の南西部はかなりの降雨量をもたらす台風の影響を受けることが多いのです。春季と秋季の温暖な気候では、日本での旅を十分に満喫することができます。

【参考】　「二十四節気」the 24 seasonal divisions of a year in the old solar calendar.

太陽年を太陽の黄道上の位置に従って，24等分して季節を示す基準とした用語。

「春」 ［初春］ 立春～雨水。 ［仲春］ 啓蟄～春分。 ［晩春］ 清明～穀雨。
「夏」 ［初夏］ 立夏～小満。 ［仲夏］ 芒種～夏至。 ［晩夏］ 小暑～大暑。
「秋」 ［初秋］ 立秋～処暑。 ［仲秋］ 白露～秋分。 ［晩秋］ 寒露～霜降。
「冬」 ［初冬］ 立冬～小雪。 ［仲冬］ 大雪～冬至。 ［晩冬］ 小寒～大寒。

🔊 DOWNLOAD 17

(17) 日本列島に走行する「地震と津波」

Q: Could you tell me about earthquakes and high tidal waves (*tsunami*) in Japan?

日本における「地震」と「津波」についてお話しください。

A: In Japan there is a humorous, popular saying fear "Earthquakes, Thunder, Fires and Boss (father)." **Earthquakes** are ranked as the number one phenomenon to be feared in Japan, because they cause so much damage to communities and local people.

The Japanese archipelago is situated on the North American Plate and the Eurasian Plate. The Pacific Plate and the Philippine Sea Plate are squeezed in under these two plates and make the landforms unstable. That is why they often cause a lot of earthquakes in and around these areas. There are many active faults in the strata that form the land of Japan which sometimes cause catastrophic damage to some areas, such as the "Great Kanto Earthquake" in 1923 and the "Great Hanshin-Awaji Earthquake" in 1995.

In Japan there has also been much damage from ***tsunami*** or high tidal waves triggered by earthquakes, which generate a shift in the ocean floor topography. The Great Eastern Japan Earthquake and *Tsunami* hit the Tohoku region in 2011. It caused critical damage to the Fukushima Dai-ichi Nuclear Power Plant, resulting in severe releases of radioactivity. This became the first time a nuclear emergency had been declared in Japan.

【主旨】 日本には「地震、雷、火事、親父」といった恐怖に関するユーモラスな俗諺があります。「地震」は地域とその地元住民に多大の被害を及ぼすため、日本では恐るべきもの筆頭にランクづけられています。

日本列島は北米プレートとユーラシアプレートの上にあります。そのプレートの下に、太平洋プレートとフィリピン海プレートがもぐり込み、地形をぐら

第3章　Tell Me About Japan!

つきやすくしています。そのためあちこちの地域で地震が多発しています。日本の地形にある地層には活断層か随処に多数走り、時にはある地方には破壊的な被害を及ぼしています。1923年の「関東大震災」や1995年「阪神・淡路大震災」のような地震が日本には多数ありました。

　日本には、地震によって引き起こされ、一気に変化した海底の地形によって発生する「津波」による被害も多数あります。2011年東北地方を襲った東日本大震災と津波がありました。さらに福島第一原子力発電所に致命的な被害を及ぼし、極度の放射能放出の一因となったのです。原子力の緊急事態が発表されることは日本では初めてです。

【参考】「地震・雷・火事・親父」の注解。世の中で特に怖いとされているものを順番に並べた表現です。昔の日本では年長の男性によって支配される家族制度である家父長制のもとで大黒柱の「親父」は怖い存在でした。

🔊 DOWNLOAD 18

(18)　日本列島に散在する「活火山と温泉」

Q: **Please tell me about active volcanoes and hot springs in Japan.**
日本の「活火山」と「温泉」についてお話しください。

A: The Japanese archipelago lies in a volcano and earthquake zone along the western part of the Pacific Ocean. The Japanese islands were originally formed by volcanoes tens of thousands of years ago. Therefore some of the mountains are still **active volcanoes**, such as Mt. Asama and Mt. Aso. Mt. Fuji has been in a dormant state, but was active as recently as 200 years ago. This was called the Hoei Eruption of Mount Fuji which occurred in 1707 (the year Hoei) during the Edo period. There is still the possibility of an eruption at Mt. Fuji. The active volcanoes in some regions occasionally have major eruptions which can cause great damage at the foot of the mountains, such as Mt. Unzen Fugen-dake which erupted in 1991 in Nagasaki Prefecture.

　On the other hand, the active volcanoes create *onsen* or natural hot springs in many regions. *Onsen* waters are thought to help smooth the skin or relieve back pain. In particular *onsen* is said to have various medical effects in Japan. These medical benefits give *onsen* a central role in "*Onsen* Therapy". It is a bathing treatment conducted to maintain good health and prevent illness. Above all, bathers can get to know each other in a relaxed homey atmosphere while bathing at *onsen*.

【主旨】 日本列島は太平洋の西側に沿って火山と地震多発地帯に位置しています。元来、日本諸島は数万年前の火山によって形成されました。そのため、浅間山や阿蘇山のように依然として火山活動が行われている山も多々あります。富士山はずっと休火山の状態にありましたが、200年前に活発になりました。これが江戸時代の1707年(宝永4年保)に起きた宝永大噴火です。富士山には依然として噴火の可能性はあります。1991年長崎県で噴火した雲仙・普賢岳のように時としてある地域の活火山によって山麓に多大な被害をもたらした大噴火が起こることがあります。

他方、活火山は多くの地方に温泉をもたらしてくれます。温泉水は肌を滑らかにしたり、痛みを和らげたりするのに役立つと考えられています。特に日本では温泉には多様な医学効能があると言われています。このような医学的な恩恵があるため温泉は「温泉療法」の中核的な役割を有しています。この療法は健康維持と病気予防として行う入浴治療です。何よりも、入浴者達は温泉に浸りながらくつろいだ家庭的な雰囲気の中で相互に知り合うことができるのです。

【参考】 「活火山」とは「概ね過去1万年以内に噴火した火山及び現在活発な噴気活動のある火山」(日本の噴火予知連絡会・気象庁による定義)のことです。この定義では2012年日本の火山数は現在110火山です。

🔊 DOWNLOAD 19

(19) 温泉天国における「日本三名泉」

Q: Tell me about the Three Most Famous *Onsen* or hot springs in Japan.

日本の三大名泉についてお話しください。

A: **Kusatsu**, **Gero** and **Arima** *onsens* are well known as the three most famous hot springs with a long history respectively in Japan.

Kusatsu Onsen Spa is located in a small basin at the eastern base of Mt. Shirane in Gumma Prefecture. Kusatsu *Onsen* consists of 18 public baths, each with a different effect and separate spring source. In the center of the town is the "*Yubatake*" (hot water field), the symbol of Kusatsu, which is one of the resort's main sources of hot spring water. Next to the *Yubatake* is the public bath called *Netsunoyu* (heat bath) where "*yumomi*" (a traditional method of cooling down the hot spring water to a suitable bathing temperature by stirring with long wooden boards) demonstrations are shown with the bathers rocking large paddles from side to side singing local folk songs in unison. In 1878, Erwin von Bälz, a German doctor, found this hot spring to be very effective. A survey conducted by the Nihon Onsen Association proved the top popularity of Kusatsu Spa with nearly 3 million tourists visiting annually.

Gero *Onsen* Spa is surrounded by the Hida Mountain range in Gifu Prefecture. Gero *Onsen* has been known as a healing hot spring since it was discovered in the 10th century. The spring water quality is alkaline which is smooth to the touch. The hot spring is nicknamed the "Hot Spring for Beauty" because of the smooth touch of the water.

Arima *Onsen* is situated on the north side of the Rokko Mountains in Hyogo Prefecture. Arima *Onsen* with a long history of over one thousand years has often stood at the top of any *onsen* rankings. It is recorded that in the 7th century Emperors and nobles visited to bathe in the hot springs at Arima. Toyotomi Hideyoshi had the bathing facilities renovated for his enjoyment. Bathers enjoy reddish brown hot springs called "*Kinsen*" (Gold spring) and clear hot springs called "*Ginseng*" (Silver spring) at Arima Spa.

【主旨】 草津温泉・下呂温泉・有馬温泉はいずれも由緒ある日本三名泉としてよく知られています。

「草津温泉」は群馬県の白根山東部の山麓にある小さな盆地に位置しています。草津温泉には18箇所の浴場があり、各々異なる効能と違った源泉を有しています。温泉街の中心部には草津のシンボルである「湯畑」があり、温泉街の湯源泉のひとつです。その隣には「熱の湯」と呼ばれる共同風呂があり、入浴者が民謡を合唱しながら大きなパドルを左右に振り回しながら「湯もみ」(＝長い木製の板でかき混ぜて熱湯を適温に冷ます伝統法)ショーが演じられます。1878年ドイツ人医師エルヴィン・フォン・ベルツ(1849–1913)が温泉の湯治場として地位を確立させました。日本温泉協会の実施する調査では草津温泉(群馬県吾妻群草津町)は番付ではトップの人気度を証明しており、年間300万人余の観光客が足を運んでいます。

「下呂温泉」は岐阜県の飛騨山脈の北部に位置しています。下呂温泉は10世紀の発見以降癒しの温泉として有名です。泉質は滑らかな肌ざわりのよいアルカリ性です。温泉はツルツルした肌ざわりの湯質のため「美人の湯」の異名があります。

「有馬温泉」は兵庫県の六甲山北部に位置します。千年以上の長い歴史を有する有馬温泉はいつもながら温泉番付の上位にありました。7世紀には多くの皇族や貴族が有馬温泉を訪れて入浴していました。豊臣秀吉は楽しみのために入浴施設を改修させました。有馬温泉では入浴者は赤湯の「金泉」と透明な「銀泉」が楽しめます。

【参考】「三古湯」道後温泉(愛媛県)、白浜温泉(和歌山県)、有馬温泉。「三大温泉」別府温泉(大分県)、熱海温泉(静岡県)、白浜温泉。

◆) DOWNLOAD 20
(20) 古来山岳信仰を有する「日本三名山」

Q: Please tell me about the Three Most Famous Mountains in Japan.

「日本三名山」についてお話しください。

A: **Mount Fuji**(-san), **Mount Haku**(-san) and **Mount Tate**(-yama) are well known as the Three Most Famous Mountains as well as the Three Sacred Mountains in Japan.

　Mount Fuji(-san) is one of the most famous mountains in Japan as well as in the world. Mt. Fuji, the symbol of Japan, is an active volcano standing 3776 meters tall. Mt Fuji is Japan's highest mountain and the focal point of the sprawling Fuji-Hakone-Izu National Park. The mountain is located to the west of Tokyo, straddling the border between Yamanashi and Shizuoka prefectures.

　Mount Haku(-san) is an active volcano standing 2702 meters tall. Mt. Haku(-san) is located on the borders of the four prefectures of Gifu, Ishikawa, Toyama and Fukui forming the centerpiece of the Hakusan National Park. The mountain, whose peaks are covered with snow all year round, has been an object of religious worship since ancient times.

　Mount Tate(-yama) is one of the tallest peaks in the Hida Mountains standing 3015 meters tall. Mt. Tate(-yama), a collective term for Mt. Oyama, Mt. Bessan and Mt. Jodosan, is located in the Northern Alps of Toyama Prefecture. The area is designated as the Chubu-Sangaku National Park. On the eastern side of the mountain chain is the grand gorge of Kurobe and on the western side the beautiful Midagahara Plateau.

【主旨】富士山、白山、立山は日本の三名山また三霊山としてよく知られてい

ます。
　「富士山」は日本だけでなく世界における最も有名な山です。日本のシンボルである富士山は標高3776メートルにも及ぶ活火山です。富士山は日本で一番高い山であり、富士箱根伊豆国立公園に広がる中心部です。東京の西方に位置し、山梨と静岡の県境にまたがっています。
　「白山」は標高2702メートルに及ぶ活火山です。白山は岐阜、石川、富山そして福井の4県境にまたがっており、白山国立公園の中心部を形成しています。年中雪で覆われた峰を有する山は、古来、宗教的礼拝（信仰）の対象でした。
　「立山」は標高3015メートルに及ぶ飛騨山脈の最高峰のひとつです。立山は、雄山、別山、浄土山の総称で、富山県の北アルプスに位置しています。この地域は中部山岳国立公園に指定されています。山脈の東部は雄大な黒部渓谷、西部は美しい弥陀ヶ原高原があります。⇨「富士山」（179頁）
【参考】「日本の国立公園」1931年（昭和6年）国立公園法が制定。1934年（昭和9年）「瀬戸内海・雲仙・霧島」の3つの国立公園が設定。2012年（平成24年）「屋久島錦江湾国立公園」が指定され、現在31箇所の国立公園があります。

【2】　日本事情・日本人論

《5》　家庭生活
🔊 **DOWNLOAD 21**

(21)　日本における「平均的な家族構成」

Q: How large is the size of the average Japanese family?
　日本での平均的な「家族構成」はどれくらいですか。

A: I think the size of the average Japanese family consists of two parents with one or two children. As Japanese homes and land are expensive and commodity prices are high, couples in general cannot afford the space for a large house nor do they have enough income to raise a large family. Therefore they tend to limit the size of their families so that those children they do have will be able to lead a life with a high standard of living. There were many three-generation families (＝parents, children and grandchildren) living together in Japan before World War II. Recently the structure of the family in Japan has changed as the trend toward nuclear families (＝the family made up of just parents and children) has increased and families have grown smaller. Today many grown-up children live apart from their parents after they get married.

【主旨】 平均的な家族構成は夫婦と子ども1〜2名が一般的です。日本の家屋や土地の価格また物価は高いので、通常夫婦にとっては大きな家の空間を占める余裕がないし、大家族を養う収入の余裕もないのです。自分たちの子供が高い生活水準の暮らしが送れるように家族構成の大きさを制限する傾向があります。第二次大戦（＝the Second World War）前の日本では三世帯同居の家族が多数見られました。最近では日本の家族形態にも核家族化の変化が進み、家族の規模も縮小してきました。今日では成長した子供はいったん結婚すれば別居生活をしています。

【参考】 「ディンクス」**DINKs**（＝**D**ouble **I**ncome **N**o **K**ids［2収入、子供なし］）。結婚後、子どもを持たずに共働きをする夫婦の生活様式のことです。その対語に子供をもつ共働き夫婦のことを指す**DEWKs**（＝**D**ouble **E**mployed **W**ith **K**ids）があります。

🔊 DOWNLOAD 22

(22) 古来、日本人が重視してきた「見合い結婚」

Q: **How do you explain *miai-kekkon* to foreign tourists?**
海外からの観光客に「見合い結婚」についてどのように説明しますか。

A: *Miai-kekkon* usually refers to an arranged marriage which means a marriage occurs after an arranged first meeting of an eligible young man and a marriageable lady. The first meeting is arranged by a go-between who is usually an elderly man or woman with good social standing. After the first interview, the couple usually dates several times to get to know each other better. Then they become formally engaged.

Even after the marriage, the go-between continues to give advice and discuss problems the married couple may be having, so the number of arranged marriages which end in divorce is rather smaller than love marriages. In the past arranged marriages were more prevalent than now, but recently love marriages have become more dominant among young people. Nowadays a number of men and women meet at a **gokon** or speed-dating joint parties, which are held to bring potential couples together.

【主旨】 「見合い結婚」の意味は、通常結婚相手に望ましい男性と結婚適齢期の女性が最初から予め手配された見合いを済ませてから結婚することです。仲人（＝matchmaker）は自分より年上の人または社会的な地位にある人です。初対

第 3 章　Tell Me About Japan!

面を済ませ、カップルは相互に理解し合うため何度かデートを重ねます。その後正式に婚約します。

　結婚後にもなにかと仲人が相談相手になるので、見合結婚での離婚数は恋愛結婚よりは比較的少ないのです。見合い結婚は過去においては現在よりも普及していましたが、最近では若者同士の恋愛結婚が主流を占めています。今日では、大勢の人は将来結ばれる可能性のカップルを合同で引き合わせるために開かれる「合コン」（＝group blind dating）パーティに参加します。

【参考】　group blind dating [date] とは「グループで行う初対面同士の男女のデート」の意味です。因みに「街コン」は town-sized matchmaking party または gathering for young people to socialize with the opposite sex (organized by towns). 「婚活」は marriage-(partner-)hunting. または hunting for a marriage partner でしょう。

🔊 DOWNLOAD 23

(23)　義理堅い日本人の「**贈り物好き**」（中元・歳暮）

Q: **The Japanese are said to be a "gift-loving people." Do you think so?**

　日本人は「贈り物好き」と言われています。同感ですか。

A: We have the gift-giving seasons twice a year, such as ***O-chugen*** (a mid-summer gift) in July and ***O-seibo*** (a year-end gift) in December. It is a token of thanks for others who have helped and done something good to the receiver in the past. They say that the gratitude is expressed in the giving and not in the value of the gift. This custom is practiced to express thanks for special services that have been extended to us. I think it is an important custom for the Japanese because they are not so good at expressing themselves in words even though they appreciate other's kindness to them. I think it helps create a good human relationship between the two, and also to strengthen the unity of friends or groups of people.

　By the way, there is also the custom of giving presents in return as a courtesy in Japan. When you receive a gift of money on such occasions as a wedding or a funeral, you customarily return part of that monetary gift.

【主旨】　日本には年2回（7月・12月）に行う「中元・歳暮」の習慣があり、今までお世話になった人への感謝の気持ちを表します。謝意は贈り物の価値というよりは、贈るという行為そのものにあると言われています。この習慣は特別

に高配を賜った人への謝意を表すものです。日本人は感謝する気持ちは十分にありながら言葉で自己表現することがあまり上手ではないので、それだけにこのような習慣は非常に大事です。両者の人間関係を円満にするため、また友人や団体の良き絆を強化するためには非常に役立っています。

　因みに、日本にはお返しをする儀礼的習慣もあります。慶事(結婚式)や弔事(葬式)などで金銭を受ける場合には半礼する習慣があります。

【参考】「中元」とは、中国には上元(1月15日)、中元(7月8日)、下元(10月5日)の「三元」の重要な祭日があり、その「中元」を指しています。道教では中元の日は神を祭る日とされ供物を捧げ、日本では仏教のお盆の日と重なり先祖を供養する日となりました。これが「お中元」へと変遷されました。「歳暮」とは年の暮れ・年末の意味です。江戸時代の商売は「掛け売り」が基本でした。半年分の請求書は盆暮れに届き、支払い時に日頃の謝意を表す贈物をする風習がありました。これが年末の年神に供物を配る習慣と重なり、現在、暮れに贈物をする「お歳暮」へと変遷されました。

🔊 DOWNLOAD 24

(24)　日本の家庭内に見られる「多神教」

Q: The Japanese family accepts many religions at the same time. What is your opinion?

日本人の家庭では「多数の宗教」を同時に受け入れています。ご意見を伺えますか。

A: It is true that the Japanese are **polytheistic** and tolerant of different religious beliefs. They do not hesitate to accept any religions. It is completely unbelievable to people from Western and American countries. The Japanese are not so interested in religious beliefs. Their chief concern is the practice of rituals that are closely related to their way of living. The Japanese can be liberal in embracing different religions at the same time. That's why they pay homage to a *Shinto shrine* at the birth of their babies, they get married according to *Christian rites*, and they follow *Buddhist rituals* at funerals. Most Buddhists and Shintoists also celebrate Christmas, or the annual commemoration of the birth of Jesus Christ.

【主旨】　日本人は「多神教」であり、異なる宗教的な信条に関しては寛容です。なんのためらいもなくどの宗教をも受け入れています。欧米人にはとってはまったく信じがたいです。日本人は宗教的な信条には関心が薄いのです。日

本人の主な関心事といえば、その生き方と深い関連のある儀式の挙行があります。日本人は異なる宗教を同時に信奉するには寛大です。そのような理由で日本人は赤子が誕生すると「神社」に参詣し、結婚するとなれば「キリスト教」の典礼(＝liturgy)に則りながら挙式され、そして葬儀となれば「仏式」にそって行います。ほとんどの仏教徒また神道信者もクリスマスつまりイエス・キリストの降誕を毎年記念して祝うのです。

【参考】　「多神教」(polytheism)の対義語は「一神教」(monotheism)です。日本の「八百万の神々」とはmyriads of Shinto deities; all the Shinto deities [gods and goddesses]. Shintoism as a polytheistic religion originates with Amaterasu Omikami, the Sun Goddess, and a countless number of mythological deities.（数万の神々。多神教としての神道の起源は天照大神や無数の神話の神々である）と表現できます。狭義では天照大神をはじめ森羅万象(山・木・水・火など)を神とします。広義では神格化され、祀られた人(天皇・学者・武士など)を人神とします。

《6》 学校生活

🔊 DOWNLOAD 25

(25)　明治時代に生まれた日本の「教育制度」

Q：**Please tell me about the education system in Japan.**

日本の「教育制度」について説明してください。

A：In the Edo period, there was a temple school (*terakoya*) or private elementary school where ordinary people received an education. In 1872 during the Meiji era, the original modern Japanese educational system was established. In the Showa era, a new system was established with the new School Education Law in 1947. However, the **Fundamental Law of Education** was then newly revised in December 2006.

　The educational system of Japan consists of four main categories (6–3–3–4 school year stages): six years of primary school, three years of junior high school, three years of senior high school and four years of university. Most of the schools in Japan are co-educational. The first two education stages of these school years (primary school and junior high school) are compulsory. In addition to full-time senior high schools teaching general academic subjects, there are also full-time senior high schools teaching specialized vocational subjects, part-time senior high schools with evening classes, and correspondence senior high schools.

There are also other Institutions of Higher Education which can include two year junior colleges and four year universities. Moreover, there are also one or two year special training schools, two or three year business technical colleges, and five year Colleges of Technology.

【主旨】　江戸時代には庶民が教育を受けた個人経営の小学校である「寺小屋」がありました。明代時代の1872年には近代的な日本の教育が発足しました。昭和時代の1947年（昭和22年）には新学校教育法が制定されました。しかし2006年12月には教育基本法が改正されました。

　日本の教育制度は主として4制度（6–3–3–4制）に区分されます。6年制の小学校、3年制の中学校、高等学校そして4年制の大学です。日本ではほとんどの学校が男女共学になっています。最初の2制度（小学校・中学校）は義務教育です。普通課程の全日制高校の他に、職業課程の高校、定時制高校や通信制高校などもあります。

　高等教育機関には2年制の短期大学と4年制の大学があります。その他、1年制または2年制の専修学校、2年制また3年制の専門学校（＝Professional Training College）、5年制の高等専門学校（高専）（＝Higher Professional College）があります。

【参考】　「寺小屋」a temple school of the Edo period. *Terakoya* was a private elementary school for children of the common people which was operated at Buddhist temples in the Edo period. The curriculum consists of the three R's: reading, writing and arithmetic (how to use the abacus). 江戸時代に寺院が経営する庶民の子供のための教育機関。カリキュラム内容は「読み・書き・そろばん」

DOWNLOAD 26

(26)　今も根強く生きる日本の「学習塾」と「予備校」

Q：　**Why are there so many *gakushu-juku* or *yobiko* in Japan?**
　　　日本に「学習塾」または「予備校」がたくさんあるのはなぜですか。

A：　In Japan it is very hard to pass entrance examinations to prestigious junior or senior high schools and universities whether national and public or private. Students are forced to spend extra time after school and on weekends to study intensely for a short period of time at these **private cram schools**, because the entrance examinations for junior or senior high school and for college or university are very competitive.

Japanese parents want their children to go to prestigious schools or universities. If they are admitted into famous schools, they may get on well in life. Japanese society attaches too much importance to a person's educational background. I have no objection to higher education, but I am against this cram school system if some serious problems come up for the children.

【主旨】　日本では国公立・私立を問わず、有名中高また大学の入学試験を合格するのは非常に難しいのです。学生は放課後や週末になれば余暇の時間を利用して短期間余儀（よぎ）なく学習塾で詰め込み学習をしています。中高また大学での入試があるために学生の競争心を煽（あお）っているからです。

両親も自分の子供を名門校に行かせようと目の色を変えています。子どもを有名校に入学させることができれば立身出世がかなうと考えているのです。日本社会は学歴をあまりにも重視しすぎています。高等教育を身につけること自体は賛成ですが、塾通いで子どもたちに深刻な問題が生じるようでは考えものです。

【参考】　日本語で「予備校」といえば「学習塾」のことで private cram (ming) school (to prepare for the entrance examination before going to schools or universities) です。preparatory school とは言いません。**preparatory school** (＝Prep School) とは、米国では大学進学を目指す（全日制）私立高等学校。英国では public school を目指す（全日制）私立上級小学校（7 歳から 13 歳までの児童）。いずれも「大学進学校」です。

🔊 DOWNLOAD 27

(27) 日本教育における「受験地獄」

Q: **What do you think of the so-called *juken-jigoku* or entrance exam hell?**
「受験地獄」に関するご意見をお聞かせください。

A: We can sometimes read articles in newspaper about a student who committed suicide because he or she failed an entrance examination to a senior high school or a college. This is a serious problem in Japan. We have never heard of such a thing happening in the States or in the West.

In Japan there is a tendency to think too much about which university they graduated from. Graduates from prestigious universities have a better chance of getting good jobs and promotions in the future. Too much importance is attached to the prestige of the school in Japanese society. They are judged only by the name of the school they graduate from. It does not matter where they have studied. It does matter what kind of personality they have. There is nothing wrong with getting a higher and better education, but education which drives people to suicide is not a real education, I think. It is a matter of **what you can do**, not what senior high school or university you graduated from.

【主旨】　新聞に目を通せば高校または大学の入試に失敗したために学生が自殺するという記事があります。日本では深刻な問題です。欧米ではこのようなことは耳にしません。

　日本社会では名門校をあまりにも重視しすぎているのです。出身校の名前のみで判断されてしまうのです。問題は出身校ではなく人格です。高等教育を受けること自体には何の罪もないはずです。むしろ自殺に追い込む教育こそ問題だと思います。どの高校または大学を出たかではなく、「何が出来るか」が問題です。

【参考】　「受験地獄」(the ordeal of the entrance examinations. または fiercely competitive university entrance examinations) の解消の一環として、現在では「AO 推薦入試」(**A**dmission **O**ffice based on recommendation) などがあります。

🔊 DOWNLOAD 28
(28)　学校内外で見られる「いじめ」と「不登校」

Q: **Please tell us about *ijime* or bullying and *futoko* or truancy.**
　「いじめ」と「不登校」についてお話しください。

A:　There are some problems or issues that are faced at schools.

　One problem is ***ijime*** or bullying in and out of the school. The bullies inflict emotional or physical abuse on those in weaker positions. Some of the bullies join in bullying because they fear they might be subject to bullying themselves. Some bullied children are reluctant to tell their parents and teachers. Other victims of abuse have committed suicide to escape from the bullying. Parents and teachers must pay close attention to children and have better communication with them to prevent and to stop bullying. School officials are also required to remain vigilant in order not to overlook any signs of bullying, either from victims or bullies.

Another problem is ***futoko*** or truancy which is often caused by bullying. Students refuse to attend school and in extreme cases they stay in their rooms and refuse contact with people (*hikikomori*). Today, regular attendance at free schools for absentees is regarded as legitimate study hours.

【主旨】 学校が直面する課題または論争はいくつかあります。
その1つの課題は、学校内外での**いじめ**です。いじめは弱者を精神面・肉体面で虐待することです。いじめっ子の中には、自分自身がいじめの対象になることを恐れていじめに加わることがあります。いじめられっ子の中には、いじめのことを両親や教師に話したがらない場合もあります。虐待される被害者の中には、いじめから逃れるために自殺することさえあります。両親や教師はいじめを予防、抑制するために子どもに対してよく注意し、子どもとのコミュニケーションをもっとよく図ることが問われます。学校関係者は、いじめられっ子またはいじめっ子からの、いじめのサインを見逃がすことがないように警戒することが求められます。

もうひとつの課題は、いじめが原因でよく起こる**不登校**、学生による登校拒否です。酷い場合は自分の部屋に閉じ込もり、人との接触を拒絶すること(ひきもり)があります。現在では、不登校の生徒のためのフリースクール（free school）への通常の出席は学校への正規出席時間と見なされています。

【参考】 free school は「生徒の自主性を尊重する教育法をとる学校」(a school that practices an educational method that respects students' independence)。free は「自由」ではなく「無料」(free of charge) の意味です。NPO法人日本フリースクール協会があります。

《7》 企業生活
🔊 DOWNLOAD 29
(29) 日本における最近の「**企業の特色**」

Q: **What are the main features of Japanese business management?**
日本における企業経営の主要な特色は何ですか。

A: The Japanese management method is built on a basic feature of the Japanese people who respect quality and harmony. There were generally considered to be three key elements: lifetime employment, the seniority wage system and the existence of in-house enterprise unions. These key elements provided job and income stability to the workers, who generally maintained good relations with the management of the company. These features contributed greatly to Japan's recovery after the end of World War II, proving fundamental to its rapid economic growth. However, with more Japanese companies operating their plants abroad and more technological advances, Japanese management methods are changing.

Recently many companies have gradually begun to think more about workers' capabilities and performance instead of seniority-based factors. An increasing number of companies are assessing the ability and work record of employees before they make decisions on salary and promotion. Some companies have introduced an annual salary system based on performance to replace the uniformity of wage structures based on length of employment.

【主旨】 日本の経営体制は平等と調和を重視する日本人生来の特殊性に基づいています。一般的な考え方としては3つの基本要素「終身雇用制、年功序列賃金そして社内企業別労働組合の存在」がありました。これらの基本要素は、会社の運営によい人間関係を維持している労働者に対して労働と収入の安定をもたらしていました。これらの特色は第二次世界大戦後の日本の復興に貢献し、その後の高度経済成長の基盤になったことは確かです。しかしながら、海外で操業する企業も増え、技術革新が進むにつれて、日本的経営手法にも変化をきたしています。

近年、年功序列に基づく要因に代わり労働者の能力や実績を徐々に重視しはじめた会社が目立ちます。給与や昇給を決める際に、従業員の能力・実績を査定する企業が増えています。企業によっては終身雇用型の賃金制度の画一性を改めて、実績にもとづく年俸制が導入されています。

【参考】 2014年日立製作所は伝統的な「年功序列」を廃止し、「成果主義」(the performance-based [achievement-based] pay system) や「適材適所」(the right man for [in] the right place [job]) を促進しました。ソニーやパナソニックも検討中です。

🔊 DOWNLOAD 30

(30) 日本企業における「単身赴任」

Q: **Please tell me about the *tanshin-funin* or job transfer unaccompanied by one's family?**

「単身赴任」についてお話しください。

第3章　Tell Me About Japan!

A: The ***tanshin-funin*** is a practice found in most Japanese companies. Company employees often leave their families behind when they take up a new job in other cities or foreign countries for several years.

There are some reasons why this becomes common in Japan. One of the main reasons is that parents show a great deal of concern for their children's education. It is very difficult to pass the competitive entrance examinations to schools in Japan. Therefore parents are concerned about changing schools which may affect their children's academic development and chances of taking up the entrance examination. So families are forced to stay home or in Japan, and keep studying at the same school to prepare for these entrance examinations. So fathers choose to live alone at the new office location.

Transport is another reason for the increase in the *tanshin-funin*. It is possible for laborers to spend the weekend with their family and travel back to their workplace early on Monday morning. Other reasons for the *tanshin-funin* can include elderly persons who require nursing care or maintaining newly built or purchased homes.

【主旨】　単身赴任は多くの日本企業で実施されています。会社員は他の都市または海外で数年間新しい任務に着手する時家族を残して赴任することがよくあります。

このような事情が日本で一般に実施される理由がいくつかあります。その理由の一つに子どもの教育問題が非常に大きいのです。現在、日本では入試の合格を目指すのは非常に困難です。そのため両親は子どもの学業成績の向上や受験の機会に大きく影響を及ぼす転校を懸念しています。子どもは余儀なく故郷または国内に留まり、同じ学校で学習し、将来の入試に備えるのです。そのため父親は新任地に単独で生活することを選びます。

単身赴任が増加するもう一つの理由に交通の便があります。勤労者は週末には家族のもとで過ごし、月曜日の早朝には赴任地に戻ることができるのです。日本の単身赴任にはさらなる理由があり、介護をすべき老いた両親また新築の家屋の維持などがあげられます。

【参考】　「**単身赴任**」は taking up a new post leaving one's family behind; living apart from one's family at the new workplace. 「**単身赴任者**」は business [job] bachelor; employee transferred without family などとも表現できます。

🔊 **DOWNLOAD 31**

(31) 日本企業における「稟議制」

Q: **What is the *"ringi* system" in Japanese companies?**
日本企業における「稟議制」とは何ですか。

A: Japanese companies are usually run by consensus. No major decision is made without a lot of discussion between workers and management. This is the ***"ringi system"***, a concrete procedure of decision-making in a Japanese company. This is the process of obtaining the agreement of superiors by circulating a draft plan prepared by the person in charge of the matter. Firstly, the drafter draws up an original plan in written form. Then he is required to obtain the approval of his seniors in ascending order. He sends it to his superiors for their approval, starting with his immediate supervisor and moving up to his manager, general manager and so on. Finally he gains a final executive decision on the plan. Approval of the plan is indicated by affixing the personal seal of each final decision-maker to the draft.

The *"ringi* system" of decision-making is bottom-up, not top down like the system in the United States. This system can make the plan easier to carry it out because those who approve the plan will have a feeling of participation. This leads to an increase in their interest in the company's business.

【主旨】　日本企業は合意性で運営されています。労働者と経営側との話し合いがあってはじめて主要な決定事項が結論に至るのです。日本企業には意思決定の具体的な手順、つまり**稟議制**があります。これは事務担当者によって準備された草案を回覧することによって上司の裁可（さいか）を得る過程のことです。まず草案者は原案を文書の形で起案します。次に昇順（しょうじゅん）に上司の承認を得なくてはいけません。係長・課長・部長などの順に、直属上司の承認を得ます。最後に草案に関する決裁者の決断を得るのです。各決済者は捺印（なついん）によって草案承認の意思を示します。

稟議制は、アメリカのようなトップダウン方式ではなく、ボトムアップ方式の意思決定方式です。関係者が参画（さんかく）意識を持っているので決定事項は円滑に実施されやすいのです。その結果、会社の業務に対する意欲が高まります。

【参考】　「稟議制(度)」は bottom-up decision-making process あるいは group-oriented decision-making system また consensus-building system.

少し長いが a system [method] of obtaining the approval for a policy by using a circular proposal among all members concerned などとも表現できます。

DOWNLOAD 32

(32) 日本企業における「根回し」

Q: **What is the meaning of *"nemawashi"* in the business management?**

企業運営における「根回し」とはどのような意味ですか。

A: A very important key to success in the business world of Japan is to get a consensus beforehand. We call this kind of preparatory groundwork for obtaining the objective *"**nemawashi**"*. It is a process that aims to avoid conflicts and gain a general agreement in advance prior to formal decision-making.

"*Nemawashi*" is originally a gardening word that means to prepare a tree for transplanting by digging around it and cutting some of the roots. In business it means that the groundwork should be done before moving ahead with a plan. In the process, planners consider the views and interests of all people concerned so as to hammer out a proposal that will likely to be supported by everyone. In this way, they try to get the tacit agreement of superiors and any others involved. Consequently, the formal decision at the meeting is nothing more than a kind of ceremony to confirm the decision that was already agreed upon beforehand.

【主旨】 日本のビジネス業界で成功する秘訣は事前に合意することです。これを「根回し」と呼び、目的達成のために行う一種の基礎準備作業［下工作］(spadework)をすることです。根回しは、正式な意思決定に先行して意見の衝突を避けて全員一致の賛同を得ることを意図する一連の手法です。

　根回しは元来園芸用語で、その意味は樹木の周辺を掘り、その根っこを少し切断して移植することです。ビジネス業界の意味合いにおいても、事前に立案する前に基礎準備をすることです。その過程では、全員の支持が得られそうな提案を練りあげるために、立案者は関係者全員の意見や利害を検討します。このようにして上司と関係者との暗黙の了解(implicit consent)を得ることになります。その結果会議での正式決議事項は、すでに事前に賛同を得た決定をするための一種の儀式に過ぎません。

【参考】 「根回し」は behind-the-scenes negotiations (aimed at reaching a consensus) または manipulating things behind the scenes (prior to a formal decision) とも表現できます。正式決定に先立って裏工作することです。

《8》「社会事情」

🔊 **DOWNLOAD 33**

(33) 日本人が好む「銭湯事情」

Q: **Please tell me about the *sento* or Japanese public bathhouse which differs from foreign countries.**
外国とは違う日本の「銭湯」について簡単にお話しください。

A: The *sento* is a typical Japanese public bathhouse where customers pay for entrance. It consists of a tub deep enough for the bather to immerse the body up to the neck. The bather washes and rinses the body before entering the tub to soak. The *sento* became popular in the Edo period and served as gathering places where bathers chatted with friends and strangers. Modern public bathhouses with separate entrances are divided into two parts, one for men and the other for women, with dressing rooms and bathing rooms for each. Recently some public bathhouses have modernized facilities in accordance with the concept of "Cool Japan", like *Oedo Onsen Monogatari* in Odaiba, Tokyo.

In the past, many Japanese lived in houses or apartments that were not equipped with baths. So they had to go to a public bathhouse. However, nowadays quite a number of public bathhouses are going out of business, because people increasingly have private Japanese-style baths in their own homes and newly-built condominiums or apartments. Another reason for the decrease of the *sento* is that young people do not feel comfortable taking a bath with strangers and prefer to stay away from the *sento*. On the other hand, even today, though most homes have private baths, some people still prefer going to the *sento* to enjoy the ample hot water there and chat with friends and neighbors to pick up new information while enjoying the large bathrooms.

【主旨】 銭湯とは有料の公衆浴場のことです。銭湯は入浴者が首まで身体を沈めることができる深さの湯船からできています。入浴者はつかるため浴槽に入る前には身体を洗い落とします。元来、銭湯は江戸時代に盛んになり、入浴者

第3章　Tell Me About Japan!

同士が友人であろうとなかろうと、一緒に彼らとおしゃべりをする集会所でもあったのです。今では銭湯は男女の2箇所に区分（divide into two sections）され、入り口、更衣室、浴場は相互に異なります。最近では Cool Japan のコンセプトに則（のっと）る近代的な公衆浴場も現われています。その好例が東京お台場にある「大江戸温泉物語」です。

　昔はたいていの家庭またアパートには風呂がなかったので銭湯に通っていたのです。しかし時代の流れの中で現在ではかなり多くの銭湯も廃業（はいぎょう）（＝close down [shut up] one's business）に追い込まれました。その主な理由は、自宅または新築マンションやアパートなどには個人風呂が登場しだしたためです。銭湯から足が遠ざかったもう一つの理由は、若者が見知らぬ人との共同風呂を快（こころよ）しとせず（＝feel uncomfortable）、若者の銭湯離れが生じたことです。他面、家庭に個人風呂がある今日でも、銭湯に通いながらたっぷり溢（あふ）れるお湯（ample hot water）の魅力に引かれ、浴室で友人や隣人との井戸端会議に花を咲かせるのを楽しむ人もいます。

【参考】「スーパー銭湯」（Super Sento）a deluxe [luxurious] SPA public bathhouse. 少し長いが a large leisure-type bathhouse with many different services or various SPA-like recreational facilities と表現できます。入浴するだけでなく湯船も多種多様（ジャグジ風呂、泡風呂、ワイン風呂等）で、エステ、マッサージ、ミストサウナ、リラクゼーションなど「健康ランド」のような施設が整備されています。

DOWNLOAD 34

(34)　日本固有の「戸籍謄本」

Q: **Please tell me about the *koseki* or official family register unique to Japan.**

日本固有の「戸籍」についてお話しください。

A: The ***koseki*** is an official family register, which faithfully records such information as names of family members, dates of birth and parental lineage. All Japanese nationals are listed in a *koseki*. The *koseki* is needed when you legally must identify yourself, for instance, when getting married. You can get it from the city hall or ward office for a fee where your permanent domicile is registered.

　There are two kinds of the documents called "***koseki-tohon***" and "***koseki-shohon***." The former is an official full copy of your family register, while the latter is an official partial copy of your family register. A copy of a *koseki-tohon* is needed to prove your Japanese citizenship when you officially apply for your passport. This family register system is unique to Japan and some Asian countries such as South Korea and Taiwan, but isn't found in Europe or the United States.

【主旨】 戸籍とは家族各自の氏名・生年月日・親族の家系［身分関係］などの世帯を誠実に記載した公式な家族登録簿のことです。日本人国籍（Japanese citizenship）を有する者であればだれもが戸籍に登録されています。戸籍は結婚するときのように、身分を合法的に証明する（lawfully certify one's status）場合には不可欠です。戸籍は本籍が登録されている市役所（〈英〉town hall）または区役所にて有料で入手できます。

戸籍には**戸籍謄本**と**戸籍抄本**の２種があり、「戸籍謄本」は戸籍原本の内容全部を写したものですが、「戸籍抄本」は戸籍原本のうち請求書の指定した部分だけを写したものです。旅券を正式に申請するときには、日本国籍を証明するためには戸籍謄本１通が必要です。このような戸籍制度は日本の固有のものであり、隣国の台湾や韓国にもありますが、欧米諸国では珍しいのです。

【参考】 「戸籍謄本」a transcript of the family register; a copy of the census register. 「戸籍抄本」an abstract of one's family register; an abstract of the census register. 「本籍」one's permanent domicile (in Tokyo)（法務省用語）; one's registered domicile (by birth)［旅券用語］; legally recognized permanent address. 「本籍地」the locality where one's family register is kept.

🔊 **DOWNLOAD 35**

(35) 日本の生活における「家賃事情」

Q: **Please tell me about the normal practices of renting a house or an apartment in Japan?**
日本における家屋・アパートの通常の「賃貸事情」についてお話しください。

A: First of all, you are requested to find a **guarantor** who can guarantee your ability to pay the rent and provide the guarantor's signature when you make a contract with a real estate agent. Next, you (the new tenant) should pay the **deposit**, equivalent to several months' rent in advance, which can be partly refunded when you leave. The deposit is used for repairs or cleaning of the rental property. Finally, you should pay **gift money**, a kind of gratuity, or **commission**, which cannot be refunded. Following the end of the bubble, gift money is no longer mandatory. In addition to the above-mentioned conditions, you need to pay one month's rent, and might also have to pay a maintenance fee or for insurance.

【主旨】　先ずは、家賃の支払い能力を保証する**保証人**を見つけ、不動産業者と契約する段階で、その保証人の署名（＝signではない）を確保する必要があります。次に新規の入居者は事前に数ケ月分相応の**敷金**（key money）を支払いますが、解約時には一部返金されます（refundable）。敷金は賃貸所有物の修繕または洗浄のために使用されます。最後に礼金（thank-you money）または手数料を支払いますが返金されません（nonrefundable）。バブル崩壊後、礼金は強制されなくなりました。上記の条件に加え、1ケ月分の家賃の支払い、それに維持管理費と保険料を払う場合があります。

【参考】　「アパートの種類」。「**1R**」＝a one-room apartment with a bathroom. 「**1LDK**」＝a one-bedroom apartment with living/dining room, a bathroom and a kitchen. 「**2LDK**」＝a two-bedroom apartment with a living/dining room, a bathroom and a kitchen. 「**3LDK**」＝three-bedroom apartment with a living room, a dining/kitchen room and a bathroom.

🔊 DOWNLOAD 36

(36)　医療で必要な「国民健康保険」

Q: **Please tell me about the National Health Insurance program in Japan?**
日本の「国民健康保険」についてお話しください。

A: In Japan, anyone can join the **National Health Insurance program** operated by municipalities throughout the nation, which is the base of Japan's social security system. The National Health Insurance covers approximately 70 percent of medical expenses. In case patients fall sick or are hospitalized, all medical insurance schemes can be granted at their requests. In principle, the insured persons only have to pay 30 percent of their medical costs. If they have no National Health Insurance card, they are responsible for the total fee charged by the medical facility. Residents enter the national insurance scheme through their local government office. However, they must have knowledge of the limits of national health insurance coverage, such as acupuncture treatments which are not covered by the national scheme.

【主旨】　日本では、全国の市町村役場が運営する**国民健康保険**にだれもが加入でき、日本の社会制度の基盤をなしています。国民健康保険は、医療費のほぼ7割の支給率です。治療や入院の場合、この医療保険は請求すれば付与されます。被保険者は原則として医療費の3割の支払で済みます。国民健康保険証を保持しない場合は、医療機関に要した全額支払いとなります。国民保健制度は地元の役所で対応できます。しかし内容によっては対象にならない鍼灸治療のように、国民健康保健にも限度があることを知るべきです。

【参考】　被保険者(insured person)が支払う医療費(medical fee)の割合は次の通りです。(1) 6歳未満は2割、(2) 6歳から69歳までは3割、(3) 70歳以上は1割または3割(高額納税者(top [highest] taxpayer)の場合)。

《9》「日本人論」

🔊 **DOWNLOAD 37**

(37)　日本人の「タテ社会」

Q: **Why do the Japanese think much of a vertical or hierarchical society?**
　日本人は「タテ社会」を重視するのはどうしてですか。

A: The Japanese think much of **hierarchically-organized social relationships**. The vertical society is a series of social relationship between two individuals, one of whom is senior or superior, and the other of whom is junior or subordinate. The Japanese pay respect to superiors within the family, in school, and at work. This attitude toward superiors is reflected in the honorific expressions used when talking to superiors. On the other hand, subordinates use modest expressions for themselves.

　There's another thing to pay attention to in the business world. At work, higher ranking people call lower ranking ones by names, but lower ranking staff call their superiors by their titles. They call their superiors "Director" or "General Manager". It's considered rude to call a person who is older or of higher status than theirs by name. We call this "Respect through Avoidance of Real Name". It's old Japanese custom from the so-called Confucian sense of seniority, which was brought here from China a long time ago. Recently this vertical relationship has lost much of its restrictive pressure and has become more a matter of etiquette and social convention.

【主旨】　日本人は「タテ社会」の人間関係を大事にします。タテ社会には、年上・上司と年下・部下の二者間に起こる一連の社会関係があります。家庭内、学校また職場では上司に対しては尊敬の念を持っています。日本人は上司に対する態度は上司と話す時に用いる敬語(polite expression)に反映されています。部下は自分自身に対しては謙譲語(humble expression)を用います。

ビジネス業界でも注目すべきもうひとつの側面があります。勤務中、上司は平社員を名前で呼びますが、平社員は上司に対しては職名「部長」や「課長」などで呼びます。自分よりも目上や上司を実名で呼ぶのは失礼だと見なされています。これを「実名敬避」と言います。これは中国古来の日本の習慣、いわゆる儒教的な序列意識にすぎません。最近ではこの上下関係に強制力がなくなり、礼儀作法や社会的因習の形で守られるに過ぎません。

【参考】　「実名敬避」日本では古来伝統的に「実名」(true name)を秘す習慣があり、官位や役職で呼び合いました。豊臣秀吉は「関白様・太閤殿下」、妻のねねは「北の政所」です。その代表が「天皇家」で、明治天皇(睦仁)、昭和天皇(裕仁)、今上天皇(明仁)の呼称です。現在でも「部長」「課長」は日本的な敬意の表れです。因みに、「本名」(real name)を秘すと言えば、西郷隆盛(叔父の名前)の本名は隆永、坂本竜馬は直柔など多数見受けられます。

🔊 **DOWNLOAD 38**

(38)　就業後の社外での「ノミニケーション」

Q: **Why do business people go out drinking with their colleagues after work?**
なぜビジネスマンは仕事を終えて同僚と飲みに出かけますか。

A: Japanese business people think much of "*nomunication*" which means a combination of the Japanese word "*nomu*" (飲む), and abbreviated form "*nication*" for "communication". They think they can communicate better through drinking. There is a notion in Japan that unless business people drink together, no close human ties can be formed. There is also a unique custom for the Japanese to forget about the pecking order in the office and speak frankly at a drinking party.

They build good relations among their employees over drinks at an *akachochin* or a Japanese-style cheap pub with a red paper lantern outside. They enjoy talking over drinks, sometimes even venting complaints about their work. There is a tacit understanding that complaints or somewhat rude manners may be forgiven on such occasions.

【主旨】　日本のビジネスマンは**ノミニケーション**を重視します。その意味は日本語の「飲む」とコミュニケーションの略語(接尾辞)「ニケーション」を結合した単語です。企業人はお酒を飲みながら円満なコミュニケーションをはかることができると考えています。いっしょにお酒を交わさなければ親密な人間の絆(きずな)は築かれないという日本古来の考え方があるのです。また日本人にはユニークな習慣があり、飲み屋では社内での身分序列を忘れてフランクに話し合うのです。

　アカチョウチンと呼ばれる大衆酒場で飲みながら従業員の間に良好な人間関係を築きます。酒を飲みながら雑談を交わし、仕事の不満を言い合うこともあります。このような場合には不満や多少粗野な言動でも許されるという暗黙の了解[無礼講(ぶれいこう)]があります。

【参考】　pecking order「階級のつつき順位」鳥の集団では強い鳥が弱い鳥をつつく(peck)。この由来で順位の高い者が低い者をつつく。☆「無礼講」let one's hair down (打ち解ける、くつろぐ)。▶「今晩は無礼講だ」Let's let our hair down tonight. / Let's forget about work [take the titles off] and enjoy ourselves tonight.

🔊 DOWNLOAD 39

(39)　日本人の「ホンネ(本音)」と「タテマエ(建前)」

Q: Please tell us about "*honne*" and "*tatemae*" in Japan?
　　日本での「ホンネ」と「タテマエ」についてお話しください。

A: I would explain about "*honne*" and "*tatemae*" like this. '**Honne**' is what I really think in my mind, but '**Tatemae**' is what I openly say to hide my true intention. In other words, *honne* is a personal opinion motivated by one's true inner feelings while *tatemae* is an opinion of the group influenced by social norms. For example, you may agree with the opinion of your boss at a formal meeting and sometimes praise him to save face (*tatemae*). However, on the way home at night, you may disclose your real intention (*honne*) and criticize your boss in an informal talk with your colleagues while drinking a glass of beer at a Japanese-style pub.

In Japan, the tactics of *tatemae* are often used in order to solve problems efficiently without hurting anyone. In particular, it is very important for

第3章　Tell Me About Japan!

workers to maintain harmony and keep the peace in their workplace. However it is advisable for us to talk in a more straight-minded way in international society.

【主旨】「ホンネ」と「タテマエ」について説明します。**本音**は実際に胸中で察していること、**建前**は本当の意図を隠そうとして公に述べることです。言い換えると「本音」は真意で動機づけられた個人の考え方、他方「建前」は社会通念で影響を受けた集団の考え方です。たとえば、公式の会議の席上で、上司の意見に同意し時には体面を保つため称賛さえします(建前)。それにひきかえ、夜帰宅途中、酒場で同僚たちとビールを飲みながら語り合う非公式の席で真意(本音)を率直に述べ上司を批判することがあります。

日本では相手を傷つけることなく効果的に物事を解決する方法として「建前」がよく用いられます。特に社員は職場で調和を維持し平和を保つためには非常に大事です。しかしながら国際社会にいるかぎり隠し立てなく語ることが勧められます。

【参考】「ホンネ」real intention; true opinion: true colors; honest voice;《成句》to tell (you) the truth; to be honest (with you); to be frank (with you); frankly speaking 「タテマエ」outward resason; public position;《成句》people's stated principles [reason]; what one says on the surface.

🔊 **DOWNLOAD 40**

(40)　日本人が意志表示する「イエス」と「ノー」

Q: **The Japanese do not express themselves clearly. Why is this?**
日本人は明白に自分の意思を表現しません、なぜでしょうか。

A: In general most Japanese are so poor at **saying "yes" or "no" clearly.** Sometimes their vague "yes" leads to misunderstandings by people from abroad. They tend to avoid saying "No" directly, so they find other indirect ways to say the same thing. They also avoid saying what they really think. However it is a virtue for them in a way, because they speak and act only after considering the other person's feelings.

On the other hand, Westerners and Americans try to teach their children to be independent, and train them to think logically and how to express their opinions clearly practically from childhood. Most Japanese tend to avoid anything that sets them apart from others. They worry about what others think and change their behavior accordingly. They try to keep group harmony.

【主旨】 概して日本人は「イエス」と「ノー」の意志表示が不得手です。時には「イエス」があいまいなため外国の人々に誤解を招いています。日本人は直接に「ノー」と言うのを避ける傾向があるため、同じこと言うのにも間接的な言い方を見つけます。また本心をさらけ出さないのです。しかしこのことは、他人の気持ちを思いやりながら会話を交わして行動する日本人にとっては、一種の美徳でもあります。

他方、欧米人の社会では、子どもが他人に頼らないことを教え、また幼少の頃からの論理的な考え方や明晰な自己表現ができるように実際に訓練します。多くの日本人は他人と違った行動は避ける傾向があります。また他人が何を考えているかと気をくばり、それに合わせて自分の行動を変化させます。彼らは集団の調和を大事にしようとしているのです。

【参考】「言わぬが花」(1) Speech is silver, silence is golden. (2) Better leave it unsaid. (3) The least said, the soonest mended. (4) The less said, the better. (5) Silence is more eloquent than words.（『和英・日本ことわざ成語辞典』（研究社刊）より抜粋。解説と他の例文は省略）

【推薦図書】
(**1**) 『和英日本の文化・観光・歴史辞典』（三修社刊。日本図書館協会選定図書）。解説や例題が多数記載されている。「カシオ電子辞書(Ex-word)」にも登録されている。
(**2**) 『英語で伝える日本の文化・観光・世界遺産』（三修社刊）。特に第 2 部では「日本の世界遺産」に関する記載内容がある。第 1 次筆記試験(英語と社会科目)また第 2 次口述試験の対策に最適である。
(**3**) 『和英 日本文化表現辞典』（研究社刊）。「日本文化の紹介」に欠かせない重要なキーワードが豊富に記載されている。

▼参考文献

- 『新和英大辞典』(第五版) 渡邉敏郎、Edmund R. Skrzypczak、Paul Snowden 編、2003 年、研究社
- 『ルミナス和英辞典』(第 2 版) 小島義郎、竹林滋、中尾啓介、増田秀夫編、2005 年、研究社
- 『和のこころ　日本伝統芸術へのいざない』佐藤昌三、2004 年、慶応義塾大学出版会
- 『和英　日本文化表現辞典』研究社辞書編集部、2007 年、研究社
- 『和英：日本の文化・観光・歴史辞典』山口百々男、Steven Bates、2010 年、三修社
- 『英語で伝える日本の文化・観光・世界遺産』山口百々男、牧野眞一、Deryk Bliss、2015 年、三修社
- 『観光のための英単語と用例』山口百々男、藤田玲子、Steven Bates、2013 年、三修社
- 『英語通訳ガイド試験必須単語集』山口百々男、知念保則、2014 年(改訂版)、三修社
- 『日本の観光』山口百々男、1998 年、研究社(「日本の地理」対策用。日本の観光地に関する「キーワード」を多数掲載。)
- 『日本の四季』山口百々男、1989 年、研究社(「口述試験」対策用。「2 分間プレゼンテーション」に関連する「英文内容」と「Q&A」英会話文を掲載。)
- 『英文 Guide Text』(2011 年度改訂最新版)、日本観光通訳協会(JGA)編
- 『観光日本地理』(2009 年改訂)、日本観光通訳協会(JGA)編
- 『日本文化・外交小史』(2004 年度改訂版)、日本観光通訳協会(JGA)編
- 『最新日本史図表』外園豊基編、2008 年、第一学習社
- 『観光白書(平成 26 年)』国土交通省観光庁(編集)、2014 年
- Inbound Tourism Handbook　日本政府観光局(JNTO)、2015 年
- 94 頁と 110 頁に列挙された『英語の文献書』

【監修者の略歴】
山口百々男（やまぐち ももお）
大阪星光学院中学・高等学校およびサレジオ学院高等学校の元副校長。旧通訳ガイド養成所・現在学校法人文際学園（日本外国語専門学校と大阪外語専門学校）の元初代校長兼理事。英検1級2次面接の元試験官。観光英検センター元顧問。主要著書：『和英・日本ことわざ成語辞典』、『観光英語検定試験問題と解説』、『日本の観光』（以上研究社刊）。『和英・日本の文化・観光・歴史辞典』、『英語で伝える日本の文化・観光・世界遺産』、『観光のための英単語と用例』（以上三修社刊）など多数。

【編者の略歴】
藤田玲子（ふじた れいこ）
コロンビア大学大学院修了、国際開発教育学修士。 日本航空(株)国際線客室乗務員を経て、現在東海大学外国語教育センター准教授、同大学観光学部英語プログラムコーディネータ、立教大学観光学部兼任講師。著書に Travel English for Tourism Industry Professionals（マクミランランゲージハウス、2008）。

加賀谷まり子（かがや まりこ）
上智大学外国語学部フランス語学科卒業。高校在学中、交換学生としてアメリカに留学。TBS 多重放送翻訳、各局放送時差通訳などを経て、現在、CNN 放送同時通訳、NHK 多重放送ニュースライター、会議通訳として幅広く活躍。東京都に法廷通訳者として登録。

デリック・ブリス（Deryk Bliss）
カナダ・ビクトリア大学卒業後、来日。東京工学院専門学校、東京エアトラベル・ホテル専門学校にて英語教師として長年勤務。観光英語検定試験1級第2次面接の元試験官。現在、企業内英語教育機関（English OK）の Head Trainer。在日経験が長く、英日バイリンガルで日本文化に造詣が深い。

【音声吹き込み】
Peter von Gomm　　Edith Kayumi

【音声編集】
佐藤京子(株式会社東京録音)

【音声録音協力】
アート・クエスト

【社内協力】
金子靖　鈴木美和

KENKYUSHA
〈検印省略〉

英語通訳ガイド試験
問題と解説
［八訂版］

1974年 8 月20日	初 版 発 行
1978年 5 月25日	改訂増補版発行
1981年 5 月20日	三 訂 版 発 行
1989年 4 月15日	四 訂 版 発 行
1993年 3 月25日	五 訂 版 発 行
2002年11月 1 日	六 訂 版 発 行
2007年 7 月 2 日	七 訂 版 発 行
2015年 7 月 2 日	八 訂 版 発 行

監 修 者　山口百々男
編　　者　藤田玲子／加賀谷まり子／デリック・ブリス
発 行 者　関戸雅男
発 行 所　株式会社　研 究 社
　　　　　〒 102-8152
　　　　　東京都千代田区富士見 2-11-3
　　　　　電話 （編集） 03 (3288) 7711 (代)
　　　　　　　 （営業） 03 (3288) 7777 (代)
　　　　　振　替　00150-9-26710
　　　　　http://www.kenkyusha.co.jp/
印 刷 所　研究社印刷株式会社

© Momoo Yamaguchi, 2015
ISBN 978-4-327-43084-9　C 1082
Printed in Japan

装丁・デザイン：株式会社イオック（目崎智子）
音声録音・編集：株式会社東京録音

本書の無断複写（コピー）は著作権法上での例外を除き、禁じられています。
また、私的使用以外のいかなる電子的複製行為も一切認められておりません。
落丁本、乱丁本はお取り替えいたします。ただし、古書店で購入したものについてはお取り替えできません。